Friedrich Mueller

Deutsche Sprachdenkmäler aus Siebenbürgen

Aus schriftlichen Quellen des zwölften bis sechzehnten Jahrhunderts

Friedrich Mueller

Deutsche Sprachdenkmäler aus Siebenbürgen
Aus schriftlichen Quellen des zwölften bis sechzehnten Jahrhunderts

ISBN/EAN: 9783741166457

Hergestellt in Europa, USA, Kanada, Australien, Japan

Cover: Foto ©Thomas Meinert / pixelio.de

Manufactured and distributed by brebook publishing software
(www.brebook.com)

Friedrich Mueller

Deutsche Sprachdenkmäler aus Siebenbürgen

DEUTSCHE

SPRACHDENKMÄLER

AUS

SIEBENBÜRGEN.

AUS SCHRIFTLICHEN QUELLEN DES ZWÖLFTEN BIS SECHS-
ZEHNTEN JAHRHUNDERTS

GESAMMELT

VON

FRIEDRICH MÜLLER,

GYMNASIALDIRECTOR IN SCHÄSSBURG.

HERAUSGEGEBEN VOM VEREIN FÜR SIEBENB. LANDESKUNDE.

HERMANNSTADT, 1864.

DRUCK UND VERLAG VON THEODOR STEINHAUSSEN.

Einleitung.

Anderthalb Jahrhunderte sind verflossen seit Leibnitz auf die Ersprieslichkeit eines Idiotikons der siebenbürgisch-sächsischen Mundart hinwies *). Obwol seine Aufforderung nicht ungehört verhallte, so ist dennoch ein Werk, wie es seinem Geiste vorschwebte, bis heute noch ein frommer Wunsch geblieben. Alles was nach dieser Richtung hin wirklich geleistet worden, kann bloss als Beitrag zur Lösung der gestellten Aufgabe angesehen werden, der mehr oder weniger einseitig ausfallen musste, da vor Jacob Grimm weder die deutsche Grammatik den festen geschichtlichen Boden gefunden hatte, noch auch die Wichtigkeit der deutschen Mundarten überhaupt in ihrem ganzen Umfange erkannt worden war. An diesen ehrwürdigen Namen und an den Schmeller's knüpfen denn auch unter uns die ersten rationellen Versuche für ein Wörterbuch unserer Muttersprache.

Doch würde es undankbar sein über den neuern Leistungen zu vergessen was das vorige Jahrhundert auch in dieser Hinsicht vorgearbeitet hat. Gefehlt haben alle jene würdigen Männer, die

*) „Desideratur specimen vocabulorum et modorum loquendi peculiarium Saxonibus Transylvaniae, i. e. non ut loquuntur homines cultiores, sed ut loquitur plebs, ut comparari possint cum lingua plebeja nostrorum Saxonum. Dicitur enim esse in plebe illa multas voces non hungaricas, nec slavonicas et tamen aliis Germanis communiter non intellectas." Desiderata circa linguam populorum ad dn. Podesta, in der Quartausgabe, Genevae MDCCLXVIII, VI, 2, 229.

wir im Folgenden aufzählen werden, vorzüglich darin, dass sie im Besitze eines höchst mangelhaften sprachlichen Materiales schon die Feststellung der wichtigsten Ergebnisse für möglich hielten. Genialen Geistern mag es zuweilen gelingen, auf solche Weise gleichsam divinatorisch das Rechte zu treffen; gewöhnliche Menschen sind auf den Weg des langen und umfassenden Sammelns, denkender Vergleichung und Prüfung hingewiesen, um endlich zur Wahrheit zu gelangen.

Wir eröffnen die Reihe mit dem Werke eines Mannes, der auch auf dem Gebiete der politischen Geschichte Siebenbürgens rühmlich thätig war und durch den Commentar, dessen J. C. Eder seine primae lineae historiae Transsilvaniae für würdig hielt, noch lange unvergessen bleiben wird. Martin Felmer war von der Gesellschaft der freien Künste zu Leipzig zu ihrem Mitgliede ernannt worden und hatte die Absicht, derselben für diese Ehre durch die Widmung eines Werkes zu danken, welches die Frage über die Herkunft der Sachsen in Siebenbürgen zu lösen bestimmt war. In der glücklichsten Zeit seines Lebens, während der Stille seines Reltauer Pfarramtes (1763—1766) *) arbeitete er daran, ohne leider bei der Störung, welche die Berufung zur Hermannstädter Stadtpfarre in sein Leben brachte, die Vollendung desselben zu erreichen. Mitten in einem Satze des §. 74 bricht die Handschrift ab. Ob ihr Original vorhanden sei, weiss ich nicht; Joh. Seivert, als er 1785 seine Nachrichten von siebenbürgischen Gelehrten im Druck veröffentlichte, kannte sie nicht. Erhalten blieb sie durch eine 1779 genommene Abschrift eines begeisterten Schülers und Freundes von Felmer, Michael v. Heydendorff, bei dessen Nachkommen sie jetzt noch in Mediasch aufbewahrt wird **). Ihr vollständiger Titel lautet:

„Martin Felmer's aus Hermannstadt in Siebenbürgen

---

*) Der Anfang muss schon nach dem Titel vor die Erhebung Siebenbürgens zum Grossfürstenthum (1765) fallen. Felmer starb schon 28. März 1767. Seivert, Nachrichten etc. etc. 94.

**) Eine dem Heydendorffschen Mscpt. entnommene Abschrift besitzt jetzt auch die Schässburger Gymnasialbibliothek.

Abhandlung Von dem Ursprung der Sachsischen Nation in dem Keyserl. Königl. Erb-Fürstenthum SIEBENBÜRGEN, worinnen nach einer vorläuffigen Einleitung die wahrscheinlichste Meynung bestätiget die gegenseitige aber aus zuverlässigen Gründen wiederleget werden."

In grösserem Style ist die Lösung dieser Frage nie noch versucht worden. Wir können es uns nicht versagen, die Grundzüge des ganzen Werkes andeutend beizufügen.

Einleitung. 27 §§. Geschichte Siebenbürgens vor der Einwanderung der Sachsen.

Abschnitt I, §. 28—74 „worinnen eine ausführliche Nachricht von der Sachsischen Nation in Siebenbürgen ertheilt wird."

§. 1. Name der Sachsen.
§. 2. Grund der Sachsen.
§. 3. Eintheilung des Sachsenlandes.
§. 4. Hermannstädter Stuhl.
§. 36. *) Schässburger Stuhl.
§. 37. Mühlbächer Stuhl.
§. 38. Roper Stuhl.
§. 39. Gross-Scheuker Stuhl.
§. 40. Reussmärkter Stuhl.
§. 41. Leschkircher Stuhl.
§. 42. Broser Stuhl.
§. 43. Markschelker Stuhl.
§. 44. Mediascher Stuhl.
§. 45. Kronstädter Kreis.
§. 46. Nösner Kreis.
Aufzählung aller Ortschaften mit diplomatischen und etymologischen Bemerkungen, unter Vergleichung ähnlicher Namen in Deutschland und Ungern.
§. 47. Allgemeine Folgerungen aus den Ortsnamen des Sachsenlandes.

*) Unrichtigkeiten und Ungleichheit in der Zahl der §§. fallen auf Rechnung des Mangels der letzten Durchsicht des Verfassers.

§. 48. Sächsische Vor- und Personennamen aus Urkunden des XIV. und XV. Jahrhunderts.
§. 49. Namen von Flüssen, Bächen, Gebirgen, Pässen, Bergen und Wäldern.
§. 49. Sächsische Personennamen.
§. 50. Sächsische Schriftsprache.
§. 51. Sächsische Mundart.
Idiotismen:
a. Nomina substantiva,
b. Nomina adjectiva,
c. Verba.
§. 52. Sächsische Redensarten und Sprichwörter.
In §. 48—52 Bestreben, darzuthun, dass die sächsische Mundart deutsch und besonders mit dem Obersächsischen verwandt sei.
§. 53. Abweichung des Sächsischen vom Hochdeutschen.
§. 54. Hauptdialecte der Sächsischen Mundart:
a. Hermannstädter,
b. Burzenländer,
c. Nösner.
§. 55. Allgemeine Sätze, aus dem bisher Gesagten gefolgert, hauptsächlich gegen die Hypothese gerichtet, dass das Sächsische eine Tochter des Gothischen sei.
§. 56. Kleidung der Sachsen im Allgemeinen.
§. 57. Kleidung der Mannsleute im gewöhnlichen Leben.
§. 58. Kleidung der Mannsleute im Amte.
§. 59. Kleidung der Frauen.
§. 60. Allgemeine Folgerungen aus der Kleidung (sie sei theils altdeutsch, theils altungarisch).
§. 61. Erwerbszweige.
§. 62. Gute Eigenschaften der Sachsen.
§. 63. Pflege der Künste und Wissenschaften.
§. 64. Arbeitsamkeit, Sparsamkeit, Tapferkeit.
§. 65. §. 67. Treue gegen den Fürsten.

§. 68. Redlichkeit, Ordnung, Gastfreiheit, Reinlichkeit.

§. 69. Allgemeine Bräuche.

a. Haartracht.

§. 70. b. Tauf-, Hochzeits-, Leichengebräuche.

§. 71. c. Frauenkopftracht.

§. 72. d. Bräuche an gewissen Tagen des Jahres (Fastnacht, Todaustragen am Mitfastsonntag, Ostereier, Hahnenschiessen am zweiten und dritten Ostertag, Gregorifest, Maibäume, Baumsteigen am Johannistag, Erntefest, Martinsgans, Christbescherung).

§. 73. Besondere Bräuche bei einzelnen Ständen,

a. beim Lehrstand.

§. 74. b. bei den Beamten.

Abschnitt II. sollte handeln von der wahrscheinlichen Meinung über den Ursprung der Sachsen.

III. Die gegentheiligen Ableitungen anzeigen und widerlegen. Mag auch noch so vieles im Einzelnen bei diesem Werke verfehlt sein, seine Ehre wird deshalb unangetastet bleiben; auf der Grundlage des klar entworfenen Planes ausgeführt, würde es eine Zierde der deutschen Wissenschaft des XVIII. Jahrhunderts geworden sein. Zu bedauern ist weniger, dass die ganzen beiden letzten Abschnitte nicht einmal in Angriff genommen worden, als dass die wahrscheinlich den Bräuchen des Handwerker- und Bauernstandes gewidmeten §§. 75 ff. nicht zur Ausführung gelangt sind, da der Verfasser uns darin gewiss sehr werthvollen und seither vielfach unwiederbringlich verloren gegangenen Stoff für die Sittengeschichte unseres Volkes gerettet haben würde. Dessen befindet sich aber auch in dem Erhaltenen eine dankenswerthe Fülle, so dass es als die Grundlage jeder einschlägigen Arbeit zu benützen sein wird.

Etwa fünfzehn Jahre nach Felmer veröffentlichte der vielseitig thätige Pfarrer von Hammersdorf Johann Seyvert im ungrischen Magazin I, 257 f. in der bestimmten Absicht, um dem ihm wohlbekannten Wunsche Leibnitzens zu entsprechen, seine Abhandlung „Von der Siebenbürgisch-sächsischen Sprache." Er bezeichnet diese als eine Mischung von Ober- und Niederdeutsch (was er dadurch erklärt, dass die Colonisten aus verschiedenen Gegenden Deutschlands gekommen seien), erklärt die Veränderung derselben durch die häufig wiederholten spätern Einwanderungen (Castaldo'sche Soldaten, Nachzug von 1664 etc. etc.), behauptet die jetzige sächsische Sprache komme der deutschen vom Anfang des XVI. Jahrhunderts am nächsten und unterscheidet vier Dialecte innerhalb derselben: Hermannstadt, Kronstadt, Bistritz und die bäuerische Sprache in den übrigen Gegenden des Landes. Dass keiner dieser Dialecte zur Ehre schriftlichen Gebrauches gelangt sei, wird daraus hergeleitet, dass die Sachsen jedes hochdeutsch geschriebene Buch sächsisch lesen und verstehen lernen. Ein alphabetisch-geordnetes Verzeichniss von 187 Idiotismen beschliesst den Aufsatz.

Zehn Jahre nach Seivert's Tode (1785) brachte die siebenbürgische Quartalschrift IV, 202—211 eine, zum Theil in ausgesprochenem Gegensatze zu Seivert's Behauptungen geschriebene, Abhandlung „Ueber die Sprache der Sachsen in Siebenbürgen" von dem damaligen Gymnasiallehrer Johann Binder in Hermannstadt. Seine Ansichten lassen sich in folgenden Hauptzügen vereinigen: Das Plattdeutsche, jene vor dem Hochdeutschen in so mancher Hinsicht ausgezeichnete Mundart, ist die Mutter der siebenbürgisch-sächsischen Sprache. Diese ist nie geschrieben und schon frühe vielfach verändert worden durch die Bekanntschaft der Schreibenden mit der österreichischen und obersächsischen Schriftsprache, eine Folge des Handels- und Studienverkehres der Siebenbürger Sachsen mit Wien und Leipzig. Sogar das Bedürfniss nach ihrer schriftlichen Anwendung war nur gering, da selbst in gewerblichen Urkunden die lateinische Sprache herrschend gewesen. Schrieb man jedoch einmal deutsch, so verleugnete sich der Mutterdialect weder in Ausdrücken noch in Wendungen. Drei Unterdialecte: von Hermannstadt, Kronstadt und Bistritz sind zu unterscheiden, wie an einer kurzen Lautlehre derselben nachgewiesen wird.

Auf diesem Puncte war die Forschung angelangt, als in unserem Jahrhundert Johann Carl Schuller und später Georg Friedrich Marienburg ihre seither unermüdet fortgesetzten sprachvergleichenden Arbeiten begonnen *). Das Englische und Niederrheinische wurden in den Kreis der Untersuchung gezogen und Beweise für die Verwandtschaft der siebenbürgisch-sächsischen Sprache mit beiden geliefert. Beide verzichteten darauf, die Frage im Ganzen und Grossen zu entscheiden und beschieden sich vor der Hand, sie von einzelnen Puncten aus der endgültigen Erledigung näher zu führen. Ein Idiotikon stand ihnen als Zielpunct vor Augen.

In derselben Richtung erfolgten einige Veröffentlichungen von Joseph Haltrich und Johann Mätz **), und that der Verein für siebenbürgische Landeskunde aufmunternde Schritte. Die Zustandebringung eines Idiotikons der siebenbürgisch-sächsischen Mundart ist sonach fast eine Ehrensache unseres Volkes geworden.

Ich beabsichtige einen Beitrag hiefür zu liefern: denn meine Ansicht von der Sache ist folgende:

Ausgangspunct der ganzen Arbeit ist natürlich die gegenwärtig in Stadt und Land gesprochene Sprache und Samm-

---

*) Wir bemerken von Schuller: Ueber die Eigenheiten der siebenbürgisch-sächsischen Mundart und ihr Verhältniss zum Hochdeutschen, in dem von ihm herausgegebenen Archiv. I, 97 f. Zur Frage über die Herkunft der Sachsen in Siebenbürgen. Hermannstadt, 1856.

Von Marienburg: Ueber das Verhältniss der siebenbürgisch-sächsischen Sprache zu den niedersächsischen und niederrheinischen Dialecten, im Archiv des Vereins für siebenbürg. Landeskunde, I, 5. Ueber die siebenbürgisch-sächsischen Familiennamen, ebd. Neue Folge II, 329 f. Ueber einige Eigenthümlichkeiten der siebenbürgisch-sächsischen Mundart, in v. Trauschenfels, Magazin. II, 39 f.

Andres s. bei Haltrich, Zur deutschen Thiersage, Schäßburger Gymnasialprogramm für 1854/5 p. 4, Note.

**) So veröffentlichten in K. Frommann's Vierteljahrschrift: Die deutschen Mundarten, Haltrich: Bildliche Redensarten, Umschreibungen und Vergleichungen der siebenbürgisch-sächsischen Volkssprache. V, 30. 172. 324. Kindergebete in der Mundart von Sächsisch-Regen. VI, 501.

Mätz: Zum Consonantismus der siebenbürgisch-sächsischen Mundart. V. 361 f.

lung ihrer Eigenthümlichkeiten also die nächste Aufgabe. Dafür ist bereits manches geschehen und noch mehr im Entstehen begriffen. Jene Sammlung darf sich aber, soll sie irgend etymologisch und geschichtlich ausgebeutet und verwerthet werden können, nicht auf einzelne Wörter und Redensarten beschränken, sondern muss zusammenhängende Stücke *) wenigstens so weit in ihre Kreise ziehen als dadurch eine Grammatik der Mundart möglich gemacht wird, welche mir eine fast unerlässliche Vorarbeit für das eigentliche Idiotikon scheint. So hat auch Schmeller sechs Jahre vor dem Erscheinen seines bayrischen Wörterbuches die Mundarten Bayerns grammatisch dargestellt und in dieser Darstellung die Grundlage für sein epochales Werk sich geschaffen, wie noch später Weinhold vor seinen Beiträgen zu einem schlesischen Wörterbuche (1855) die Laut- und Wortbildung und die Formen der schlesischen Mundart (1853) erforschte und veröffentlichte. Selbst die blosse Anordnung, die Reihenfolge der einzelnen Wörter lässt sich ohne vorausgegangene grammatische Feststellung der Lautgesetze in unserer Sprache nicht sicher durchführen. Nach dieser Seite hin ist, wie schon das in Note 5 mitgetheilte Verzeichniss darthut, noch ein reiches Erntefeld vorhanden.

Je echt volksthümlicher natürlich das Mitgetheilte ist, desto werthvoller zeigt es sich auch für den Sprachforscher; und so dürfte auch die endliche Veröffentlichung der von Wilhelm Schuster seit Jahren schon vorbereiteten sächsischen Volkslieder eine ungleich sicherere Ausbeute gewähren, da auf die Kästner'schen Gedichte trotz der vielen fast gesuchten Idiotismen, die sie enthalten, der Genius der modernen, selbst der romantischen, Poesie nicht ohne sichtbaren Einfluss geblieben ist. Von der Mitte des XVI. Jahrhunderts angefangen enthalten die siebenbürgischen deutschen Chronisten, obwol sie ohne Ausnahme der hochdeutschen Schriftsprache sich bedienen, doch manchen Schatz wunderlicher Ausdrücke und Satzbildungen, und können um so leichter für das Idiotikon wie für die Grammatik benützt werden, als die bedeutendsten derselben theils bereits gedruckt sind, theils — wie namentlich Kraus *) — unter der Presse sich befinden. Für die Sammlung und Mittheilung deutscher Schriftdenkmäler vor jener Zeit ist jedoch bis jetzt noch so gut wie gar nichts geschehen. Erst wenn diese Lücken wenigstens einigermassen ausgefüllt sind, wenn auf der Grundlage übersichtlicher Kenntniss des aus älterer Zeit wie in der Gegenwart vorhandenen sprachlichen Stoffes eine siebenbürgisch-sächsische Grammatik geschrieben worden, wird es möglich sein, Hand anzulegen an die Vollendung des Idiotikons selbst, das dann aber auch eine Gestalt erhalten kann, wie sie unser Jahrhundert und die Ehre der deutschen Wissenschaft fordert. Dann erst tritt die Nothwendigkeit ein, unsere Mundart vergleichend an die Mundarten des Mutterlandes zu halten, um die nähere oder entferntere Verwandtschaft zu einer oder einigen derselben sicherzustellen und so endlich die längst aufgeworfene, aber nie noch mit Beweiskraft gelöste Frage nach der Stammheimat der Sachsen in Siebenbürgen zu beantworten. Freilich wird diese Vergleichung nicht einseitig geschehen dürfen, sondern sich wenigstens auf alle Hauptmundarten Deutschlands beziehen, das Holländische und Englische berücksichtigen und sich selbst auf das Magyarische, Slavische und Walachische erstrecken müssen. Wer namentlich unsern Orts- und Flurnamen seine Aufmerksamkeit zu schenken angefangen hat, wird die Berechtigung auch dieser letzten Forderung selbst schon eingesehen haben. Eines jedoch thut dann vorzüglich Noth, worauf bis jetzt fast gar nicht Rücksicht genommen wurde; das ist die eingehendste Vergleichung der deutschen Dialecte des Mittelalters, der hoch- und niederdeutschen sowol, als der sogenannten Uebergangsdialecte; denn es ist nicht möglich durch die blosse Vergleichung

---

*) Seither ist Bd. I. erschienen in den von der hist. Commission der k. Akademie der Wissenschaften herausgegebenen österreichischen Geschichtsquellen I, III.

mit irgend einem der jetzt gangbaren deutschen Dialecte oder auch mit mehreren derselben das Wesen unserer Sprache und dadurch die Heimat derselben und unseres Volkes, oder zum wenigsten der Mehrzahl desselben, fest zu bestimmen. Es läge darin ein gänzliches Verkennen des Entwickelungsganges der Sprachen überhaupt. Wir sehen nämlich in allen deutschen Dialecten seit den frühesten, uns zugänglichen, Zeiten ein Streben, der hochdeutschen Sprache und seit der Annahme einer allgemeinen Schriftsprache dieser sich zu nähern. Dieses Streben findet sich in den rein niederdeutschen Mundarten ebenso, wie in den fränkischen und niederrheinischen Uebergangsdialecten und ist bedingt durch den Jahrhunderte hindurch mehr oder minder ausschliesslichen Gebrauch der hochdeutschen Sprache oder hochdeutscher Dialecte in Schule, Kirche, Rechts- und Reichsverhandlung, als Dichter- und Gelehrtensprache. Es tritt uns am lebendigsten und unverkennbarsten entgegen gerade in jenen Uebergangsgegenden, wo zu den angegebenen Ursachen noch die örtliche Nähe der hochdeutschen allemannischen Landschaften und der Rheinverkehr fördernd hinzukommt. Es liesse sich vielleicht durch folgerichtiges Rückwärtsschreiten eine Zeit denken, wo die Sprache der Völker, welche die Völkerwanderung z. B. in der Gegend von Köln zurückliess, also der Franken, fast ganz niederdeutsch war, und es würde sich die Geschwindigkeit berechnen lassen, mit welcher das hochdeutsche Sprachelement in sie eingedrungen, flössen nicht gerade hier die Quellen spärlicher als sonst und träte nicht selbst in diesen Quellen z. B. bei den aus diesen Gegenden gebürtigen Dichtern der Kaiserchronik, Rothers, Herzog Ernst's, der Bruchstücke aus Kaiser Karl's Jugendgeschichte *) etc. das specifisch Mundartliche nur in schwachen, oft kaum erkennbaren Umrissen hervor. Diesem Fortbildungsgesetz nun ist natürlich auch unsere Sprache unterworfen. Ist es aber nur irgendwie denkbar, dass

*) Lachmann, Vorrede zu Wolfram XXXVIII; Benecke, Beiträge I, 613; Massmann, Denkm. I, 155 ff. Werthvolle Mittheilungen enthält, Dr. Franz Pfeiffer's Abhandlung: Beiträge zur Kenntniss der kölnischen Mundart im 15. Jahrhundert.

dasselbe bei uns, den von Deutschland so weit und so lange Entfernten, gleichen Schritt in seinen Umbildungen und Schöpfungen gehalten haben, dass unser Dialect gleichmässig mit demjenigen dem Hochdeutschen sich genähert habe, der, wie oben angedeutet wurde, dem unmittelbarsten Einflusse desselben am nächsten stand, dem Niederrheinischen. Unsere diplomatische, Gelehrten- und zum Theil auch Schul- und Gerichtssprache war bis vor nicht sehr lange Zeit die lateinische, unsere Kirchensprache der sächsische Dialect; von einer Dichtersprache können wir nicht reden: — wo kämen da die wesentlich fördernden Ursachen jener Sprachfortbildung her? Fortgeschritten ist auch unsere Sprache, auch sie hat niederdeutsche Elemente aus ihrem Organismus ausgestossen und hochdeutsche dafür angenommen; aber sie hat diess gethan nicht nur aus äussern Anlässen, sondern ebenso sehr dem Grundtriebe folgend, der in ihr, wie in jedem deutschen Dialecte liegt. In diesem Ausscheiden und Aneignen konnte sie jedoch voraussetzlich nicht so schnell vorwärtsschreiten als die übrigen und zumal der niederrheinische, und so kämen wir, falls sich bloss gegenwärtig eine wesentliche Uebereinstimmung zwischen diesem und dem siebenbürgisch-sächsischen erweisen liesse, gerade zu der Ansicht, dass unser Volk nicht aus jenen Gegenden könne gekommen sein, deren Mundart trotz der erweislich und nothwendig grössern Raschheit ihrer Entwicklung erst jetzt auf der Stufe angelangt ist, wo die unsrige steht, da dann die Sprache unsers Volkes vor siebenhundert Jahren verhältnissmässig mehr hochdeutsche Bestandtheile in sich enthalten haben müsste, als die niederrheinische zu derselben Zeit *). Aus Allem dem leuchtet

*) Die Ansicht, dass die siebenbürgisch-sächsische Sprache der Kölnischen am nächsten verwandt sei, ist nicht etwa erst in unserem Jahrhundert aufgetaucht. In Reychersdorffer's Chronographia Transsilvaniae (bei Schwendtner Scriptt. I, 786 und wiederholt in Respublica et status regni Hungariae. Ex officina Elzeviriana. CIƆIƆCXXXIV.) heisst es: „Inprimis Saxonicus iste populus in eum locum e Germania (ut ajunt) deductus agriculturae studiosus et rusticae rei addictissimus, qui natura sua lingua utitur Saxonica. Sermo autem Saxonicus ad com-

denn die Nothwendigkeit hervor, einerseits die ältern deutschen Dialecte auch bei unsern Forschungen in den Kreis der Vergleichung hineinzuziehen, andrerseits aber den ältern Zeugnissen unserer Sprache sorgfältiger nachzugehen, als bis jetzt der Fall gewesen. Hier ist eine Lücke, die ausgefüllt werden muss, wenn unsere sonstigen Bemühungen festen Fuss fassen, sichere Ergebnisse liefern sollen. Den Versuch dazu wollen nach einer Seite hin die vorliegenden Blätter machen, indem sie die schriftlichen Denkmäler deutscher Sprache, soweit sie Siebenbürgen ihre Entstehung verdanken, von den frühesten Zeiten angefangen bis dahin, wo die Reformation ihren Einfluss in der Literatur geltend zu machen beginnt, mit möglichster Genauigkeit gesammelt und gesichtet der Oeffentlichkeit und zunächst den zahlreichen Freunden unserer Dialectforschung zu weiterer wissenschaftlicher Verwerthung übergeben. Die Bezeichnung schriftlicher Denkmäler wird hier im weitesten Sinne gefasst und begreift also auch alle Arten sogenannter Inschriften unter sich.

Denjenigen Schriftstellern, welche denselben Gegenstand bisher berührt haben, stand entweder ein sehr kärgliches Material zur Verfügung — die älteste deutsche Urkunde, welche Felmer in der oben bezeichneten Handschrift kennt, ist von 1584 — oder sie nahmen die Sache zu leicht und verfielen dadurch in Irrthümer. Wenn Schuler-Libloy im Anzeiger für Kunde der deutschen Vorzeit, 1858, 3785, schreibt: „Die ältesten Urkunden in deutscher Sprache befinden sich im sächsischen Nationalarchiv zu Hermannstadt und sind aus den Jahren 1401 und 1404 den Hermannstädter Kaufleuten ausgestellte Geleitscheine vom Herzog Wilhelm von Oesterreich und dem Wiener Bürgermeister Percholdus, dann ein amtliches Sittenzeugniss der Ofener Ledererzunft

munem Germanicam Coloniensium linguam multo propius accedit, quam ad aliam linguae et a Suevo atque Helvetio non ita facile intelligitur, quam plerasque Septentrionales in Germania. Transylvani igitur, sicuti ceterae omnes nationes Germanicae, habent peculiarem linguae dialectum. Et ut hoc addam, quod aliis nationibus tam morum facilitate, quam pietate et religione longe praestat.

vom Jahre 1422 für den Lederergesellen Johann Polder. — In dem reichhaltigen Bistritzer Archive ist die älteste deutsche Urkunde vom Jahre 1473 und im Kronstädter u. s. gar nur erst aus dem 16. Jahrhundert. Das Vorherrschen der deutschen Sprache bei notariellen Protokollationen und Privatgeschäften beginnt blos nach der Mitte des 16. Jahrhunderts (wol in Folge der Reformation), so in den Stadtbüchern Hermannstadts insbesondere seit 1556": so liegt in diesen Zeilen, wie später sich ergeben wird, manches Irrthümliche, oder es passt blos auf eigentliche Rechtsurkunden. Nur was Anton Kurz in seiner, 1848 im Serapeum erschienen Abhandlung „Die ältesten deutschen Sprachdenkmale und die bis jetzt bekannte älteste Handschrift der Sachsen in Siebenbürgen (46 Seiten in 8.) veröffentlicht hat, kann als denkenswerthe Vorarbeit für die gegenwärtige Sammlung bezeichnet werden, obwol das darin Enthaltene der ersten Hälfte des Titels nicht entspricht und die wenigen deutschen Wörter und Sätze der dort abgedruckten alten Hermannstädter Kirchenmatrikel in dem weit überwiegenden lateinischen Texte völlig verschwinden.

Ehe wir über Plan und Methode der vorliegenden Sammlung einleitende Rechenschaft geben, dürfte es nothwendig sein, die Frage zu beantworten, wie alt der schriftliche Gebrauch der deutschen Sprache in Siebenbürgen bezeugt sei.

Von einer eigentlich schriftstellerischen Anwendung derselben haben wir vor dem Reformationsjahrhundert keine Kunde. Zwar bewahrt die Batthyanische Bibliothek in Karlsburg eine Anzahl von Handschriften mittelalterlicher Gedichte *) etc.; da

*) Wir haben aus dem Cataloge folgendes Hiehergehörige heraus:

Ms. V, 23.	Horae canonicae. 1467, Pergamenthdschr.
Ts. V, 14.	Orationes et Hymnici diversi. Pergamenthdschr. des XVI. Jahrhunderts.
Ms. V, 3.	Pusterwalder. Papierhdschr. des XV. Jahrh.
Ks. III, 13.	Bethpuech genannt Belial. Pergmthdschr. des XV. Jahrh.
Ts. VI, 10.	Rythmi germanici. 1400.
Ms. V, 112.	Preces et Hymni. Papierhdschr. (enthält u. A. eine Marter der h. Margarethe in 307 Doppelversen aus der bessern mhd. Zeit.

sich aber für keine derselben auch nur mit einiger Sicherheit Siebenbürgen als Entstehungsort nachweisen lässt, so müssen wir auch hier vollständig davon absehen. Der ehemals vielgerühmte und noch von Seivert in seinen Nachrichten von siebenb. Gelehrten 227 mit einer ziemlich ausführlichen Biographie bedachte Dichter Klingsor uz Ungerlant ist von der besonnenern neuern Forschung in das Gebiet der Mythe entrückt worden *). So bleiben nur zwei bis jetzt bekannt gewordene Handschriften übrig, welche in Siebenbürgen befindlich vielleicht als Zeugnisse schriftstellerischer Thätigkeit aufgeführt werden könnten: das „Kunstbuch" von Hans Haasenwein und der sogenannte Altenberger'sche Codex. Jenes gehört seinem letzten Theile nach allerdings in so weit hierher, als derselbe in Siebenbürgen entstanden ist; die Sprache seines aus Oesterreich gebürtigen Verfassers Conrad Haas wird jedoch nur sehr geringe Ausbeute für die siebenbürgisch-sächsische Sprachforschung gewähren. Indessen führen wir es wenigstens in summarischer Darstellung später in unserer Sammlung unter Nr. XII wieder auf. Der Altenberger'sche Codex **), ein Pergamentfoliant, sehr schön geschrieben,

---

Ms. VI, 6. Rythmi germanici. Pergamenthdschr. des XV. (?) Jahrh. in 4. (enthält auf 35 Bl. 344 Strophen eines als Labers Jagd bezeichneten Gedichtes und ein früher als Deckelblatt angeklebtes Bruchstück aus den Nibelungen, F. in Lachmann's Ausgabe).

Ms. VI, 11. De diversis veritatibus christianis, ad seculi 15 finem.

Bei Vessely, Gyulafejérvári füzetek, I, 125, ebendaher ein Mscpt. des XV. Jahrh. „Divisio articulorum Fidei" mit deutschen Versen.

*) Vgl. Müller, Siebenb. Sagen, 376 f.

) Die Beschreibung desselben geben wir nach Seyvert im ung. Magazin, I, 169 f. Es beginnt das Buch nach ihm: „Swer an disem pach daz da heiset nuerenpergisch recht ichten wellen wil der schol sich richten nach diser schrift so vintet er es alle asamt nach einander geschriben das in diesem puecho stet und viert alt irre". Die letzte Seite zeigt ein Gemälde des gekreuzigten Heilandes, zu dessen Seiten Maria und Magdalena. Unter demselben befindet sich die Eimit zum Theil miniirten Initialen, noch am Ende des XVII. Jahrhunderts auf dem Hermannstädter Rathhause aufbewahrt, jetzt eine Zierde der Baron Brukenthal'schen Bibliothek daselbst, enthält eine auf Veranlassung des Bürgermeisters und Königsrichters Thomas Altenberger († 1491) genommene Abschrift des Nürnbergischen, Magdeburgischen und Iglauer Rechtes in der Sprache der bezüglichen Städte, kann also, so werthvoll es für unsere Rechtsgeschichte auch sein mag, nicht als Denkmal der siebenbürgischen Literatur gefasst werden. Diese beginnt unseren bisherigen Entdeckungen nach erst mit der unlängst entdeckten, hier zuerst unter Nr. CIV. veröffentlichten, um 1536 entstandenen Uebersetzung und theilweisen Erklärung von Sonn- und Festtagsperikopen und besonders mit Johann Honterus, der 1545 seine Agenda für die Seelsorger, 1547 die deutsche Uebersetzung der Reformatio Ecclesiarum in Transylvania schrieb und druckte *). 1551 erschien dann Kaspar Helth's Summa christlicher Lehren **) und ungefähr gleichzeitig entstand auch die Ostermeyer'sche Chronik. Die magyarische Literatur Ungarns und Siebenbürgens ist der siebenbürgisch-sächsischen fast um ein volles Jahrhundert voraus. Ladislaus Báthori, ein Paulinermönch, welcher 1456 starb, übersetzte die Bibel ins Magyarische *); 1478 trug der siebenbürgische Bischof Ladislaus Geréb dem Domcapitel auf, eine Uebersetzung der Pfarragende in die Nationalsprache zu veranstalten und bei seiner Rückkehr vom Hofe ihm vorzulegen †); 1484 brachte der Geheimschreiber König Mathias I. die lateinischen Rechtsregeln in magyarische Verse ††); und schon 1533 liess Benedict Komjáti die paulinischen Briefe in Krakau,

---

desformel für die Hermannstädter Rathsherren, welche wir unter Nr. XLII als ein unzweifelhaftes siebenbürgisches Erzeugniss aufgenommen haben.

*) Seivert, Nachrichten. 181. 179.

**) Ebd. 158.

***) Ung. Magazin, III, 100.

†) A. Kurz, Nachlese etc. 54 f.

††) Ebd. 41.

1551—1557 Kaspar Helth die ganze h. Schrift in dieser Sprache drucken *).

Anders verhält es sich mit dem schriftlichen Gebrauch der deutschen Sprache im Privat- *) und Rechtsverkehr der Sachsen in Siebenbürgen. Aus diesen Kreisen scheint sie niemals gänzlich ausgeschlossen gewesen zu sein, obwol wir ihre Anwendung selbst hier vor dem XIV. Jahrhundert nicht streng beweisen können. Die erste hierauf bezügliche urkundliche Stelle jedoch lässt fast schliessen, dass es eine Zeit gegeben, wo selbst die sächsische Nationsuniversität sich der Muttersprache bei ihren Amtsaufzeichnungen in weiterem Umfange bedient habe als später. Wie ist es anders zu verstehen, dass dieselbe am Anfange des XIV. Jahrhunderts einen Leibgedingsvertrag zwischen dem Woiwoden Stephan und der Tochter Graf Hennings von Petersdorf, Martha, seiner Braut, in der Muttersprache ausfertigt? **) That

*) Ung. Mag. III, 493 f.

) Selbst dem Privatleben des Woiwoden war die deutsche Sprache nicht ganz fremd. In einem von Jos. Trausch eingesehenen Schreiben an den Freiherrn Jos. Bedeus v. Scharberg theilte Graf Jos. Kemény unter dem 28. April 1854 diesem mit, dass er damals eine Sammlung dem Druck übergeben habe unter dem Titel: „Régi boni törtenetekhez érdeklő bibliographiai emléky. Unter andern Stücken, welche den Inhalt ausmachen sollten, hatte der Vf. bezeichnet: „Deutsche Sprache im Privatleben des Woiwoden“. Weiteres war darüber nicht angegeben. Der Druck ist meines Wissens nicht erfolgt. Vielleicht meinte Kemény mit jener Angabe die hier unter Note * näher bezeichneten Urkunde.

***) Unter dem 24. August 1330 bezeugt das siebenbürgische Domcapitel, dass Martha „adstante latere ejus Comite Petro de Morgendhal matruele suo lesa fuerit reinteritque eo modo: quod quamvis domina condam maritus suus tempore nuptiarum, perhibentibus literis, tunc per provinciales sedis Cibiniensis secundario nativa eorum lingua emanatis, ac coram nobis in specie etiam productis, et visis in vicem et aliqualem saltem recompensam illorum utensilium, et clenodiorum in iisdem literis per specifica enumeratorum, que ipsa domina Martha tunc adhuc sponsa in usum, et ad sustentandum futuri dicti condam domini sui subseque mariti Waywodatus honorem, ac condecentiam

aber die Universität also, so geschah ähnliches sicherlich auch von den übrigen sächsischen Gerichtsbehörden und steht die Alleinherrschaft des Lateinischen in diesen Kreisen, wie sie bisher fast allgemein angenommen wurde, wenigstens für jene Zeiten schon ziemlich erschüttert da. Die vorliegende Sammlung wird den Beweis liefern, dass für den Amtsverkehr nicht bloss mit auswärtigen deutschen Fürsten und Communen, sondern auch im Innern nach gewissen Lebensrichtungen, besonders im Gewerbswesen, bei Verträgen und in Rechnungssachen, die deutsche Sprache ihre Stelle allezeit in den Ausfertigungen neben der lateinischen behauptet habe. Im ältesten Universitätsprotokolle Initia memorabilium seculi XV et XVI schon finden sich deutsche Aufzeichnungen vom Ende des XIV. Jahrhunderts, so von 1394 Angaben von Grundbesitz, Arbeitslöhne von 1398, von 1417 und 1418 Schuldverzeichnisse. Nur für die Protokollation im engern Sinne des Wortes scheint bis nach der Mitte des XVI. Jahrhunderts die lateinische Sprache ausschliessend in Anwendung gekommen zu sein. Im Universitätsprotokoll „Artikel Buch so von der Universitet der deutschen sind beschlossen“ (im Nationalarchiv) ist die erste deutsche Aufzeichnung aus dem Januar 1552 datirt *); aus dem Georgsconflux 1554 finden wir ebendaselbst die erste vollständig deutsche Protokollsaufnahme in einer Verhandlung zwischen den Erben des Doctor Sebastian Bausner gegen die

---

dignitatem, sua, ac domui ejus Waywodali adferre necessitabatur, sibi centum et septuaginta septem Marchas puri Argenti ponderis budensis stipulasset, inque securitatem summe ejusdem bona sua universa in Hungarie regno sita obligasset ...“ Jos. Kemény aus dem im Arch. der Grafen Kornis aufbewahrten Original; aus seiner Abschrift in der Sammlung des Vereins für siebenb. Landeskunde, und darnach veröffentlicht von Teutsch in seinen Beiträgen zur Gesch. Siebenbürgens unter K. Ludwig I. Wien. 1850. p. 57 des Separatabdrucks.

*) Darnach ist Schuler-Libloy's Angabe im Anzeiger für Kunde der deutschen Vorzeit, 1858. 375, zu berichtigen, nämlich: „Das Vorherrschen der deutschen Sprache bei notariellen Protokollationen beginnt blos nach der Mitte des 16. Jahrhunderts, so in den Stadtbüchern Hermannstadts insbesondere seit 1556“.

„Herren Burgermeistor, Richter und Radt zur Hermanstadt vnnd sieben stüelen" in Geldangelegenheiten. Das darüber gefällte Urtheil sowol, als die oben erwähnte Aufzeichnung von 1552 haben ihren Platz in unserer Sammlung (Nr. CXII.) gefunden. Das Bedürfniss der deutschen Sprache im Amtsgebrauche hatte die Nationsuniversität schon im Katharinalconflux 1545 anerkannt, als sie beschloss, den Magister Johannes Honterus anzugehen, sein Compendium juris civilis (gedruckt 1544) ins Deutsche zu übersetzen, weil im nächsten Georgsconflux über ein geschriebenes Gesetzbuch berathen werden solle.

Wenn demnach eine deutsche Urkunde aus Siebenbürgen schon vom Anfange des XIV. Jahrhunderts zwar nicht vorhanden, doch glaubwürdig bezeugt erscheint und daran eine, während des XIV. Jahrhunderts der Natur der Sache gemäss oft, seit dem XV. aber wenig unterbrochene Reihe von amtlichen Aufzeichnungen, Urkunden und Inschriften in deutscher Sprache sich anschliesst, so dürfte es nicht uninteressant sein, damit das Auftreten der Nationalsprachen zu ähnlichem Gebrauche in den zunächst benachbarten westlichen Ländern Ungarn, Böhmen und Deutschland zu vergleichen. Aus Ungarn kennen wir deutsche Zuschriften der Königinnen Barbara von 1427 und Elisabeth von 1440 und 1441 *), und der Stadt Eperies an die Stadt Kaschau von 1442 **). Die erste magyarisch geschriebene Urkunde soll nach A. Kurz ***) ein Pfandschreiben vom 9. Januar 1542 sein, ausgestellt von belkevy petter in Sommerburg an zekel gergel und aufbewahrt in der Sammlung des verstorbenen Grafen Josef Kemény. Aus diplomatischen Gründen muss jedoch dem mitgetheilten Facsimile nach entweder die Aechtheit dieser Urkunde bezweifelt oder ihre Entstehungszeit mindestens um hundert Jahre

---

*) Catalogus Numorum Hung. et Trans. Instit. Szechény. II, 312 f.

**) Hatvani M. Magyar történelmi okmánytár a Brüsseli országos levéltárból és a Burgundi könyvtárból. I. Pest 1857. 2. Deutsche Zuschriften an die Pressburger von König Mathias s. bei Teleki Josef Hunyadiak kora, XI, 501. 515, 521. 550.

***) Nachlese etc. 56.

jünger angenommen werden. So mögen die Vér'sche Quittung von 1473 und das 1493 gemachte Testament des Bauers Peter Sipos, deren Stephan v. Horvath in seiner gegen Schwartner gerichteten „Vertheidigung der berühmten Könige Ungarns Ludwig des Grossen und Mathias Corvinus in Betreff der ungarischen Sprachcultur“ (aus dem Ungarischen. Pesth, 1815) p. 55 erwähnt *), bis zu weitern Entdeckungen als die ältesten in magyarischer Sprache geschriebenen eigentlichen Urkunden anzusehen sein.

Die älteste böhmische Urkunde ist ausgestellt unter dem 2. Juni 1378 vom Schöppengericht der Reichenauer Tuchmacher und befindet sich im Museum des Königreichs Böhmen **). Ungleich älter ist der vereinzelte Gebrauch der Volkssprache für Rechtshandlungen in Deutschland. Schon im VIII. Jahrhundert ist derselbe hier bezeugt und setzt sich durch die nächstfolgenden fort; doch beginnen deutsche Urkunden über Rechtsgeschäfte eigentlich auch hier erst mit dem XII. und XIII. Jahrhundert. Die erste deutsche Staatsschrift ist der Landfriede König Rudolph's von 1281 ***).

In Siebenbürgen kommt demnach die deutsche Sprache im Vergleich zu Ungarn und Böhmen immer noch frühe genug zur Ehre urkundlicher Verwendung.

Welche deutsche Sprache diese Urkundensprache im XIV. und wol auch den frühern Jahrhunderten gewesen und ob vielleicht der Ausdruck nativa lingua in der Urkunde von 1336 die Deutung auf die von den Sachsen damals gesprochene Mundart zulasse, ist schlechterdings nicht zu entscheiden. Die ältesten vorhandenen und in die vorliegende Sammlung aufgenommenen,

---

*) Nachlese 54. Die u. A. von Schlözer, Kritische Sammlungen etc. 305 f. mitgetheilte Urkunde König Karl Robert's von 1312 u. 1318 ist jedenfalls blosse Uebersetzung, die aus sprachlichen Gründen nicht vor das Ende des XV. Jahrhunderts gesetzt werden kann

**) Anzeiger für Kunde der deutschen Vorzeit. 1859. 357 f.

***) W. Wackernagel, Geschichte der deutschen Literatur. Basel, MDCCCXLVIII f. 49. 83. 320. 329.

ein zusammenhängendes Ganze der Beurtheilung darbietenden Sprachdenkmaler gehören bereits der von Ober-Sachsen ausgegangenen, seit dem XV. Jahrhundert in den Kanzelleien der Fürsten und Städte üblichen, sogenannten gemeinen, d. h. allgemeinen deutschen Sprache, der Mutter des gegenwärtigen Hochdeutschen, an, in welcher durch Luther der obersächsische, dem niederdeutschen sich vielfach (z. B. in der Diminutivform chen statt lein) nähernde Grund wieder stärker hervortrat *). In Siebenbürgen nimmt sie natürlich von der Volkssprache vielfach Ton und Ausdrücke an, was im Einzelnen nachzuweisen Aufgabe unserer künftigen Sprachforschung sein wird. Diese beinahe gleichzeitig hier und im deutschen Mutterlande bezeugte Reception der gemeinen deutschen Sprache beweist schlagender als irgend ein anderes historisches Document den ununterbrochenen, auch geistigen, Verkehr zwischen diesem und der fernen Ansiedlung an der Gränze der abendländischen Christenheit. Es ist kaum ein irgend wesentlicher Unterschied zwischen der Sprache in den beiden Schreiben des Herzogs Wilhelm von Oesterreich von 1401 und 1404, dem Geleitsbriefe des Wiener Burgermeisters Perichtold von 1401, und dem Mahnschreiben des Wiener Universitätsrectors von 1501, die wir eben um der Vergleichung willen, obgleich sie strenge genommen als nicht siebenbürgische Erzeugnisse von derselben ausgeschlossen bleiben sollten, in die gegenwärtige Sammlung aufgenommen haben, und dem echt siebenbürgischen Ehevertrag von 1419 etc.

Selbst jene beiden Sätze aus der alten Hermannstädter Pfarrkirchenmatrikel, welche A. Kurz a. a. O. 10 f. mit grosser Wahrscheinlichkeit dem zweiten Viertel des XIV. Jahrhunderts zuweist (siehe Nr. VII. dieser Sammlung) tragen schon ganz das nämliche

*) Ebd. 369. Ob die von Vessely a. a. O. 109 erwähnte, in der Batthyni'schen Bibliothek in Karlsburg befindliche Handschrift „Chiromantia“ (1603) wirklich, wie V. bemerkt, im sächsischen Dialect geschrieben sei, verdient die genaue Untersuchung eines sächsischen Forschers.

Gepräge; während anderseits manche jüngere Aufzeichnungen derselben Quelle der sächsischen Mundart ungleich naher kommen.

Darin irrt nun aber freilich Kurz, wenn er behauptet, diese beiden Sätze seien „die ältesten bekannten deutschen Laute der sächsischen Voräitern in Siebenbürgen". Ihm selbst mögen doch wol deutsche Orts-, Personen-, Mark- und Flussnamen aus dem XIII. Jahrhundert in hinlänglicher Zahl bekannt gewesen sein, die ihm als ältere Sprachersste hätten erscheinen sollen. Oft stehen sie unverhüllt da; oft auch ragen sie aus der lateinischen oder magyarischen Bekleidung *) deutlich hervor; selten nur hat es Schwierigkeit, sie unter der fremdartigen Maske zu erkennen. Manches von dieser Verhüllung fällt auf Rechnung der Zeit und der ersten Schreiber, vielleicht mehr noch der Ungenauigkeit späterer Abschreiber zur Last. Wir haben es als im Bereiche unserer Aufgabe gelegen betrachtet, allen diesen in zahlreichen lateinischen Urkunden zerstreuten deutschen Sprachersten nachzugehen und ihnen ihre Stelle in der vorliegenden Sammlung anzuweisen, eine in der That minutiöse Arbeit, aber unentbehrlich, wo die Literatur der Forschung so gar keinen Stoff gibt. War es zweifelhaft, ob ein deutsches Wort vorliege, wurde es lieber aufgenommen als weggelassen, weil streichen leichter ist, als wiederfinden. Aus der Arpad'schen Periode ist absichtlich nichts übergangen; ein Uebersehen aber ist bei dieser sylbenstecherischen Arbeit immer möglich. Aus der folgenden Zeit, wofür mir ausser den Schätzen des Vereins für siebenbürgische Landeskunde die nicht unbeträchtliche Sammlung von Dr. G. D. Teutsch vorzüglich zu Gebote stand, nahm ich bis 1500 alles auf; von da angefangen wählte ich bloss das bedeutender Erscheinende bis zu jenem Zeitpunkte aus, wo aus den Quellen Deutschlands genährt eine siebenbürgisch-deutsche Literatur sich zu entfalten beginnt, also etwa bis gegen Ende des XVI. Jahrhunderts.

*) Damit mag der geneigte Leser entschuldigen, wenn hie und wieder nicht deutsche Formen in der Sammlung ihm aufstossen. Auch die Geschichte der Magyarisirung von Orts- und Personennamen hat ihr Interesse für die deutsche Sprachentwickelung unseres Volkes.

Für die chronologische Anordnung des Stoffes glaube ich den Dank späterer Forscher in Anspruch nehmen zu dürfen, obwol ich wol weiss, dass manches später erst bezeugte Wort in alterthümlicherer Form erscheint, als ein früheres *). Nur verfuhr ich dabei nicht so pedantisch, dass wo mir eine Quelle Beiträge für eine ganze Reihe von Jahren oder Jahrzehenten bot, wie z. B. die Hermannstädter Pfarrkirchenmatrikel, die Aufzeichnungen im Kronstädter Kürschnerzunftbuch, im Senndorfer Kirchenprotokoll etc., ich diese in eine Unzahl atomistischer Notizen zersplittert hätte. Es wird nicht schwer sein, die Chronologie trotz dieser Abweichungen, die im Ganzen doch selten sind, bei der Benützung der Sammlung festzuhalten.

Ich habe den einzelnen Stücken, wenige geographische Notizen abgerechnet, weder sachliche noch sprachliche Erläuterungen beigefügt, so nahe auch die Versuchung dazu nicht selten lag, weil ich den Gesichtspunkt strenge festhalten wollte, bloss Materialien für die künftige Grammatik und das Wörterbuch der siebenbürgisch-sächsischen Mundart, oder wie vielleicht richtiger zu sagen wäre **) Mundarten, zu liefern. Nur die Regesten und diplomatischen Bemerkungen durften nicht wegbleiben, sollte die Sammlung den Charakter der Zuverlässigkeit bewahren. Zusätze jener Art würden schon zu grammatischen und sprachgeschichtlichen Excursen geführt haben, welche dieser Arbeit fern standen. Dass der Verfasser für die Aufnahme der einzelnen Wörter nicht ohne zureichende Gründe sich entschied, ersucht er den geneigten Leser für jetzt aufs Wort ihm zu glauben und bei etwaigen Zweifeln nur das nicht ausser Acht zu lassen, dass es oft nur eine Form, selbst nur ein einzelner Buchstabe sein kann, welcher die Thätigkeit des deutschen Sprachgenius an einem der Entstehung nach fremdem Wortstoffe bekundet. So nahm ich

---

*) Vgl. Pinsteraha fluvius 1228. Gertanus sylvula 1261. Wastmodus 1283. Obrethusa 1291.

**) Vgl. Selig Cassel, Die historische Thätigkeit in Siebenbürgen, in Schmidt's Zeitschrift für Geschichtswissenschaft, II, 372 f. Schon Schuller, Arch. 87, trennt den Bistritzer Dialect von den übrigen.

z. B. Blaci (1222) einzig wegen des Anlautsconsonanten auf, den der Deutsche dem Worte gegeben hat, wie andrerseits der Walache die Aspirata in Flandrenses in die Media bländer verwandelte. An andern Stellen wieder waren es aus der Sprachvergleichung geholte Gründe, welche die Berücksichtigung dieses oder jenes Ausdruckes empfohlen. So bei dem Flussnamen der Kokel, wo mir Ammian's „locus Caucalandensis“ *) zwar nicht unbekannt blieb, die Vergleichung der von Jacob Grimm aus der Eifelgegend angeführten Kockelferde **) jedoch entscheidend war. Endlich bestimmte mich zuweilen auch nur die Rücksicht auf eine der Geschichte zufolge von deutschen Ansiedlern (hospites) ***) bewohnte Gegend, nicht allzu spröde mit der Einzeichnung zweifelhafter Ausdrücke zu verfahren, wobei ich dem eigenen Zweifel hin und wieder durch ein beigesetztes Fragezeichen Ausdruck gab.

Um der Uebersichtlichkeit willen unterschied ich in denjenigen Stücken, welche bloss Namen enthalten und die Lücken zwischen den zusammenhängenden Sprachdenkmälern auszufüllen bestimmt sind, in drei Spalten die Orts-, Landschafts- und Volksbenennungen von den Personennamen †) und den Bezeichnungen

*) J. K. Schuller, Umrisse und krit. Studien zur Geschichte von Siebenbürgen. 1840. 19.

**) Grimm, Weisthümer. I, 557, „was einer das leben binnen seinem ederich verwirkt hette, der sall auch derbinnen gericht werden uf einer plutzen, die Kockelferden genannt und an einen appellieren verweist werden“. Eifel, Beir. 1585.

***) Vgl. darüber die Hauptstelle aus Godefridus, 1237 Mönch zu S. Pantaleon intra muros in Köln, bei Schlözer, kritische Untersuchungen. 207.

†) Der älteste Familienname erscheint 1223 in Gaspar Boboith de Bramovia, presbyter in Cibinio capellanus, wornach das von Marienburg im VA. N. F. II, 332 f. Gesagte zu ergänzen sein würde, wenn nicht der 1446 erwähnte Caspar Bobolt de Corona ihn 1223 höchst unwahrscheinlich machte. Nykulaus de genere [illegible] 1288 ist ein noch ungelöstes Räthsel; somit werden wol die Petrus Ruffus und Petrus Tartarus 1317 die Reihe unserer zuverlässigeren Familiennamen eröffnen.

für Flüsse, Berge, Flurtheile, Geräthe etc. Bezüglich der Orthographie, Interpunction u. s. w. hielt ich mich nach Möglichkeit an die Quellen, und werden die einzelnen Stücke in dieser Hinsicht natürlich um so zuverlässiger sein, je unmittelbarer sie aus den Originalien geflossen sind. Die Ansichten der neuern historischen Schule über die Wiedergabe von Urkunden, wie sie zuletzt noch Waitz in v. Sybel's Historischer Zeitschrift 1860, 438 f. auseinander gesetzt, konnte hier nicht massgebend sein, weil hauptsächlich für eine sprachliche Verwerthung gesammelt wurde. Nur die Abkürzungen wurden nicht beibehalten, schon weil ihre Mittheilung im Drucke unüberwindliche Schwierigkeiten geboten haben würde.

Schässburg, am 15. Mai 1863.

M.

Inhaltsverzeichniss.

		Seite
I.	Namen von Orten, Landschaften, Völkerschaften, Personen, Flüssen, Bergen, Flurtheilen, Geräthen etc. bis zum Schlusse des XIII. Jahrhunderts	1
II.	Namen von Orten etc. 1301—1346	8
III.	Aus der alten Matrikel der Hermannstädter Pfarrkirche (circa 1346—1400)	16
IV.	Namen von Orten etc. 1347—1357	21
V.	Hattertvergleich zwischen Heltau und Michelsberg. 29. August 1357	22
VI.	Namen von Orten etc. 1358—1400	23
VII.	Aus der alten Matrikel der Hermannstädter Pfarrkirche. 1401—1500	32
VIII.	Herzog Wilhelm's von Oesterreich Geleitsbrief für die Hermannstädter Kaufleute. 5. August 1401	34
IX.	Geleitsbrief des Wiener Stadtraths für dieselben. 5. August 1401	35
X.	Namen von Orten etc. 1401—1417	35
XI.	Geleitsbrief Herzog Wilhelm's von Oesterreich für die Hermannstädter Kaufleute. 1. October 1404	38
XII.	Hermannstädter Archelei 1417—1570	39
XIII.	Namen von Orten etc. 1418—1419	43
XIV.	Ehevertrag zwischen Jacob, dem Sohne des alten Bürgermeisters von Hermannstadt, und Katharina der Witwe des Kammergrafen de Waldo. 22. December 1418	43
XV.	Namen von Orten etc. 1420—1424	44

		Seite
XVI.	Kronstädter Kürschnerzunftbuch. 1424—1528	45
XVII.	Namen von Orten etc. 1425—1449	52
XVIII.	Aufzeichnungen im Hermannstädter Schneiderzunftbuch Nr. 1. 1449—1460	56
XIX.	Namen von Orten etc. 1450—1452	58
XX.	Aus Liber promptuarij Capituli Brasschowiensis. 1451—1499	61
XXI.	Namen von Orten etc. 1453	62
XXII.	Bericht Samile's des Bischofs von Konstantinopel über die Eroberung dieser Stadt durch die Türken an den Hermannstädter Rath. 6. August 1453	62
XXIII.	Bericht des Hermannstädter Bürgermeisters Oswald über die Türkennoth an den Rath zu Wien. 15. Mai 1454	66
XXIV.	Namen von Orten etc. 1454—1462	67
XXV.	Aufzeichnungen im Hermannstädter Schneiderzunftbuch Nr. 1. 1462—1484	72
XXVI.	Namen von Orten etc. 1463—1465	77
XXVII.	Aus der Rechnung des Hermannstädter Bürgermeisters Nikolaus Rwsso. 1465	78
XXVIII.	Aus Regestum bursae Cracoviensis Hungarorum. 1465 bis 1495	79
XXIX.	Der Hermannstädter Rath gestattet der dasigen Schusterzunft die Erbauung einer Laube auf dem kleinen Ring. 14. März 1466	80
XXX.	Deutsche Feld- und Personennamen aus Schässburg. 1466—1500	82
XXXI.	Namen von Orten etc. 1466—1469	83
XXXII.	Die Hermannstädter Weberzunft theilt (der Mühlbächer) ihre Handwerksgerechtigkeit mit. 28. August 1469	85
XXXIII.	Glockeninschriften von 1470 und 14..	87
XXXIV.	Namen von Orten etc. 1470—1472	87
XXXV.	Gesuch an den Bistritzer Richter um Ausstellung eines Geburtsbriefes. 22. Juni 1472	87
XXXVI.	Der Rath von Suczawa bescheinigt ein Zeugenverhör über eine Zahlungsforderung eines dasigen Bürgers gegen einen Rodnaer (oder Bistritzer). 15. Juni 1473	88
XXXVII.	Artikel der Klausenburger Goldschmiede. 25. Oct. 1473	89
XXXVIII.	Namen von Orten etc. 1473—1477	92
XXXIX.	Aus der sonst lateinischen Inschrift am Taufkessel in Kleinschelken. 1477	93
XL.	Namen von Orten etc. 1478—1481	93
XLI.	Petrus Ber berichtet von Hermannstadt aus über den Erfolg einer zum Woiwoden unternommenen Reise an den Kronstädter Rath. 6. März 1484	94

		Seite
XLII.	Der Amtseid der Rathsherrn von Hermannstadt. 1481 (?)	95
XLIII.	Aufzeichnungen des XV. Jahrhunderts im Hermannstädter Schneiderzunftbuch Nr. I. (Vor 1485.)	96
XLIV.	Namen von Orten etc. 1483—1484	98
XLV.	Schässburger Kürschnerartikel. 1484	99
XLVI.	Hermannstädter Schneiderartikel. 1485	101
XLVII.	Notiz über eine auf die Deutsch-Piener Goldwäschereien bezügliche Urkunde des Mühlbächer Stadtarchivs	107
XLVIII.	Hermannstädter Weberzunftartikel. Vor 1486. Transs. vom 9. November 1482	107
XLIX.	Namen von Orten etc. 1486—1487	112
L.	Aufzeichnungen im Hermannstädter Schneiderzunftbuch Nr. II. 1487—1500	113
LI.	Artikel der Yrgerzech in Schässburg. 5. Juni 1488	116
LII.	Namen von Orten etc. 1488—1489	118
LIII.	Stephan Holab meldet dem Hermannstädter Bürgermeister die Gefangennahme des Michael Porner. 3. Juni 1489	119
LIV.	Deutsche Aufzeichnungen im alten Senndorfer Kirchenrechnungsbuch. 1489—1535	120
LV.	Wagnerzunftartikel. Vor 1490	122
LVI.	Namen von Orten etc. 1490—1491	123
LVII.	Vertheidigungsanstalten der Kronstädter. 1491	124
LVIII.	Namen von Orten etc. 1492	127
LIX.	Hermannstädter Wagnerartikel. 1492	129
LX.	Kriegszeug in Hermannstadt. 1492—1493	131
LXI.	Bericht des Hermannstädter Königsrichters und Kammergrafen Laurentius Han aus Ofen an den Hermannstädter Rath. 22. Januar 1493.	131
LXII.	Namen von Orten etc. 1493—1494	132
LXIII.	Artikel der Hermannstädter Goldschmiedzunft. 1494—1496	133
LXIV.	Zunftrechnung der Hermannstädter Schneider. 1494	138
LXV.	Namen von Orten etc. 1495—1497	141
LXVI.	Gassennamen in Kronstadt. 1497	142
LXVII.	Namen von Orten etc. 1498—1499	143
LXVIII.	Zusätze zu den Hermannstädter Schneiderartikeln von 1485—1499 (?)	144
LXIX.	Kelchinschriften des XV. Jahrhunderts	146
LXX.	Schässburger Kirchengrundstücke. Um 1500	146
LXXI.	Sophia von Waldstern, die Gattin des Woiwoden, macht einige Bestellungen bei dem Kronstädter Rath. 15. Mai 1500	147

Seite

LXXII. Namen von Orten etc. 1500—1501 . . . 148
LXXIII. Der Rector der Wiener Universität ersucht den Kronstädter Rath, die Väter einiger in Wien studirender Stadtkinder zur Zahlung der von diesen gemachten Schulden zu veranlassen. 23. December 1501 . 149
LXXIV. Deutsche Personennamen und Anderes aus dem Hermannstädter Schneiderzunftbuch Nr. II. 1501—1541 . 150
LXXV. Namen von Orten etc. 1502—1504 . . . 152
LXXVI. Deutsche Ausdrücke in dem Mediascher Stadtbuch. 1504—1517 153
LXXVII. Artikel der Nösner Weberzunft. 1505 . . . 154
LXXVIII. Testament der Ursula Meister Paulin. 1505 (?) . 156
LXXIX. Schreiben des Johannes Schyrmer an den Kronstädter Rath. 26. November 1507 158
LXXX. LXXXII. Kronstädter Artikel von der Heerschau. 1507. 159 161 *)
LXXXI. Aus einem Hermannstädter Rechnungsbuche von 1507 159
LXXXIII. Bruderschaftsordnung der Schuhknechte zu Keisd. 1508 161
LXXXIIII. Einzelne deutsche Aufzeichnungen, Namen etc. von 1508—1526 166
LXXXV. Glockeninschrift in Brenndorf. 1513 . . . 167
LXXXVI. Verzeichniss der Kornkammern des Schässburger Dominikanerklosters. 1515 167
LXXXVII. Meldung eines Ungenannten zum Dienst eines Stadttrompeters in Kronstadt. 5. Mai 1516 . . . 168
LXXXVIII. Die Stadt Kronstadt pachtet den halben Zwanzigsten von Hans Haller und seinem Bruder für 3300 Gulden. 23. April 1516 169
LXXXVIIII. Quittung des Florentiners Basson Vontempis über 300 Gulden an den Bistritzer Rath. 26. Juni 1518 . . 170
LXXXIX. Artikel der vereinigten Maler, Tischler und Fensterverglaser in Hermannstadt. 1520. 171
XCI. Die Stadt Bistritz wird über den Martinszins des laufenden Jahres quittirt. 29. December 1520 . . 173
XCII. Wandinschrift in einer Zelle des ehemaligen Dominikanerklosters in Schässburg. 1520 (?) . . . 174
XCIII. Letztwillige Verfügung des Georg Reyss, bezüglich seiner Schulden. 1522 175
XCIIII. Inschrift am Chorgestühl der Schässburger Bergkirche. 1523. 176

---

*) Durch ein mit Berücksichtigung der grossen Verzögerung des Druckes und der Entfernung des Herausgebers vom Druckorte zu entschuldigendes Versehen nach zwei Quellen doppelt abgedruckt.

Seite

XCV. Privataufzeichnung des Hermannstädter Rathmannes Georg Buet über die Geburt und Taufe seines Sohnes Georg. 1526 177

XCVI. Schreiben des Rathes von Bistritz an die beiden Rathmänner Gabriel Pictor und Vincenz Pellio. 10. October 1526 177

XCVII. Meister Gabriel mahnt den Bistritzer Rath (?) zur endlichen Absendung des von dort zu stellenden Kriegsvolkes. 27. Juni 1526 178

XCVIII. Ein Zeugenverhör der Rodnaer Geschworenen wegen Lenard von der Birkenau. 27. December 1527 . . 179

XCVIIII. Georg Reycherstorffer weist den Kronstädter Rath an, Lucas und Hans Beuchkner für den durch ihn in Klausenburg erlittenen Schaden aus seinen in Kronstadt befindlichen Gütern zu entschädigen. 5. Januar 1528 . 180

C. Der Rath von Hermannstadt an K. Ferdinand von Ungarn über die Noth der belagerten Stadt. 29. März 1529 . 181

CI. Markus Pempflinger an K. Ferdinand von Ungarn über den schlimmen Stand der österreichischen Sache in Siebenbürgen. 29. April 1529 182

CII. Markus Pempflinger an seinen Bruder Stefan in Ofen über die Noth der Stadt Hermannstadt und seine persönliche Lage. 22. Oktober 1529 183

CIII. Benedikt Markgreb an Markus Pempflinger über das Elend und die Bedrängniss Hermannstadts. 27. April 1534 184

CIV. Bruchstückweise Uebersetzung und Erklärung von Perikopen. Um 1536 186

CV. Kaisder Flurnamen. 1538 209

CVI. Goldschmiedzunftartikel. 1539 210

CVII. Statut von Hermannstadt. 1. Januar 1541 . . 213

CVIII. Aus einem Briefe Lorenz Zäkels an einen Hofmann K. Ferdinand's über die siebenbürgischen Landtagsverhandlungen. 1543 215

CIX. Berechnung der von Kronstadt für die Sachsen gemachten Ausgaben vom Jahre 1545 216

CX. Artikel der Bistritzer Schlosserzunft. 14. November 1547 218

CXI. Bruchstück einer Grundbesitzbeschreibung eines Kronstädters. 1548 219

CXII. Erste deutsche Aufzeichnungen im ältesten Protokoll der sächsischen Nationsuniversität. 1553—1555 . . 220

CXIII. Anordnung des Hermannstädter Rathes bezüglich der Besatzung der Basteien der Stadt. 11. September 1556 . 221

CXIV. Instruction des Bistritzer Rathes für seinen am k. Hofe befindlichen Abgeordneten. Um 1560 222

Seite

CXV. Hieronimus Ostermeyer's Grabschrift. 1561 . . 224

CXVI. Inventar des Kronstädter Rüstzeuges. 1562 . . 224

CXVII. Bienensegen. Um 1570 226

CXVIII. Artikel der Mühlbächer Schusterzunft. 6. Juni 1572 . 226

CXIX. Zwei Rathsgeschworene von Nösen quittiren ihren Antheil am Cementgewinn an den Rath von Hermannstadt. 3. Mai 1573 229

CXX. Urtheil der sächsischen Nationsuniversität in einem Processe zwischen Mühlbach und Pian. 26. April 1574 . 230

CXXI. Artikel der (Mühlbächer ?) Schusterzunft. 26. November 1587 231

CXXII. Die sächsische Universität bestimmt über den Ankauf der Felle für die Kürschner-, Handschuhmacher-, Lederer- und Schusterzünfte. 1. December 1598 . . 233

I.

Namen von Orten, Landschaften, Völkerschaften, Personen, Flüssen, Bergen, Flurtheilen, Geräthen &. bis zum Schlusse des XIII. Jahrhunderts.

1075. Turda (?) Siebenb. Urkundenbuch v. Teutsch und Firnhaber. Wien, 1857, I, XIII.

1155. Gualterus Episcopus Vltrasilvanus. Ebd. XIV.

1176. Thorda. Ebd. 2.

Pordo Flavius bei Sal.-Miklos. Ebd. 3.

1191. Teutonici Vltrasiluani. Ebd. 3.

1192—1196. Cibiniensis prepositus. Ebd. 4.

Flandrenses.

1197. Cuculiense castrum. Aus dem Originaltranssumt 1337. Ebd. 6.

Sagman villa.

Hufeo Merke collis.

Red (Rod).

Parpucam locus.

1199. Magister Henricus. Ebd. XVII.

1201. Scybin Ebd. XVII.

Zibin Ebd. XVIII.

1206. Karako. Ebd. 7.

Chrapundorf.

Rams (= Diod, walachisch Stremsu ?)

Villermus Episcop. Trans. Ebd. 8.

1207. Vilhelmus Ebd. XIX.

1208. Willelmus Ebd.

1209. Windelicus Wajwoda. Ebd.

1211. Sibin ... Ebd. 8.

Borza terra. Aus dem Originaltranss. v. 1279. Ebd. 9.

Almage castrum.

Almagia (= Halmágy).

Noilgiant (= Galt ?).

Alt aqua.

Tertillon aqua.

Tinis aqua. ?

Borza aqua. ?

1212. Cibin.. Ebd. XX.
Kruczburg (Nyén).
1215. Guilelmus Episcop. Vltrasilv. Ebd. XXII.
1218. Burza. Ebd. 12.
1219. Winch terra.
Vinch villa.
Kuen villa (= Kövend).
Mucon villa (= Mobás).
Bundrow locus (= Dombro). Sonst fluvius.
Fulgistue (Tulgistue) locus.
Gaesbrua mons.
1222. Clus. Ebd. 16. (= Kolos-Monostor).
Almage. Ebd. 18. (Almagie. 20.)
Noialt. (Voilgard. 20.)
Cruceburg, Cruseburg. (Calcbart 20.)
Blaci.
Tartelowe. Ebd. 18.
Mors fluvius.
Borsza. Ebd. 20.
Szeraszylon.
Zymis aqua.
1223. Bozu. Ebd. 21.
Gaspar Robolth de Brassovia*). Ebd. XXV.
Zebill..**). Aus dem Orig. ebd. 23.
Kerch monasterium de.
Ruetel villa. 24.
villa Hermani. nogebik fagi. Ebd. 24.
Regnaldus episcop. Ultrasilv.
1224. Berhardus episcop. Transsilv. Ebd. XXVII.
Warasa. Aus dem Orig.-Transs. v. 1317. Ebd. 29. (= Broos.)
Boralt. (= Baroth.)
Sebus terra. (= Mühlbach).
Daraus terra. (= Draas).
Chybin...
1225. Renaldus episcop. Transsilv. Ebd. XXIX.
Clausiense monasterium. Ebd. 36.
Kercz. Ebd. 31. 34. 36.
Kerz.
Kerc.
Borze. Ebd. 32.
1226. Kerch. Ebd. 39.

---

*) Wohl nur aus Missverständniss der bezüglichen Stelle bei Pray, de Sigillis, p. 38, im Siebenb. Urkundenbuch an diese Stelle gekommen, da er richtiger 1446 erscheint.

**) 1280: Cibinium. Aus dem Orig.-Transs. v. 1453, ebd. 121. 1282: Zibiniensis und Zybinium. Aus dem Orig. ebd. 129.

1228. Aloibodus comes de genere Abo filius Leustachii. Ebd 43.
Fiszleratha fluv. Ebd. 44.
Regus (= Sz.-Regen).
1231. Bortze. Ebd. 46.
Jowb filius Reob (?). Ebd. 49.
Oronos Wynch. Ebd. 46.
1232. Clusa. Ebd. 48.
Boroze. Ebd. 50.
1233. Bistritz (wohl in Ungarn). Ebd. 55.
Corlardus filius Cryspanni. Ebd. 56.
Loyatha terra. Ebd. 56. Olth aqua.
Lothur aqua.
1238 *) Erkwd. Ebd. 63. (= Szász-Erked ?)
Crapundorff **). Ebd. 61.
Saxones.
1243. Bachunateleke terra. Aus dem Orig.-Transs. v. 1344. Ebd. 65.
Lentink et Hermannus fratres Theotonici.
1244. Artulphus episcop. Transsilv. Ebd. XXXVII.
Artolphus.
1245. Malembach. Theiner, Vet. monum. hist. Hungariam sacram illustrantia. Rom. 1859. I. 102.
1246. Horina. Aus dem Orig. Siebenb. Urkdb. v. Teutsch. I. 66.
Culus...
1248. Erkhed. Ebd. 68. (Im M.-Szolnoker Comitat.)
Wynch. Aus dem Orig.-Transs. v. 1421. Ebd. 68.
Burgbergh.
Walkow.
1252. Kircz. Ebd. 70.
Fulkun Saxo.
1256. Ledegwerus. Aus einem Orig.-Transs. des XIII. Jahrh. Ebd. 71.
1261. Kald bei Dées (?). Ebd. 74.
Gurtanus sylvula b. Déésvár.
Gekonus fluv.
Motles fluv.
Ilosod. fluv.
1263. Kolosmonostura. Ebd. 76.
Wiz ***). Ebd. 78.
Hassach (= Haschagen ?).
Nogrech (= Ladamos, Gassübel).

---

*) Karb als Bezeichnung eines Salzschiffes in einer von Wenrich aus dem Déeser Archiv abgeschriebenen Urkunde vom J. 1236 dürfte wegen der Verwandtschaft des magyar. kerép zu übergehen sein (?).

**) 1266 bereits Igen. Ebd. 85.

***) 1295 bereits Visakna. Ebd. 191.

1264. Bistriche *). Ebd. 60. (Bei Theiner a. a. O. I. 275 : Bistiche.)
Rodana. Ebd. 60. (Bei Theiner, I. 275 : Rodona).
Naswod. Ebd. 61.
Sassvar.
Kirch **). Ebd. 63.
1265. Vubul terra. Aus dem Orig.-Transs. von 1421. Ebd. 64.
Pad terra Saxonica.
Tolmach. Ebd. 63.
. Loysthe terra.
Wolkow ***). Ebd. 64.
1267. Leustacus. Ebd. 86.
1268. Rotho. Ebd. 89.
Heuchmannus.
Henricus filius Brendlini.
Detricus.
Hench.
Rodna. Ebd. 89.
1269. Torda (?) Aus dem Orig.-Transs. v. 1276. Ebd. 91.
Kelnuk. Ebd. 93.
Chyl.
1270. Dang prope Kelnuk. Ebd. LI.
1271. Brasu. Ebd. 95. (= Brasso, Kronstadt oder Broos?)
Zenchatelnky. Ebd. 96. (= Szancsal?)
Chiel. Ebd. 95.
Chyel. Ebd. 96.
Erwyn. Ebd. 95.
Teel filius Ebl.
Herbordi villa. Ebd. 96. (= Blasendorf).
Kukullu.
1272. Bertholdus (Abt v. Kerz). Ebd. 98.
1275. Kulusvar †). Aus dem Orig.-Transs. v. 1313. Ebd. 105.
1276. Megyes prope fluv. Zamus. Ebd. 113.
minor Kuquellev. Aus dem Orig. ebd. 114.
1279. Kondteluk. Ebd. 117.
Hegun comes. Ebd. 116.
Gogenus (dessen Sohn).
Hench filius Brendelini de Rodna. Ebd. 118.
1280. Gald (?). Aus dem Orig.-Transs. v. 1453. Ebd. 121.
Probstroph, Probstrop.

---

*) 1295 : Byztrica. Aus dem Orig. ebd. 191.
**) 1273 : Kyrch. Ebd. 98.
***) 1251 : Walko. Ebd. 69. 1252 : Volko. Ebd. 70. 1275 : Volko. Sammlung des Vereins für siebenb. Landeskunde.
†) 1269 : Culuswar. Aus dem Orig. ebd. 147. 1291 : Castrum de Clus. Aus dem Orig. ebd. 177.

Sconberk.
Dalia (= Denndorf).
Castrum Sex (= Schässburg).
Henricus.
Gerlacus.
Theodoricus.
Herbordus *).
Westmodus.
Winricus.

1282. Stolchunberchi. Aus dem Orig. Ebd. 129.
Henricus filius Kumpolth. Ebd. 126.
Heynaldus. Aus dem Orig. Ebd. 129.
Eresztein sylva. Fejér's Lesart im Cod. dipl. Hung. V. 3, 141 etc. etc. Kemény hat Eresztevény; was kaum richtig sein dürfte. Urkdb. 127.

1283. Medies. Aus dem Orig. Ebd. 131.
Walterus.
Henricus.
Siffridus.
villa Echelini.
Berthelm.
villa Ribuini.
Musna.
Sarus.
Copus.

1284. Gyan filius Alardi. Ebd. 135.

1285. Krapundorf. Ebd. 136.

1285—1290. Byztwrch. Aus dem Orig. ebd. 138.

1288. Apold. Ebd. 145.
Scebin...
Brasum (Kronstadt oder Broos). Ebd. 146.
Kelus monustra **). Ebd. 144.
comes Mykud de genere Kukenusrennolth (?). Aus dem Orig. ebd. 142.
Jhoannes prepositus Scibin. Ebd. 146.

1289. Apoldija inferior. Ebd. 147. Aus dem Orig.
castrum Turuskon ***). Ebd. 148. Aus dem Orig.
Korokos †). Aus dem Orig.-Trans. v. 1315. Ebd. 149.

---

*) 1292: Herbarth. Aus dem Orig. ebd. 183 Habordus ebd. 223, nur Schreibfehler.

**) 1297: Clusmonustura. Aus dem Orig.-Transs. v. 1297. Ebd. 169.

***) 1294: Turuskov. Aus dem Orig. ebd. 158.

†) 1300: Koroho. Aus dem Original-Transs. Andreas III. Ebd. 152. 1291: Crakow. Aus dem Orig. ebd. 170.

Vynch inferior *). Ebd. 152. Aus dem Orig.

Gosalnus.

Alardus.

Henneng de Dala. Ebd. 155.

Kosd rivulus. Ebd. 155.

Muhy. Ebd. 155. (= Moha).

Sarustelek.

Syberg.

Leubsigteluky (= Leblang).

Barabuch (= Brekokten).

Poplelnky.

1290—1301. Herbordus filius Henning **) Sammlung des Vereins für siebenb. Landeskunde.

1290. Byzturche, Byztwrche. Siebenb. Urkdb. v. Teutsch. I. 156.

1291. Fogros (?). Aus dem Orig. Ebd. 167.

Fogras.

Obwothmea. Aus dem Orig. Ebd. 168.

Vrbow. Aus dem Orig. Ebd. 170.

Wrbou.

Kelnuk. Aus dem Orig. 170.

Philpus. Ebd. 166.

Romoez. Ebd. LXXIII.

Waras.

Galmar (?).

Turutzko. Ebd. 175.

Riho. Ebd. 177.

Zekes.

Kolnuk.

Egidius filius Leustathii. LXXIII.

Vgrinus (?). Ebd. 167.

ad distantiam unius rasti. Ebd. 176.

Henc ***). Aus dem Orig. Ebd. 170.

Arnoldus.

Chol †).

---

*) 1291: Felvinch. Aus dem Orig. ebd. 168. Aus Andr. III. Zeit: Winc. Orig. ebd. 223. 1300: Vinch. Orig. ebd. 218. 1290—1301: Vinc. Sammlung des Vereins für siebenb. Landeskunde.

**) In einer spätern Urk. des XIII. Jahrh., die aus dem Orig.-Transs. Andreas III. in dieselbe Sammlung abschriftlich gekommen ist: Hennigh.

***) 1291: Heuch. Aus dem Orig. ebd. 173. 1300: Hench. Aus dem Orig. ebd. 218.

†) 1294: Cholleus. Ebd. 168. 1300: Cholo. Ebd. 218. Unter Andreas III.: Cheul. Ebd. 223. Casul: Sammlung des Vereins für siebenb. Landeskunde.

Syfridus.
Olth fluv. Aus dem Orig. Ebd. 167.

1292. Apold. Ebd. 180.
Enyed.
Arnoldus.
Ludveg.
Johannes filius Vrkund. Aus dem Orig. Ebd. 183.

1293. Erkud. Aus dem Orig. Ebd. 183.
Gerhardus prior fratrum predicatorum. Ebd. 186.
Helemban. Ebd. 188.

1295. Sard (?). Ebd. 188.
terra Godym vulgariter Ringylkirch nominata. Ebd. 190.
Waldorf inferior. Aus dem Orig. Ebd. 191.
Gyan. Ebd. 191.
tunella vini. Ebd. 189.

1296. Bulla. Aus einem Orig.-Trans. v. 1413. Ebd. 197. (= Bell.)

1297. Berch. Aus d. Orig. ebd. 201.
vallis Hatarvölgy. Aus dem Orig. Ebd. 202.

1298. Kerechnuk (?). Ebd. 207. (= Kis-Kerek im U.-Alb.-Comitat.)
Schesparch *). Aus dem Orig Ebd. 206.
Wizzenburg.

1299. Detricus. Ebd. 209.
Byrch. Aus d. Orig. ebd. 215.

1300. Sebus. Aus dem Orig. Ebd. 218.
Demesafeldu (?). Aus dem Orig. Ebd. 219.
Buzd (?). Aus dem Orig.-Transs. Andreas III. Ebd. 223.
Rubcmark **). Aus dem Orig. (um 1300) ebd. 223.
Spreng ***).
Scekes.
Henninglus. Aus dem Orig. Ebd. 218.
Henneng. Aus dem Orig.-Transs. Andreas III. Ebd. 223.
comes de Vasmodi. (Orts- oder Personennamen ?) Aus dem Orig. ebd. 218.

Ohne bestimmtes Jahr, aus dem XIII. Jahrhundert:
Fulpes (ob in Siebenbürgen ?). Sammlung des Vereins für siebenb. Landeskunde.
Dionisius filius Pelbarti.

---

*) 1300: Segusvar. Ebd. 220.

**) Urkd. aus der Zeit Andreas III., abschriftlich in der Sammlung des Vereins für siebenb. Landeskunde: Rubcmarch.

***) Ebd. Springh.

II.

Namen von Orten, Landschaften, Völkerschaften, Personen, Flüssen, Bergen, Flurtheilen, Geräthen &c. &c. von 1301—1346.

1300. Affrica. V. *).

1301. terra Nadas. V. nach Cornides u. Fejér.
Weichkeferö (Weisskirch).
terra Belus (Belleschdorf).
Chewas.

1302. Castenholz. V.
Walbrunus.

1305. Almakerek. V. nach Kemény's einer Abschrift entnommenen Copie.
Keresd.
Földsintelke.
Fighe.

1306. Kyerczh, Kerch. V.
Zakadath. V. nach Kemény.
Cornachel.

1307. nobilis Osvaldus filius Leustachii de Kelnek. V.
Goldbach. V. nach Kemény.
Jeclinus. V. nach Kemény.
Valterius.
Bertolphus.
Marsilius (?).
Henricus.

1309. Sybenburger = Sachsen; bei Ottokar (v. Hornek). Vereinsarchiv I., 29. 33.
Vber Walt = Siebenbürgen; ebd. cap. 765.
Reynaldus. V.
Bistrice. V.
Varasium.
Stolzenberg.
Keldenich (Kelling).
Sebyz.
Vlncz.
Pein.

---

*) *V.* bedeutet im Folgenden die Urkundensammlung des Vereins für siebenb. Landeskunde, *T.* die des Schässburger Gymnasialdirectors Dr. G. D. Teutsch. Wo nur der Aufbewahrungsort der betreffenden Urkunde angegeben ist, wurde sie im Original eingesehen. *V. A.* ist das Vereinsarchiv.

Omlas.
Karpaka.
Rlon.
Apoldia.
Spiacz.
Drassen.
Vingar.
Rothludas.
Koed (Capitulum).
Barsakett.
Michasa.
Holduvalach.
Schesburg.
Dala.
Kizde.
Sithus (Nitbus ?).
Crys.
Poschedorp.
Side.
Villa Bonetis.
villa Vmberti. V.
Lankitrukindorf V. nach Fejér. (Langendorf.)
Bertholdus. V.
Godescalus.
Athelinus.
Bencius.
Jundolinus.
Heynrechen.
Arnoldus.
Hermannus.
Thedericus.
Mulnbach. T. Collect. Vatican. Bibl. in der Batthyán. Bibl.
Winz.
Rosz.
Rycho.
Zegus (= Schaas).
Henricus.
Bertoldus.
Götscalcus.
Aiscolmus.
Hincmarus.
Stoltzenberg. Karlsb. Landesarchiv. Cist. Cap. Alb. II., 6.
Vallbrun.
Gisilbertus. Sigelstempel im Kisder Capitelsarchiv. Urkunde im Karlsb. Landesarchiv. Cista Cap. Alb. IV., 37.
Sifridus. V.

Nicolaus Scabinus de Cibinio. V.
Valterus. V.
Gobolinus. V.
Rembertus. V. nach Fejér.
1310. Rodna. V. nach Fejér.
Villa Clus (Kolos).
Scybunum.
1311. Pettendorf (Bei Also-Borgo.) V. nach Fejér.
Jad.
Riho. V. nach Kemény.
Tolmach *). V. nach Kemény.
Joannes filius Genbul de Besztercze. V.
Hedericus (abbas). V. nach Fejér.
Corlardus **) (comes). V. nach Kemény.
1312. Rodnold (Radnoth). V. A. II., 153.
Renoldus, comes. V. nach Kemény.
1313. Kelnuk. V. nach Kemény.
Zekes.
Spreng.
Ryngerkerch.
cheltarn terra.
Chergond.
Alardus dictus Jung.
Lotryd (einst bei Rothkirch). V. A. II., 151.
Cepus (= Sebus, Unterwald). V. nach Fejér.
1314. Demetrius filius Merbordi nobilis de Herepé. V. nach Fejér ***).
Renerius und
Heys, comites in Wynch. V.
1315. Kocel. V. nach Kemény.
Mosna.
Medgyes.
Schelk.
Berethalm.
Konc.
Lorandus filius Artolphi. V. nach Kemény.
1316. Kelnek. V. nach Kemény.
Goblinus.
comes Tarch (Starch?), judex de Culusvar. V. A. II., 328.

*) 1318: Tholmats. V. nach Reschner. 1372: Tolmats V. nach Kemény. 1335: Tholmag. V.

**) 1318: Corardus. V. nach Reschner.

***) Dieselbe Urk. von 1344 aus dem Tom. fragm. im Gubernialarchiv, in der Sammlung des Vereins für siebenb. Landeskunde.

„conceptis Causis homicidii ..., quod vulgo dicitur Boyses" (Boyseb) in Klausenburg. V. A. II., 329.

1317. Almas (?). V. nach Kemény.
Darlas.
Samogum.
Blafunz, Blaunz. V.
Hennyng.
Wer. Aus dem Verzeichnisse des Rufinus de Ciuino bei Fejér, VIII., 2., 101 der V.
Holymania.
Bocholcz.
Fornod (?).
Varasium. Ebd.
Sceps sive Muletralis. Ebd.
Noszum (?). Ebd.
Burgperg. Ebd.
Barbantinum (?). Ebd.
Apeodia. Wohl Schreibfehler für Apoldia. Ebd.
Abbkarak. Ebd.
Hermannus Plebanus Ecclesiae S. Agnetis de valle. V. nach Fejér.
Conradus.
Petrus Ruffus. V.
Petrus Tartarus. V.

1318. Zalatna (?). V. nach Reschner.
Olchina. V. nach Reschner.
Sacheelk. V. nach Kemény.
Medyes.
Seelk.
Heltha. V. nach Kemény.
Theke. Ebd.
Eberhardus. V. nach Kemény.

1319. Bohna (= Bachnen). V. nach Kemény.
Saramberg. Ebd. In demselben Jahre Saramberk.
Nogfilpus.
Kyschfilpus.
Porpus (= Passbusch). nach Kemény.
Csegold (= Csög im M.-Szolnoker Comitat). V. nach Schwarz, der das Orig. vor sich hatte.

1320. Johannes dictus Kynsewr in Törts. V. nach Kemény *).

Georgius Longus de Craco. V.
Helmannus Albus de Igen.
1321. Thoroskou. V. nach Fejér.
Heydenricus plebanus de Cybinio. V.
villa Sancti Gothardi (?). V. nach Kemény.
1322. Craccov. V.
Arnoldus Castellanus de Ketskves.
Crus. V. (Cröcz im V. A. II., 146.)
Messendorf.
Colonia.
Hourabsh (= Rukur). (Homsbach. V. A. II., 149.)
Kerch Olacorum.
Koros (= Kreisch). V. nach Fejér.
Besse. V. nach Fejer.
Felsöteluke (= Felzendorf).
Rendel (= Rauthal).
Lipoldus. V. nach Kemény.
Ruchwinus | hospites de S. Martino. V. nach
Rodolphus | Fejér.
1323. Wingerkerg. V. A. II., 156.
Schellenberg. V. nach Kemény.
Reltha.
Hezo comes. V. nach Kemény.
Henzo.
Conradus dictus Woes.
Carolus.
Michael dictus Molbet.
Hamannus (?).
Heso.
1324. Ryngulkyrh *). V. nach Kemény.
Spring.
Sytve. V. nach Kemény.
Bolkach.
1325. Dedrad. V. nach Kemény.
Geblynus.
1326. Ladomasteluke. V. nach Kemény.
1327. Dalheim. V. nach Reschner.
Castenbolcz.
Gottfredus, Gotferdus. V. nach Reschner.
Chůmadrus (?).
Ludovicus.
Schellemberg.
1328. Kyzd. V. nach Reschner.
Kozd.

Apoldia. Ebso.
Barna.
Neppundorf (= Pettendorf 1311). V. nach Kemény.
Purgo (= Borgo).
Henning. V. nach Reschner, wo jedoch Henrigg steht. Corrector von Wittstock.
1329. Wyngartbkeerb *). V. nach Kemény.
Wyibk **) de Seguswar.
1330. Villa Volkani. V. nach Fejér.
Omlas.
Ruzmark.
Henricus Halbgebachsen de Ratisbona oriundus pro tunc temporis Regens in Grosschenk. Seivert, Nachrichten. 16.
Albertus. V. nach Fejér.
Wernerus.
Henchmannus.
1331. Jad ***). V. nach Kemény.
Eppendorf †) (= Pettendorf 1311 und Neppundorf 1328).
Comes Joannes dictus Henul ††). V. nach Kemény.
Rosnou. V. nach Fejér.
Brassou †††).
1332. Bwad (im U.-Alb.-Comit.). V. nach Kemény.
Lampertus. V. nach Kemény.
1334. Stephanus Szengel. V.
1335. Geses. V.
Harbasdorff.
1336. Ripafolwa (in Sede de Selk). V. nach Kemény.
Spindorf. Ebso.
Mergendal. Ebso.
Corona. V. nach Reschner.
Zalathna „in medio Saxonum Cibiniensium adjacens." V. nach Fejér.
clenodia. V. nach Kemény.
1337. Zeguzwar. V. nach Kemény.
Enyetinum.
Kewruz (= Kirtsch).
Saruz.

---

*) 1346 : Wengerkirch. V. A. II., 156.
**) 1337 : Vidh. T. u. Wycha. V. Ebenso 1343 bei T.
***) 1334 : Jaad. V. nach Kemény.
†) 1334 : Epencsen. Ebso. Wohl identisch auch mit dem unter 1328 erwähnten Neppendorf.
††) 1000 : Hennel (1335 : Alias Genhel). V. nach Fejér.
†††) 1336 : Brasso. V. nach Reschner.

Boda.
Karuth.
Belobuch V. nach Kemény.
Reynaldus.
Arnoldus.
Wernherus.
Hemlyns (?).
1339. Borcporg. V.
Thalheim.
Castenholtz.
Eppendorph (= Neppendorf).
Gobelinus.
Blasus.
Heynmannus,
Johannes Hoybit,
Nycolaus Schrutzl,
Nycolaus Schaliensmit (Zchakensmit),
Nycolaus Scharfenberger,
(cives de Tholmacz)
Steynweg.
Zeoth aqua *).
lanwalt.
broch campus.
Olyverius. V. nach Kemény.
Ladislaus filius Dyenisii de genere Herman Comes trium Generum Siculorum Csanadiensium, Bistriciensium, et de Megyes. V. aus dem Tom. fragment.
1340. Helbencragen. V. nach Kemény. (Von der sächs. Nations-Universität ausgestellt.)
Ruental.
Kries.
Velsendorf.
Peschendorf.
1342. Widinbach. T. aus dem Burzenländer Capitulararchiv. 20.
Iacopus por.
nicolaus creschz.
Magnus Conradus. V.
Nycolaus Thunis.
Luprecht.
Stephanus Zeyling.
Michael albrecht.
Thruco Michel.
Rufus Jacobus.
Mathias Schindebolk.
Nycolaus An dem veld.

eyn puchil (= Bühel).
Rorsyfen.
Langendryés.
Lomalgrab.

1343. Walthyd. Aus einem Transs. v. 1432. V.
Senthfaslo.
Hulbelegen.
Enyd. V. nach Kemény.
Apold.
Korus.
Egurbeg.
Zytve.
Balkach.
Eulisch. V.
Proden.
Saros.
Donestorf.
Nicolaus Magnus. V. nach Fejér.
Stephanus Craus.
Petrus langelonosterffer.
Ladislaus Ayleschar.
Thomas Rupeadt.
Gerhardus Schutsch.
Cristannus Heutzman.
Petrus Textor.
Sigismund Nywescher.

1344. Berotheim. V. nach Fejér.
villa Ecelini. T. aus der Reichersdorfer Gemeindelade.
Magaria.
Leonardus nobilis de Kastény. V. nach Fejér.
Filii Welkes de Kajla (?). V. nach Kemény.

1345. Erdenburg arx. Benkö, Milkovia. II., 225.
Sobus fluv. V.
Sprengh. V. nach Kemény.
Drassow.
Vintchensch alio nomine Rohundorph.
Riga alio nomine Vengerskyrch.
Chatha alio nomine Byruum.
Sahtoluku alio nomine Benchasch.
Geregurfaja.
Rengelkyrh.
Johannes filius Gegus. V.
Volomius (vielleicht Vernerius).
Zenko.
Romthalius *).

Andreas Chech.
fil. Wyth.
Hadwylag. V.
Kapus *). V. nach Kemény.
Prepostfalva.
Chybar alio nomine Vingarthkerch. V. Vgl. V. A. II., 146.
Chatba alio nomine Byrbou.
Regurkerch.
Vinchencz alio nomine Rohnadoph.

III.

Aus der alten Matrikel der Hermannstädter Pfarrkirche **).

(circa 1346—1400.)

pag. 1. Myldenberch (Alamor).
chörnerin T. thörnerin.
dremellyn.
scebnyczer.
friderycus.
2. Schellenberg.
Hoschagen. T. holschagen.
Jekel druckenpfennig.
mathyas swelhengst.

---

*) 1349: Kepus. Ebd. nach Kemény.

**) 41 Pergamentblätter in Grossoctav; gegenwärtig in der Batthyanischen Bibliothek in Karlsburg unter Ps., V., 12. aufbewahrt, wohin sie wahrscheinlich mit Seivert's Nachlass gekommen sind. Alle Seiten sind mit 31 Linien bezeichnet, jedoch nur 56 mehr oder weniger voll geschrieben. Anfang und vielleicht auch Ende fehlen. Das jetzige Titelblatt (Papier) wurde vom Hermannstädter Stadtpfarrer Christian Roth 1754 hinzugefügt, der jetzige Einband rührt vom Jahre 1845. Die darin vorkommenden Aufzeichnungen enthalten im Wesentlichen ein Inventar der Hermannstädter Pfarrkirche, beginnen vor 1346, gehen bis 1471 ziemlich geordnet vorwärts; von da an bis 1533 gerathen sie etwas in Verwirrung. Die letzte Notiz bezieht sich auf den Tod des Stadtpfarrers Johann Oltard, 6. August 1630. Hervorgehoben zu werden verdient noch eine kurze Chronik der Jahre 1541, 1542 und 1543, vielleicht von Paul Wiener's Hand. Zwischen den lateinischen Text sind gleichzeitige deutsche Bemerkungen eingetragen. Anton Kurz hat sich durch die Veröffentlichung des Ganzen im Serapeum 1848 ein wirkliches Verdienst erworben und auch eine ziemlich gelungene Einleitung dazu geschrieben. Wir folgen in unsern Auszügen dem von ihm gegebenen Texte, indem wir hie und wieder Varianten (T) nach einer vor Kurz durch Teutsch genommenen, leider nicht vollständigen, Abschrift hinzufügen, welche indessen nicht immer die bessere Lesart scheinen.

iohannes steling.
clas lürtzer T. lurczer.
hennig ieckil.
stutfuchs.
schollentreter.
schebulczer.
arnoldus wolframus.
gregorius wynozill.
clesel slegel.
Clos bertolf in der saltzgazz. T. salczgazz.
Scheybilleohtmar.
prope hodorn. T. hadorn.

3. Hanabach.

petrus rudolfus.
Pesold cremer.
petrus mültzer. T. můlczer.
petrus smerstözil. T. smerstoczil.
niger hermanus.
richwinus.
iohannes uldeclzyl T. vldectzyl.
francz konis. T. franczkonis.
hermanus nef est furgnos.
nicolaus ferel.
Andreas francz.
nunnenkleppel.
clesel ferel.
swertzel henel.
der heinczmanin sun.
michahel sager.
iuxta mittylfurt.
pfaffenbrunn.
an der alder krumpech.
an dem mittelberg.

„furgnos sint swertzel henel obent. der iacob der heinczmanin sun an dem andern end. Item an dem mittelberg sint iiij. ertag für dem hadorn oben daran ist furgnos michahel sager."

4. neppendorf.
eppendorf.

hanus lang peters sun. T. hannes.
frustuckel und zyrfia.
grefen peter.
Kalen peter.
iacobus heyntzman. T. heyncsman.
Cles Wighin.

„furgnes sint frustuckel und der zyrfis."
obent dem heyligen brunn.

5. Petrus fuchsloch.
Petrus pfaffenhenel.
Georgius ovens.
heinricus schebnitzer. T. schebniczer.
iohannes vnslid.
schwarcz henne. T. swarcz hannes.
chunradus comes.
vf dy scheyblot mar. T. usque dy . . .
meyden.

6. vnslid hannus. T. vnslid hannes.
Clesel prew.
hermanus neff.
cristinus heltner.
bachklezyn. T. bachflbzyn.
auf der höh.
bey der elzung.

7. clas bucker.
hennig Lamprecht.
Crudwe Anna.
clos kemp.
clos endris.

8. clesil löfer.
dür steffen.
closyl Wychan.
hannus czorner.
sachzer iacob.
avis berthel henchen.
heincz blaczgut *).
gobel isenfürer.
prope schadbwcz.
in swelcz.
circa fwibrunnen.
super meynd cychaz.
bey der mitlicher furt.
strnus land.

„daran yz clesyl löfer von neppendorf fwrgenos."
„dür steffen yat fwrgenos."
„Ytem bey der mitlicher furt da leichen ij erdoch dy da stossen uf dy mus-bach dy sint heincz blaczgut gewest vnd an den ij erdach leichen iiij erdach

dy sint geweest gebel isenfürers vnd darnach leichen ij erdach dy stössen uf ermus land vnd dy sint dess alden schebenecers."

9. Jeckel posecka.
Henman. T. han man.
ditricus filius Mathie.
clas dremyl. T. clas dreyml.
petrus malczer.
clos fusenecker.

10. eyn hüngtüch.
czwên vmfänk.
spangen.
borth.
gŷlwn cum borth.
gestreyft.

11. iohannes nunnencleppel.
kuntz nützyl.
herwordus. T. herivordus.
henlinus druckenpfennig.
kuntzlinus heylmans.
kalenpeter.
Petrus Czopp.

12. relicta steynbrecheryn.
pabf pentor.
petrus Then.
breuth suster.
lebrech hannes.
paul scybelyn.
Hemlynus.
latzlaus pellifex.
gulden.
vom zeinse.
der Eedresin wegen.

13. claes mallerin.
yekel alze.
göbel düpnerin.
enderes frenczin.
kuncz goltsmit.
„tenetur lxxxiiij flor. an gelaz das her hat genomen."
„item ij hundert syben gelas ist her auch schuldich."
guldin.
„XX an den vasnen vnd V. flor. an den feynstein."

14. willa buberti.

Reynkinus.
vppisch oristil.
frydil schreteryn.
kunen crystel.
kunnen hennichen. T. hennichin.
arnold clesyl.
Guntram.
inter brotpencken.
circa laxa bacudaren (?).

16. Toms Bosensk.
Weys sycls.
dellendorfers.

17. petrus tasner.

24. petrus phafenbenel.
tria maldra annone *).

25. Obyllin můl.

30. mathis vngere.
gref conradus.
paulus scybel.
dye feniczen.
czirwis haus.
von gesinyde (wohl: gesmyde) viij ang silbers.
iij ort vuren holts.
vor balge vndt negele vnd dem zeymmermanne vndt vor dylen.
pro chertznech.

31. seydel lederer.
hans pütner.
„mark smeidigs silbers dafür stet haus und hof."
„dem zeymmermanne vnd dem smyde das sy dy glocke nyder lysen."
„das man hat beckan das kost xiiij flor."
das flynte an dem turrne (wohl: turrne).
„das man den schole hat gemacht XIX flor. item 1 ort."

62. burgberg.
affrica, africha.
Helta.
villa Bateda.

IV.

Namen von Orten, Landschaften, Völkerschaften, Personen, Flüssen, Bergen, Flurtheilen, Geräthen u. d. von 1347—1357.

1347. „possessio Pokafalva, que tunc Ladnuk et Kissebbkerethnuk vocabatur." V. nach Fejér.
Bungarth. V.
1349. Hanbach. V. nach Reschner.
alczina.
Ruzmargu. V.
Mulbach.
Alzana.
Meÿerpoth.
Lewakyrch.
Castrum schee.
Schenk.
Bukbaz (wohl Bukbaz). V. nach Kemény.
Nidhuz *). V. nach Kemény.
Rosundal.
Berthalom.
Helwicus. V. nach Reschner.
Luprechtus. V.
Blenus.
Syboldus.
Sÿffridus.
Nycolaus Sydener.
Walterus. V.
Schebs aqua. V. nach Reschner.
Steÿarech.
Schebis. V.
Steyn Wek.
1352. fil. Ventzel. V. nach Szeredai.
1354. Omlas. V. nach Reschner.
Echellew.
Fel Apold.
1355. Korona. V. nach Fejér.
Mergental. V.
Nythausen.
hundertpuchlen.
Seigestat.

Nicolaus Kuncz, Vajvoda. Aus dem Orig.-Transs. v. 1447. im Tom. fragm. I., 319. daraus V.
Nicolaus Koncz. Transs. v. 1360. Tom. fragm. III., 575. daraus V.
Paulus Sudar. Ebd.
Widental. V.

1356. villa Furkasij. V.
medyesch terra.
Almasium.
busd.
Sobars.
Hese. V.
Nicolaus Witche.
petrus herbordi.

1357. Burmloch. Karlsb. L. A. Cista Cap. Alb. II., 37.
Gebhardus.
Laz (?). V. nach Kemény.
Rakuz (?).
Egerbegy (= Arbegen). V. nach Fejér.
Durlas.
Fugindorf.
Batos (Botsch).
Christianus Arnoldi. V. nach Fejér.

V.

Heltau und Michelsberg vergleichen sich (unter Beistimmung des Kerzer Abtes?) über die Benützung gewisser streitiger Grenzgebiete ihrer beiderseitigen Hattarte.

(20. August 1357.)

Mir, Martinus, Conradus grewen auss der Hermanstadt, auch Stephanus von Schellemburg, Michael von Talmatz und Grab von Barpurg Johannes Schebenitzi, Gerlarus, hon vndt burger auss der Hermanstadt, Johannes locy von Stolczemburg, vndt andere landtvogten des Hermansteder Stuels, thun zu wissen durch kegenwertigen brieff, allen itzigen vndt nachkommenden, das aller tzwitracht, welche zwischen den Völchern von der heltau, von eim teil vndt den Michelsbergern vom andern teil, etlicher hattertstacks halben bewegt ist worden, ein mittel vndt freundliche vergleichung ist geschehen, auff diese weiss: das die gemein von Michelsberg soll geben ein Marck alt silber vom

Schloffenberg, der gemein von der helten, alle jar durch ein ewig recht. Vber das soll das erbe vndt achte hoff soll zalen ein lotonem newe mintz. Widerumb ist beschlossen, das ein iederer der da besitze wurde ein bawm erb in der Hennegasse soll alle jar den heltnern vier Pfundt Wachs. Nach dem so loben wir auch, vndt wollen dass offenbar sey, das der Waldt, welcher da herum ligt, den heltnern ist, welchen auch die heltner für sich gebrauchen mögen wie vndt wen es in gefelt, wo aber die heltner genanten Waldt abhawen wolten, als den soll alle Weyde, die da herum her sein wurde, beiden gemeinen mitt einander sein, vndt des sandigen besch auf die linke handt sollen gebrauchen vndt sich frewen beide gemeinen, wie sie seiner gebraucht haben von alter her. Diese Vergleichung vndt kegenwertigen brieff haben mir mit des landts sigil bekreftiget, Geben im Jar, tausend dreihundert vndt fünffzig, am tag Stepfani Regis. Dieses alles ist geschehen mit bewilligung vndt mitstimmung des Herrn des Apt vom Kertz, das zu der helten gehert Michelsburg, vndt wer diese satzung zu brechen wurde, die sollen dem Landt viertzig mark silber verfallen sein.

Copie, auf einem halben Bogen Papier geschrieben und an einigen Orten durch Nässe verdorben, im Heltauer Pfarrarchiv. Ob die Urkunde ursprünglich deutsch war, ist zu bezweifeln. Die Sprache und Orthographie deutet gegen die Mitte des XV. Jahrhunderts.

VI.

Namen von Orten, Landschaften, Völkerschaften, Personen, Flüssen, Bergen, Flurtheilen, Gewässern u. s. w. von 1350—1400.

1350. Zeckat (=Sakadat). V.

Joannes dictus Loc de Stolczenberg.

Velcz. V. nach Reschner.

Bozna.

Prothia.

Virthalm.

villa Richvini.

villa Hetzelini.

Nympz, Nymps.

villa [illegible]

Valdhuttia.

Kopach.

villa Thobia.

Muschna.

Vissdorff.
villa Spurbasi.
villa Isopis.
Buzd.
Bogacs.
Körz.
terra Medvisch.
Richannus, Richvinus.
Ronnarus.
Hentzmannus.
Hannus Niger, Michael Pellifex, Stephanus Aurifex, } de Enyedino. V. nach Tom. fragm. I., 199.
locus Cranemar. V. Hunerbach.
Raynar, Heys, } de Alvinz. V. nach Schwarz.
mons Hochvartc.
Baromlaka. V. nach Reschner.
locus Berthel (bei Eibesdorf). V. nach Reschner.
1360. Erkud. V. nach Kemény.
Teel fil. Petri de Prasmar. V. nach Kemény.
1361. Regum. V. nach Kemény.
Selimbergh *). V. nach Reschner.
Zalathna (Schlatt).
Oltzna sedes de.
Renerius hospes in Vinz. V. nach Kemény.
Rudolfus (Suffragan). V. nach Szeredai.
Nicolaus Pistoris, Joannes Furner, Andreas dictus Maaz, } hospites de Vinz.
Hellingus. V. nach Reschner.
1362. Regun. V. nach Fejer.
Rosenthal. V. nach Szeredai.
Rodulfus. Philippi (aus der Neustädter Gemeindelade).
1363. Ernye (= Jrrgang). V. nach Kemény.
1364. Czeldinus. V. nach Ballmann.
Vydenbach.
Antonius Revel.
Margaretha filia Andreae Germani Kiliani. V. nach Tom. fragm. III., 542.

---

*) 1370: Selimberg, Selymberg und Solyemberg. V. nach Tom. fragm. I., 23 und 126.

Balastelke. V. nach Tom. fragm. IV., 984.
Poustelke.
Seez (im Kokelb. Comitat). V. nach Fejér.
aqua Schebs. V. nach Reschner.
Steymrech.
1365. Burchperch. T. aus dem Klein-Schelker Archiv.
Schadschelken.
Schelken.
Albertus de magno horreo.
villa Fugonis. V. nach Reschner.
Joannes Grob. V. nach Kemény.
1366 *). Czykmantel. V. nach Kemény.
Kend.
Keurus.
Bagach.
villa Felantelke. Ebso.
„Krapundorf Saxonice ungarice Igen nuncupata ad castrum regale Ketskes spectans.“ V. nach Kemény.
Lowdal (untergegangen). V. A. II., 151.
Kyrcz. V. nach Kemény.
Vidembach **).
Hunsfalva (= Hohsdorf). Ebso.
„mons Liliesperg Saxonice nominatus in vulgari autem nostro Violahegy dictus.“ Fejér IX., 3., 567.
1367. villa hetzlini. Seiverth (aus der Hermanstädter Lederer-zunftlade).
iacobus hentmanisse. Ebd.
almasiatores. Ebd.
1368. Tyl de Praemar. V.
Dominicus filius Bisther. V. nach Tom. fragm. IV., 438.
Otto (Abt von Kolosmonostor). V. nach Fejér.
villa Sauli (Schaal). T. aus dem Nat.-Archiv. 20.
1369. Tolmasch. V. nach Kemény.
Woltera praedium. V. A. II., 156.
Hendorf. Schässb. Stadtarchiv 2.
villa Rychwini.
Wolkendorf.
castrum Schez.
Radenthal.

---

*) Wir glauben die von Schuller V. A. N. F. I., 84 ff. als unächt erwiesene Urkunde von 1366 mit den Bistritzer Rathsherrn: Ubaldus Tumels, Casperus Henel, Simon de Frank, Petrus de Bawal, im Texte übergehen zu dürfen.

**) 1368: Wydumbach. V.

Petrus dictus Schever *).
da'nyel prenner.
Petrus tylo.
Petrus bekta.
hermannus helczappel.
Nykel pellifex,
Clesel fil. Martini,
Stephanus Albus, } Kürschner von Klausenburg. V. nach Kemény.

1370. Seng (= Schenk). V. nach Reschner.
Rupes.
Alcyna.
Hanbach. T. aus dem Nat.-Archiv 35.
Fridericus ciuis de Cybinio.
Nicolaus dictus Vrban de Heltha.
Matthias dictus Pecsel.
Stephanus Hylgen dictus.
Nicolaus Wechel.
Stephanus Gembel. V. A. II., 27.
Nicolaus Scedlane (?),
Johannes dictus Jeyhan,
Laurencius Scedlini, } aus Kronstadt. V. nach Fejér.
Ornoldus. V. nach Fejér.
castrum Landscron. V.

1371. Meruburg. V.

1372. Barna. V. nach Fejér.
Venita.
Baiun. V. nach Reschner.
Scherkengen. V. nach Fejér.
Fogaras.
Kordat. Ebso.
Leschkirg.
Hansbach. V. nach Reschner.
Dalhem.
Michael dictus Nonnencleppil, } V. aus einem Transs. v. 1460.
Fredricus Nonnencleppil,
Johannes Frankensteyn,
Petrus Kyrthecralis,
M. Henricus Murator,
Petrus de Czanzc,
Petrus pfaffenbenel,
Johannes cocus,
Petrus vita,
Jacobus pictor, } aus Hermanstadt.

Kastrum schez. Nat.-Archiv 25.
Jenusch de Cibinio. V. nach Reschner.
Michael Nunnenoleppel.
Andreas Francz.
Michael Schoder.
Henczmannus Schobwoczer.
Johannes Sulcener.
Petrus czwilling.
Nicolaus baren.
Andreas Ham.
Johannes Hertvich.
Heinrich czerner.
Matthias Robach.
Andreas Vrgut.
Hannes Schobnicnozer.
Ieuen Cles.
super metis ac greniciis.
der kleyn schebs (rivulus).
dy keldebach.
des Wolfczsyfen hop.
des Nyzkalnsyffen Hop. } Bache.
der Walsseczsyfen.
der gesenggelberg.
der bukkestirn.
der sieulberg.
kyppeczlorn (arbores).
eychbom.
des buchsyfen hop (locus).
Schebes rivulus.
daz steynreich.

1374. Rukbas. V.
hunderthüchel.
Michael dictus Schöder. V.
dominus Lien consors Herberdi de Vincz. V. nach Fejér.
Rhenerius de Vinz.

1375. Ida. V. nach Fejér.
possessio Zenz Gothard. V. nach Kemény.
Ottho (Abt von Kolosmonostor).

1376. Purcberg. T. aus J. K. Schuller's Sammlung.
Reismark.
Senk.
Adalbertus.
Johannes dictus Bathritter, Vicecastellanus de Landescron *).

Johannes de Scharphenek *).
gumphus (Huf). V. nach Fejér.
mantellarii.
1377. Reiszmarkt. V. nach Reschner.
Homlasch.
Parkberg. T. aus dem Nat.-Archiv 36.
Othun (= Ajton im Kolosch. Comitat). V. A. 152.
Mergenburg. V. nach Fejér.
villa Cidinis.
Brigondorf.
Tortalen.
Nicolaus dictus Vrban. V. nach Reschner.
Matthias dictus Pezel.
Stephanus Hylger.
Nicolaus Wechel.
Steinveg.
Hundsberg.
Schvartzbach.
castrum in lapide Tydrici. V. nach Fejér.
1378. Hondorph. V. nach Kemény.
Birthalom. V. nach Tom. fragm. IV., 576.
Prod. Ebd. I., 587.
Hiltwin V. A. II., 165.
Nicolaus dictus Feketew civis de Cibinio. V. nach Fejér.
Petrus dictus Fofenhennl. Ebso.
1380. Schellenberg. T. aus dem Burgberger Archiv.
Burchperg.
Johannes Suloch.
Stephanus Huzen (?).
Georgius de Duckhely (?).
Johannes Kyczelman.
Cristel fil. eufemie.
Johannes colbig.
Kristianus Hökerlink.
Nicolaus ozhöne.
heynze frater domini episcopi.
Heyczmannus oneberger (?).
Stephanus Bauerun.
Michael de Castenholz.
Clesil Cügel (?).
Helvicus.
Jekyl.

Clos mergeman.
Clesil Herbort.
Stephanus Huzer.
molendinum gundolfi vocatum.
„deposuerunt byrsagia schöne vocata.“

1382. villa Chonradi (= Gainár). V. nach Reschner.
oppendorph.
Hofeld.
Vlenbach.
Jllembach.
Nicolaus de Fychÿn villicus civis Cibin. V. nach Reschner.
Johannes Servacii.
Hencz tusentschon *).
Henning Lok.
Wernherus.
terra Firstendorff (nunc habitatoribus destituta 1384. V. nach Reschner.) V. A. II., 148.

1383. Grossdorf alio nomine Galusdorf. V. nach Fejér.
Grapbyrdorf.
Budluchbach.
Gripsbach.
Arnoldus Stenhuser. Nat.-Archiv 42.
Johannes dictus Ermin de Alamor. V. nach Tom: fragm. I., 579.

Grof, Schramchet, Clos, } von Heltau. V. nach Fejér.

castrum Sez., Apollidis. } Nat.-Arch. 42.

1384. Seyfridus de septemcastris. Magister der Artistenfacultät in Wien. Kink, Gesch. der Wiener Universität. I., 2, 9.

1385. Stephanus dictus Ördög, Stephanus dictus Soodi, Nicolaus dictus Grete, } von Kronstadt. V. nach Kemény.

1386. Epimanol **) (= Borgo). V. A. II., 147.
Petrus dictus Pfaffenbenyl. T. aus dem Nat.-Archiv 47.
Andreas Gebel. V. nach Kemény.

1387. dalheim. T. aus dem Nat.-Archiv 50.
Stephanus Schad. Palladium Coronense. T.
Nicolaus de Zelden.

---

*) 13[illegible]: Heyzemanns Tawsintschen. V. nach Fejér.
**) Im XV. Jahrh. Eppes und Eppesdorf. V. A. II., 148.

Andreas de Tartlau.
Jacobus Saas dictus de Cibinio *). V. nach Tom. fragm.

Somogyom. V.

Hophsiwen. V. A. II., 165.

villa Retherii. T. aus dem Seligstätter Archiv.

Schars.

rorbach.

comes Tylo.
petrus Fridrich de Schenkmaiori.
Johannes gyrlach.
Claus viclman.
Georgius leynczyk.
Michael cröcher.
petrus sculak.
Halperphaus.
Herman hon de rorbach.
Golfredus.

Almasiatores.
almasium.

Petrus Knöll, Episcop. Alb. Trans. V. nach Fejér.
Hermannus Brutiul. V. nach Fejér.
Gregorius Zempal, } jurati de Thorda. V.
Jacobus filius Bakou, } nach Kemény.
Melchior judex, } cives ciuitatis Co-
Hermannus Brenislol, } loswar. V. n. Fejér.

Sazonyavara bei Thorda. V. n. Kemény.

Fetundorf. V. A. II., 146.

Idech inferior et superior. V. nach Kemény.

Veech.

Dedrad.

Deda.

Dansdorff. Schäsb. Arch. 5.

Proden.

Bwiäsch.

Scheys.

handorff.

ludorff (?).

Krisch.

peschendorff.

Nicol. Gluckus.
Arnoldus Steinhauser.

Jacobus wal Artlinus *).
Andreas Toppengiesser.
Jacobus circa portam.
Gerlacus circa ecclesiam.
Theodoricus Munnig.
Andreas wench.
Nicolaus gepawr.
Johannes part.
Nicolaus Tulpisch.
Nicolaus golþ.
Comes heñl de Alba ecclesia.
Kwkel. V.
1394. Monyoros. V. nach Fejér.
Frank Woiwode. V. nach Kemény.
1395. castrum Torch. V.
Heltbens. V. nach Reschner.
Nymisch. T. aus dem Meschener Arch. I.
Heydenricus de Alozna.
Henel de Fejeregyhaz. V. nach Kemény.
1396. Tecza (= Totsch). V. nach Kemény.
Szeleth (im Ober-Alba). V. A. II., 154.
Conradus Gubenheym dictus Capellanus. V. nach Tom. fragm. I., 592.
Benedictus Pictor, } hospites Albenses.
Johannes Senior Zekelj, }
Waldorf. V.
Nicolaus Hakkunessel. V. nach Reschner.
Michael Fredel.
Nicolaus Krekel.
Petrus dictus Tykus. V. nach Kemény.
1397. Hynko (Domherr). V. nach Kemény.
Mag. Johannes Vittyh Vicarius Episcop. V. nach Tom. fragm. I., 591.
Nicolaus Neumeister, } cives de Cibin. V.
Michael Roth, } nach Reschner.
Joannes Schwerth Vice Waiwoda. V. nach Fejér.
Nicolaus Simonis, }
Nicolaus Stephani, }
Conradus Gubemheim, } hospites Albenses. V. nach Fejér **).
Benedictus Pictor, }
Joannes Senior Jekel, }

---

*) Artlinus wird wohl ein selbständiger Name sein.
**) Vgl. oben unter 1396.

1398. Vasmundus Comes de Segesvar V. nach Kemény.
1399. Bakius de Mihalyfalva. V. nach Reschner.
1400. Nyma. T. aus dem Nat.-Archiv 77.
tunella vini.

VII.

Aus der alten Matrikel der Hermannstädter Pfarrkirche (Vgl. III.)

1401 — 1500.

16. relicta Nicolai meinhert.
heydenrich.
gref Endres.
„Jtem am Cibin vndwenig der la Mwlen.
Jtem bey yren wayern.
Jtem genst den wayern am sobelemberger weg jug. vj den hat heydenrich yn.
Jtem gleych hallner tor wber am schelemberger weg.
Jtem in dem andern feld beym fawln brwn.
Jtem auf der breiten furth.
Jtem in tertio campo auf dem arwcz bey pylgrim.
Jtem czuhant gen halben dem arwcz bey gref Endres.
25. Johannes Crus.
Chatmwl.
26. Kisd.
Mollemberchen. T. Mwlebôchen.
Birthalbon.
Relta.
Johannes Heulinus.
ucas Trudenberch. T. trudenbercher.
trudumbercher.
Johannes de Kisd.
vallentinus vagarus.
Michael Nadash.
Sigismundus.
Nicolaus de Birthalbon.
27. Zalchburch.
Traspolden.
neythutzon.

Wenceslaws.
Christanus de ardis.
Johannes Brwsel.
Petrus de Zalohburch.
28. lucas tratemberger.
29. stlash, adlas.
32. cappa.
38. georgius gwldener.
39. Mosna.
corona.
43. Johannes Crispus.
Johannes Kwnnig.
Mag. Johannes Megerling.
Crws peterin.
Christianus Newmester.
ladislaus balteri.
Johannes Glosma.
henricus Kwnigh.
wolf ledererin.
cles cilecin.
72. iacobus rothchen.
Vrsula petri.
iacob moldner.
merten czap.
Hans pudner.
Stephanus patro.
piter schnelcrus.
thyes steffen.
iacob wagner.
„vad medium (?) sol er geben iiij. rumpp allo iar."
auff der laym khoadl.
penes schellenberger viam.
pey purger tor.
auff dem hochen rene.
in rasper.
in der crotten gassen.
auf der laymen hhawil.
versus koteóskea.
auff dem graben.
76. peter crawa.
Johannes Brid.
relicta peter Wagnerin.
mathias burcher.
merten Schiltmacher.
auf dem salcz reeb.

in der helmer gassen.
in platea Sporer.

77. Johannes Zegelleuer.
Michel claud.
Bartholomeus pictor.
paruus Erasmus.
Gundesch.

in platea sleser.

78. Nicolaus Sybelinder.
Nicolaus pheffersag.
Nicolaus Koscha.
Johannes Goldner.

VIII.

Herzog Wilhelm von Oesterreich ertheilt den Kaufleuten von Hermannstadt in Ungarn freies Geleit durch seine Lande bis Weihnachten.

Wien, 5. August 1401.

Wir - Wilhelm von gotes gnadon Herzog ze Österreich, ze Steir, ze Kernden, vnd ze Krain, Graf ze Tyrol &c. &c. Bekennen. Daz wir den erbern vnsern besundern den Kaufleütten von der Hermanstat in Vngern in vnsern Landen vnd gepicten für allermënikleich, vnser gelaitt vnd sicherhait gegeben haben, vnd geben auch wissencleich mit disem brieue, vncz auf die nëst künftigen Weichnachten, Also Daz di die egeñ *) zeit, in vnsern Land vnd gepiet mit ir hab, vnd kaufmanschaft, sicher gewandeln mügen nach irn notdurfften, angeverde. Dauon emphelhen wir, vnsern lieben getrewn allen vnsern Hauptleüten, Herren, Rittern, vnd knechten, phlegern, Burggrauen, Richtern, Burgern, vnd allen andern vnsern Amptleüten, vnd vndertanen, den diser brief geczaiget wirdt, vnd wellen ernstleich, daz di, die egeñ *) Kaufleüt, dabei gëntzleich, lassen beleiben, vnd in, die egeñ zeit, dawider kain Irrung noch beswerung tun, in dhainen weg. Das mainen wir ernstlich. Mit vrchund ditz brieues. Geben ze Wienn, an Sand Oswaltstag. Anno domini Millesimo quadringentesimo primo **).

d. dux per . . . .
M . . . . .

Offenes Papier mit hinten in rothem Wachs aufgedrücktem Sigel (minus)
(. . lhelm dei gra . . vstrie . . rie. etc.)

Aus dem Orig. im Nat.-Arch. Nr. 1/1401.

---

*) obgenannte.

**) Abgedruckt im Vereins-Archiv I. 3, 60.

IX.

Geleitsbrief des Wiener Stadtrathes für die Kaufleute von Hermannstadt.

Wien, 5. August 1401.

Wir perichtold Der lannger czu den czeyten purgermayster vnd der Rat gemayn der Stat cze Wienn vergeben für vns vnd fur all vnser nachkomen vnd Tun kunt offenleich mit dem brif Das wir den erbern vnsern besundern frewnten nemlich (?) den Chawflewten von der hermanstat in Vngern fur vns vnd fur die vnsern vnser gelayt vnd sicherhayt gegeben haben vnd geben auch wissenlleich mit dem brif vncz auf die nachsten kunftigen Weychnachten Also das sy die egenant czeyt czu vns mit Irr hab vnd Chawfmanschaft sicher gewanndeln mugen nach Irn notdurften angeuer mit vrkund dicz brifs versigilt mit der vorgenanten Stat cze Wien aufgedrukchten Insigil Geben cze Wienn an Sand Oswaltstag Anno domini m° cccc^mo primo.

Aus einer dem Original im Sächsischen National-Archiv Nr. 2 (Papier) entnommenen Abschrift Gustav Seiverths. Das auf der Rückseite der Urkunde aufgedrückte Sigel zeigt das Wiener Stadtwappen (im rothen Schild das weisse Kreuz auf einem einköpfigen links blickenden Adler) mit der Umschrift S + con — — — civitatis + viennensis in Mönchsminuskeln.

X.

Namen von Orten, Landschaften, Völkerschaften, Personen, Flüssen, Bergen, Flurtheilen, Geräthen &c. &c. von 1401—1417.

1402. Medwisch. V. A. I., 1, 110.
Nympz, Nymps.
Valdhuttin.
Kopach.
Viszdorff.
Basd.
Körtz.
Veultz. V. nach Reschner.
Byrtbelm.
Comes Roymarus. V. A. I., 1, 110.
Comes Henningus.
Comes Henczmannus.
Comes Valterus.

mons Hochvarte.
Cunz. V. nach Reschner.

1403. Kyzd. T. aus dem Superintend.-Arch. 255.
Kozd.
Petrus Crecsemer. V. nach Fejér.

1404. Neudorff. V. A. II., 167.

1405. Nicolaus dictus Mun. V.
Jacobus Polkister*). V.

1406. Talmatsch. V. nach Kemény.
Jacobus dictus Bülkysser,
Nicolaus Mwn Judex,
Christianus fil. Joannis dicti Bawman,
Petrus Fwmf,
Hanco,
Leonhardus de Zeck,
Martinus Payer,
} de Koloswar**). V. nach Kemény.

1404—1409. Nicolaus fil. Sandrini de Kyzd. V. nach Tom. fragm. I., 535.

1411. Brengendorf. T. nach dem Pallad. Coron.
Mergenburg.
Jacobus dictus Kolve.
Jacobus de Brengendorf.
Heincz de Mergenburg.
Hochreg bei Rothberg. T. aus dem Nat.-Arch. 135.
Czigany Vaja. V. nach Fejér. X., 5, 137.

1412. Rodna. T. aus dem Bistritzer Archiv.
Georgius Roth.
Andreas dictus Holcztrager***),
Joannes Bujer,
} de Jasd. V. nach Kemény.
Johannes vector dictus lewkew. Wittstock aus dem Bistritzer Archiv.
Andreas dictus Rymer.
Georgius rot.
wenceslaus carnifex.
possessiones Salcz (= Sófalva) e Rewsyndorff (= Szeretfalva).
Wilhelm Wenrich aus dem Bistritzer Archiv.
aque Samusch Theotunce Thumesch †) et Bistricza. Ebd.

---

*) Vgl. 1408 und 1415: Jacobus Polkycher. V. nach Kemény.
**) Die Flurnamen von Klausenburg sind 1410 ungarisch. V.
***) Wittstock liest holtztreger u. Baier; sicherlich richtiger.
†) Vgl. dazu die Bezeichnung des kleinen Saemesch als kleiner Thimesc in Kemény's Fundgrube I., 90.

1413. Stanesdorff. V. A. II., 92. Ob ächt?
Oelendorff.
Gassendorff.
Schenk.
Fugrasch.
Chekmanthol. V. nach Kemény.
Chikmantel. Ebso.
Geberth. V. nach Kemény.
Johannes Gerlach. V. A. 93. Ob ächt?
Nicolaus Helvich.
Johannes Rod.
Petrus dictus Cleiman.
Tyl platzindazgwt. T. aus dem Burzberger Arch.
Michael dictus Hon. Nat.-Archiv 16.
Andreas corrigiator. Wittstock aus dem Bistritzer Archiv.
Johannes swob.
Nicolaus rasor.
Mathias stux.
petrus tilmanni.
andreas pellifex.
Georgius Brewnil.
Nicolaus merkil.
valentinus Nosser.
prosyn.
petrus Cultellifaber.
petrus ywan.
petrus knechtil.
petrus symon.

1414. Andreas Rymer.
Nicolaus Scherer.
Johannes Clobis.

1415. Oltzna. V. nach Reschner.
Soriston. V. A. II., 154.
Jacobus fil. Magistri Civium de Cibinio. V. nach Reschner.
Hedrich de Oltzna.
Worumlaka. V. nach Fejér.
Hostadja *).
Mathias Stermberg concivis Milcoviensis dioeceseos. V. nach Tom. fragm. I., 343.
Simon Leudel Mag. Civ. in Kronstadt. V. nach Kemény.

Nicolaus dictus Kopert,
Schwartz Han,
Paulus dictus Chlisth,
Stephanus Musell,
Petrus dictus Henchman,
Andreas Lenzik,
Stuffen Klos,
Salamon dictus Kolze,
Jacobus Theys dictus
Nicolaus Retsch,
Gystel,
Jacobus Fysser,

de Bolhfalva (= Brenndorf). Ebso.

1416. Saldorph (?). V. nach Kemény.
Soristen. V. Woher?

1417. Szasz Zalathna (Ober-Alb. Com.). V. nach Tom. fragm. I., 552.

XL.

Herzog Wilhelm von Oesterreich sichert den Kaufleuten von Hermannstadt freies Geleit in seinen Landen zu.

Wien, 1. October 1404.

Wir Wilhalm von gotes gnaden Herczog ze Österreich ze Steyr ze Kernden vnd ze Krain Graf ze Tyrol etc. Bekennen Als die erbern die kauffleut gemainkleich ze der Hermanstat in Siebenburgen zu Sand Kathreinen tag schirist kunftig mit Irer kauffmanschafft her inain ze komen Also haben wir In allen vnd Ir ygleichem besunder desselben irs generis her vnd auch wider hinab gen vngern mit Irer kauffmanschafft durch unser land vnd gepiet vnser sicherhait vnd gelait gegeben vnd geben auch wissentleich mit dem brief. Danno gepieten wir vnsern lieben getrewn allen herren Rittern vnd Knechten Phlegern Burggrafen Richtern Burgern vnd allen andern vnsern Amptleutten vnd vndertanen den der brief wird geczaigt vnd wellen ernstleichen daz Si dieselben kauffleut mitsambt Irer hab vnd kauffmanschafft desselben Irs generis her vnd wider hinab gen vngern bey diser vnsrer sicherhait vnd dem gelait lassen genczleich beleiben vnd dawider nicht tun noch yemand andren gestatten ze thun in dem ham weg. Myt vrkunt diesz briefs: Geben ze Wienn an Maticben nach Sand Michels tag Anno etc iiii quarto.

Aus einer dem Original im Sächsischen Nationalarchiv Nr. 7 (Papier) entnommenen Abschrift Gustav Seiverths. Das aussen in rothem Wachs aufgedruckt gewesene Sigel ist unkenntlich geworden.

XII.

Hermannstädter Archelei.

1417—1570.

Das im Hermanstädter Archiv aufbewahrte „Kunstbuch" (392 Bl. 4. in schwarz-gepressten Lederband. Papierhdschr.) besteht aus drei Haupttheilen, deren erster und zweiter paginirt sind und bis Bl. 111 reichen. Davon umfasst *A*. Bl. 1—36. *B*. 37—111. *C*. 112—Schluss. (Bl. 392.)

Dem Ganzen setzte der Schreiber des letzten Theils einen Titel vor und liess es wohl auch binden.

Der Titel lautet:

Dieses hernach geschrieben kunstbuch ist zusammen getragen vnd gerissenn worden durch Hanns Haasenwein auss dem haasenhoff boy Landshut geborenn im Bayerland ρ Angefangen im 1417 ten iar vollendett im iar der wenigern Zaal 1460.

Das pulffer zu machen vnd die buchsen zum schÿssen zue der grwlichen Tÿranney ist gefunden vnd erdacht durch Bertoldum Schwertz gewesen ein Meÿster Alchimie Geschehen anno 1380 nach Christi geburt. ρ.

Das buch ist eh geschrieben, ehe der truck ist auff kommen ρ. hat Hassenwein angefangen zue schreÿbenn ρ.

A. mit einer ganz miniirten Vorrede.

Welcher furst Graff herr Ritter knecht oder stet sich besorgent vor Jren feinden die beligert vnd benot werden Jn slossen vesten oder stetten den ist vor aus eine notdurft das sie haben dienuer die getrew firm vest lewt sint das sie durch Jren willen Jr leib vnd gut vnd was Jnn got ye verlichen hat cc (?) gen irn feinden dar strecken vnd wagen sulln ee das sie fluchen da zu beleiben wer oder daz sie etc.

Dann folgen 12 Fragen allgemeinen Inhaltes, z. B.:

Ob das Feuer den Stein treibe oder der Dunst, der von dem Feuer geht.

Ob Salpeter oder Schwefel die Kraft habe etc.

Über ladung.

bl. 4a.

Die kunst hot funden ein meister der hies nyger Bertholdus vnd ist gewesen ein nygramaticus vnd ist auch mit groser alchamey vmb gangen . . . .

Folgen Anweisungen über:

Pulverfabrication.

Salpetersammeln.

Kohlenmachen.
Schiessen (Kernschuss 1500—2200 schrit).
Zunderbereitung.

bl. 36a.

1400.

Et sic est finis proxima feria
4 ta ante penthecostes Anno lvlilj.

Darunter hat wieder der Schreiber von C gesetzt:

Durch Hanns Hasenweyn aus dem Hasenhoff bey Landshut dieses kunstbuch gerissen vnd beschrieben worden im Jar 1468.

B.

bl. 37.

Hie volgt hernach ein hüpschee Ordenunge von allen dem das man nüczen vnd prauchen mag, Jn allen stetten vnd slossen, oder berckheüsern, Es sey von zeüg, von essendem ding, oder von ander anbentür, die mann dann nüczen vnd prauchen mag, Jn stetten vnd In schlossen, dar Innen man dann belegert ist oder wirt, vnd merck mit fleiss auff etc.

Die Hand ist jünger als bei A. Die Miniaturen sind blasser.

bl. 69—111 enthalten Zeichnungen der verschiedenartigsten Kriegswerkzeuge in Tusch und Farben, namentlich ist Eisen blau, Metall in Gold, Holz mit Tusch gegeben.

Die Soldatenfiguren in Plattenharnischen bl. 86. mit rothen Schuhen zeigen ein besseres Roth als im Text von B., doch gehören die Zeichnungen entschieden zu B.

bl. 111 besteht wie 110 aus 2 zusammengeklebten Blättern und die innere Seite trägt folgende Inschrift in Minium:

Diese Kunst der Büchsenmeisterey das was zum geschoss gehört seind geschrieben gerissen vnnd gebraucht auch probirt worden bey Zeitten des hochlöblichen keysers Caroli Quinti vnd des aller durchleuchtigisten grossmechtigisten keysers vnd königs FERDINANDI. konig zu Vngarn Beheim, Ertzherzog zue Oesterreich vnd bey — — — — — —
— — — — — — — — — — — —
— — — — — — — — — — — —
Durch — rbaren gelehrten Buchsengisser — — —

Namen Connrad Haas vonn Dornbach bey Wien in Oesterreich, gewesen der Röm. vnd Vngrisch konigl Mat. Zeugwart vnd Zeugmeister In Vngarn vnd Sybenburgenn hat dieses kunstbuch angefangen ao. 1529 vnd vollendet ao. 1569.

C.

Mit Bl. 112 beginnt C. bis 392. (theilweise leere Seiten.) Titel:

Dieses kunstbuch ist gerissen vnd zusamen getragen worden vnd zum teil erfunden durch Connrad haasen vonn Dornbach aus Oesterreich vom geschlecht aus dem haasenhoff bey Landshut ꝛ Angefangen im iar 1529 vnd vollendet im iar der wenigern zall im 70 ten vnd ist gewesen der Römisch keÿserlich vnd konigklichen Maÿstat Auch der Chron Vngarn Buchsengiesser Zeugwart vnd Zeugmeÿster ꝛ.

H ꝛ G ꝛ H ꝛ

Die nun folgenden Zeichnungen sind zum geringsten Theile colorirt, meist nur Federzeichnungen und fast ohne Ausnahme mit C. H. und der Jahrzahl, viele überdiess mit H. G. H.*) bezeichnet. Die Jahrzahlen gehen von 1521 bis 1568.

Der Inhalt bezieht sich auf Artillerie und Feuerwerkerei im weitesten Umfange.

Neben den obigen Buchstaben kommen noch vor: C. H. V̂. DBZM. (= Conrad Hass von Dornbach Zeugmeister) 1550

C. H. ZM. 1550. G. M. V. (= Gott mit uns) 1566

S H C H
1524 S H
1529
K A C . H
1527 V . D . B.

Wir heben folgende Stellen hervor:

„Diese nachvolgende gezeug mögen alle mit essig Brantenwein, Menschenharm vnd andern dergleichen scharffen Dingen angefeucht worden."

„Noesner Handrorpulffer so daselbst wird gemacht durch Andream Fleschman."

Die Zigeuner brennen Kohlen auf freier Erde.

„Handrorpulffer in Siebenburgen zu der Gelaw **) Neuenschloss vnnd We — ss auff den pulferinn leren (?)"

„In Siebenburgen Handrorpulffer alss zu Weyssenburg gemacht wird".

„Hanns Walach sein Satz."

„Christoff Chroner Satz."

---

*) Dafür steht am Anfang der Feuerwerkerei: Herr Gott hylff, was vielleicht eine Entzifferung sein könnte; später am Anfang der Anleitung zur Salpetererfindung und Kohlenlehre ebenso.

**) = Gyala.

„Sie horen viel lieber kandl fallen
Als das pulffer in der schantz knallen ρ
Sinnd auch lieber beÿ schöne Megden am tanntz
Denn beÿ redlichen kriegs leuten in der schanntz
Aber es gehort einem redlichen Büchsenmeister an
Das er Tag und Nacht in der schantz bei seinem stuck soll stan,
Dar bei wird man erkennen frei ρ
Ob er ein redlicher Büchsenmeister sei."

1542 ist er in Wien gewesen.

1551 schiesst er „auss des Bebek seinem Morser" eine Steinkugel von 140 ℔ 1225 schritt weit.

Am Schlusse ist mit C. H. 1551 ein Brunnen mit einem „tretrhat" gezeichnet und in gröbster Weise colorirt.

G. D. Teutsch, nach dessen Mittheilungen über das vorliegende Werk im Anzeiger für Kunde der deutschen Vorzeit 1857, 402 f. berichtet wurde, — es stimmt darnach fast wörtlich mit dem 4. Buch des Vegetius überein — bemerkt, dass von demselben „Conrad Haas von Dornbach Rom. Khon. Mayestet ρ Zeugwart in der Hermenstat In Siebenbürgen" im Sächs. Nationalarchiv auch ein Verzeichniss des unter seine Obhut gestellten Ferdinandischen Geschützes aus den Jahren 1553—56 aufbewahrt werde *). Das Buch gehört dem Vf. und dem grössten Theil seines Inhaltes nach nicht Siebenbürgen an, sondern mag bei dem Verlust des Landes für Ferdinand (1556) in Hermannstadt zurückgeblieben sein. Dasselbe müssen wir auch von dem Vf. des letzten Theiles annehmen, da er als Beendigungszeit seines Werkes selbst die Jahre 1569—1570 angibt, damals also doch wohl noch im Lande sich befand. Wir haben ein ausführlicheres Referat über das Buch selbst hier einschalten zu müssen geglaubt; nicht nur weil darüber noch in jüngster Zeit ungenaue Mittheilungen veröffentlicht worden sind (vgl. Schuler v. Libloy, Siebenbürg. Rechtsgeschichte I., 361.), sondern weil ein Theil desselben denn doch im Lande selbst entstanden und daher auch nicht ohne ausdrückliche Beziehungen auf dieses geblieben ist. Nur aus dem letzten Theile haben wir einige Stellen, die von sprachlicher oder sachlicher Bedeutung zu sein schienen, wörtlich mitgetheilt.

XIII.

Namen von Orten, Landschaften, Völkerschaften, Personen, Flüssen, Bergen, Flurtheilen, Geräthen u. d. von 1418—1419.

1418. Rekbas Castrum nostrum. V.
Crutz.
Closdorf.
Menschendorf.
Beod { im Kolosoher Comitat. V. nach Kemény.
Bos
1419. Jacobus dictus Sampson de insula Gerhardi. V. nach Reschner.
Máthias dictus de lewche. Wittstock aus dem Bistritzer Archiv.
Nicolaus Newnmeister.
Tylskam (= Tiliska). V. A. N. F. V., 120.

XIV.

Ehevertrag zwischen Jacob, dem Sohn des alten Bürgermeisters von Hermannstadt und Katharina, der Witwe des Kammergrafen Matheus de Waldo.

Hermannstadt, 22. *December* 1419.

Jch Niclas pfeffersak purgermeister vnd Jch Niclas kosoha honn in der Hermannstat Wir bekennen des, daz Jacob des Alden Purgermeÿsters sun *) in der Hermanstat, zu vns kommen ist yn dem Jar als man schreybt nach xti geburt M° ((((° xv° am Suntag vor Mathei Apustoli et ewangeliste cc (?) wen her sich wolde legen, zu katherina Greff Johans tochter dy vor ym gehat hat Metheum de waldo den walen vnnd hat vns zu wizzen getan vor Niclas neben vnd auch vor andern gesworenen purgeren, daz her sich keyner gütter vnderwinden wil, dÿ Mathei de waldo Camergrafen czu der Salzpurg gewest weren, ez were dan, daz seyner hausfrawn der forgenanten Katherina, mit recht czu. gehoren, vnd waz her yn nemen der gwtter, dÿ wold her an anderer lewt wyzzen nicht yn nemen sundern mit wyzzen, dar über so bekennen wir forgenanten, Niclas pfeffersak purgermeister, vnd Niclas koscha honn in der Hermanstat,

---

*) Vielleicht Jacobus Scheren. Vgl. (Seivert) Kurze Gesch. der Provinzialbürgermeister etc. 1792. p. 5.

daz wir ym yn haben gewegen: gesmeyd, Hundert vnd xiiij mark, gürtel pecher vnd andere cleyned, vnd Cleyder des forgenanten Mathei de waldo, da hon wir eynen sueyder bey̆ gehat Stephanum, dy han wir geschecst vor iijᶜ gulden czu Hundert pfenigen, vnd vor. V. vnd lxx gulden, auch czu Hundert pfenigen, auch hat her vns der forgenante Jacob zu wizzen getan, daz er yn hat genomen an eynes haus wegen iiijᶜ Gulden czu Hundert pfenigen den gulden von Engelen, vnd xlvᶜ gulden *) von eym anderen auff der Slatna vnd lxᶜ gulden von Johanni Muratori an eym Haus, vnd xxxiiij Melder korns, vnd czu eynem ewygen gedechtnus so han wir dyz lazzen . . . beschrey̆ben in dyz kegenwertig statpuch am freytag vor Nativitatem christi Anno eiusdem Milleᵐᵒ cccc° xx° vnd was her dornach yn wirt nemen daz wil her auch czu wizzen tun scriptum eodem die

Aus dem ältesten Universitäts-Protokoll: „Initia memorabilium seculi XV et XVI. Band I., S. 46; abgeschrieben von Teutsch.

XV.

Namen von Orten, Landschaften, Völkerschaften, Personen, Flüssen, Bergen, Flurtheilen, Geräthen &. &. von 1420—1424.

1420. Csaidinum. V. nach Kemény.
Birthalb.
Petrus Ungelter de Schelnek (Notarius).
Enyed major. V. nach Fejér X., 6., 291.
Orbo (im Unter-Albenser Comitat).
Bolgar Cserged.
1421. fluvii Olth et Humrud. V. nach Kemény.
1423**). villa Bringonis. Codex minor im Burzenländer Cap. Archiv.
Mey̆rpot.
villa Humperti.

---

*) gulden? Das Zeichen ist 4, dem d gleich im abgekürzten guld. g ist ġ. Eine Rechnung nach Denaren kommt S. 51 vor „hat yn genomen zu hundert new phenigh."

**) Im National-Archiv, registrirt Nr. 36/1422, befindet sich eine Urkunde, die jedoch nach Schrift, Papier und Sprache keinesfalls vor 1522 datirt werden kann. Die Adresse des geschlossenen Briefes lautet an die Lederczech in der Hermannstatt. Die Ofner Lederernzunft stellt darin dem Paul Poldner („ein knecht vnsres hantwerchs") darüber ein deutsches Zeugniss aus, dass er unter ihnen zu keinem Schalk gemacht worden, sondern sich als frommer ehrbarer Knecht gehalten habe. Datirt ist die Urkunde „Ofen, Sonntag nach Mathei Anno pp im zwaiundzwanzigisten Jar."

Thomes Trautenberger.
Nicolaus phefferaag.
Nicolaus koscha.
Johannes Closman.

müschnaw. T. aus dem Meschener Archiv.
furkasdorff, furkesdorff.
löschkirch.
heczeldorff.
Thobisdorff.

heidericus.
Johannes goldner.
ladislaus polner.
Michael lotcz.
Andreas rötsel.
Michael brüloder.

XVI.

Kronstädter Kürschnerzunftbuch.

1424 — 1528.

Handschr. 11 Bl. Pergament und 4 Bl. Papier in 4.
in Perg. Umschlag, auf welchem vorn steht:

jâos.

— — — en. m°. ccccc°. viiij . du wart

Auf dem letzten Umschriftblatt:

Item ich klas petter hab wff genomen meister iacops sun des alden kluknars der hatt mir vordingt seynen son iacop iiij iar yn dy leer sar der ist herr mir qwr vndlophen vnd darvmb hab ich in den meistern der ganczer czech auff gegeben das her sich mit yn richten sall vnd ist mir vndtlophen an dem geschworen montag an° dõi m° cccc o iar vnd in dem xlix iar.

Die eigentliche Handschrift, welche sich in der Kürschnerzunftlade in Kronstadt befindet, beginnt:

Registrum Statutorum magistrorum de arte pellificum Ciuitatis coronensis Anno domini Millesimo quadringentesimo xxiiij°.

Vyssenclichen sey allen den dy dyssen priff syen ader hören lesen das dy erbermester dÿ al her geschriben seyn *) werden das dy al czw mol genoch haben geton vm das das yn czw gehort yn dem hantwerck vnd geschriben yn der czeyt von crist geburt sub ãno domini ut supra.

In der czeyt der erber mester dy sach walder voren czw dem ersten der schawer iörg schan simon betosz vnd piter hercnng Mölners hänis vnd konczen körschin Jtem kencz hoffelder Jtem Jörg schöl:

Jtem vellentin iötffart.
Jtem piller koncz.
Jtem hänis swertffeger.
Jtem scheffan fwlyn.
Jtem greff niclos.
Jtem Pitter konrad.
Jtem thomas schan.
Jtem jörg swertffeger.
Jtem pitter schan.
Jtem compners hänis.
Jtem vlrich der hoffi ry ter.
Jtem Clos vnder der vyden.
Jtem Schirmers hänis.
Jtem Jörg ber.
Jtem hänis Mys clessen edem.
Jtem martine Mys clessen eydem.
Jtem hänis blöm.
Jtem hänis al.
Jtem Micel blömen eydem.
Jtem jörg byr schenck.
Jtem Johannes hänis swertffegers son.
Jtem hänis nycl g lyz.
Jtem Niclos samcz.
Jtem Jacob sunckebusck.
Jtem Clos pitter.
Jtem iacob kürsner.
Jtem iacob swertffegers hänis eydem.
Jtem Simon rosen hänen son.
Jtem hänis echhorren.
Jtem michel föllsch.
Jtem michel syde swanczs son
Jtem hänis Mathy.
Jtem petter echhorren.
Jtem lorencz polner.
Jtem michel bwrger.
Jtem Merten conrad.
Jtem hänis honnen hannen son.
Jtem pitter // dessen son.
Jtem iacob von der wydebach.
Jtem symon scheck.
Jtem ywon hänis.

Jtem Conosen pitter.
Jtem hänis schawer.
Jtem Tongoers tong.
Jtem Casper schawer.
Jtem schlyrppe pitter.
Jtem lorencs teyler.
Jtem pawl reytcas.
Jtem Jacob reytczs.
Jtem clos höffelder.
Jtem hänis byrthhalwer.
Jtem pitter schyrwys.
Jtem Schöllen hänis.
Jtem Johannes türck.
Jtem Stheffan Bogner.
Jtem veyde jörg.
Jtem Hannis — om.
Jtem michel czerhenchys son.
Jtem lang michel.
Jtem Wyncls hänis.
Jtem vellentin schannen agaten eydem.
Jtem Czylectres pauel.
Jtem pitter reybel.
Jtem wygen anthong.
Jtem hänis colff.
Jtem körsken elznirs hänes son.
Jtem honnen iacob.
Jtem Reymners gretten son Jörg.
Jtem Thomas honnen son michel.
Jtem Niclos gerwer.
Jtem Abrahams son iacob.
Jtem Cristenne beyer.
Jtem hänis gölphart.
Jtem Wylmis iörg.
Jtem Conczen körrschyss son pitter.
Jtem Symon der Kormuress sa – er.
Jtem ffux pitter.
Jtem Jancko.
Jtem Concz off der bahscheyl.

Jtem Mycl clessen pauel.
Jtem Monchs Casper.
Jtem Schůlien hānls.
Jtem hanis talmÿchs.
Jtem clos talmyohs.
Jtem clôgels niclos.
Jtem Rewels michel.
Jtem pitter von volcken dorff.
Jtem Schaden jôrg.
Jtem Crussen Johannes.
Jtem Antonius rewdel.
Jtem kůrsners merten.
Jtem fux clos desidino.
Jtem jôrg hewder.
Jtem niclos prewe.
Jtem mysse clessen hānis.
Jtem morczen Casper.
Jtem bemschen hānis.
Jtem hosch hānis.
Jtem merten kůrsner von
clusem borg.
Jtem hānis rewel.
Jtem mathys cremer.
Jtem baltÿzar kůrsner.
Jtem hānis von hongberch.
Jtem Anthonius von dem
czeyden.
Jtem Gregorius stôrer.
Jtem mÿsclessen Anthong.
Jtem michael rewis.
Jtem baltisar herman schnider
ders son.
Jtem balwes cristen.
Jtem Stecken symon.
Jtem rewels Johannes.
Jtem Erasmus*) bertolomeus
cristins eydem.
Jtem Myes clessen pauel.
Jtem Schanne symon.
Jtem Wyrochs pitter.

Jtem Johannes schen.
Jtem balwes endrés.
Jtem lorencz an bartt.
Jtem niclos de cidino.
Jtem Anthong föllchs.
Jtem Targlers lorencz son
mathys.
Jtem balwes cristen.
Jtem lorens Jwng**).
Jtem lorens smÿt von dem
czeÿden.
Thomas crwe.
Lenart Wÿldner.
Velten komes.
Merten schÿlÿck.
Jtem syman greff.
Jtem huders peter***).
Biworg michel.
Wÿg kursner.
Crystel flechtner.
Jtem Johannes glasser.
Jtem Anthonius clos bogners
son.
Jtem jôrg bogatsius †).
Jtem Jôrg kirscher ††.
Jtem hānis meldner.
Jtem hânis merten.
Jtem michel vom.
Jtem michel krus.
Jtem hoñen iacob.
Jtem beyen austÿn.
Jtem kůrsners iacob.
Jtem wygans merten.
Jtem pavel lassczel schuster
son von der hermestat.
Jtem Sigmund gôtffert**).
Jtem johannes mwsch.
Jtem fwx pawel.
Jtem balwis lorencz.
Jtem — — beer.

---

*) gestrichen.
**) Bis hieher ist die Schrift gleich. Von hier an wechselt sie bunt ab; doch immer XIIII. Jahrhundert.
***) a° m° cccclvij.
†) Corrector.
††) neue Schrift.

Jtem balthyser mwsch.
Jtem merten ermer.
Jtem steffen byrthhalber.
Jtem niclos kúrsners son bartholome.
Jtem kursner de rosnaw.
Jtem peter Zÿpser.
Jtem ausstinaes velten.
Jtem pavel — . —
Jtem Hemschen hās.
Jtem Swarcz orÿstel.
Jtem peter tarteler.
Jtem velleten kwrsner.
Jtem thomas hecz.
Jtem gref górgen — hannes.
Jtem balteser von der nosbach.
Jtem nickels von rudbach.
Jtem Myses seÿdenswancz.
Nÿclos frÿcz.
Hannes eÿchhorren.
Hannes gebner.
Jn dem jar M°ccccłxvj.
Jtem thomas laudamus.
Jtem gabriel.
Jtem peter ber.
Jtem peter munczer.
Jtem endres lang.
Jtem Michel turg.
Jtem rossen hannes.
Jtem thomas schwrman.
Jtem nyclas prews.
Jtem thoaÿg welter.
Jtem peter kwrsnor aus der swarcze gas.
Jtem vincencz kúrsnors merten son.
Jtem Geref yorgen paul.
Jtem rot andres vom reen.
Jtem yorg chursner von der schespurg.
Jtem Sub anno domini 1483.
Jtem Johannes wyroch.
Jtem heÿtschyn blas.
Jtem Michel schreckfwsz.
Jtem Johannes von fwnfkyrchin.
Jtem Swares thÿs.
Jtem pitter konnradt.
Jtem rewel — hannes.
Anno m° cccc° — ° —
Johannes rosenauer.
lang piter von rosenaw.
— — — endris.
Theschners son hannes.
Theschners piter.
Ballis iacob.
Hannes Bill.
Jtem Bartholomens — — —
Jtem Mathias Wyroch.
Jtem Stephanus pitter kursners son.
Jtem — — hannis.
Sub anno Domini 1ጸ8.
Jtem Johannes Bemchaws.
Jtem Morcze Casper son mathias.
Jtem flecht wolfgang.
Jtem Symon bogner.
Symon wyroch.
Jtem Johannes beer kwrsners merten son.
Jtem Stephanus von der nosbach.
Jtem pawl reuer.
sub anno domini 1496
Jtem velten bwrger mechl bwrgers zon.
Jtem niclosz von der noszbach.
Jtem Johannes rewel.
Jtem lucas czeresch der alt.
Jtem bartholomens rosnawer.
Jtem flechtnersz hannes.
Jtem palkó stelcztners eldem des ald.
Jtem hannes Mechel burgers son.
Jtem lorens Klomp.
Jtem — — hannes 1485.
Jtem velten kwrsn — —
Jtem Roden Jorgen.
Jtem Niclos hermesteder.
Jtem hannes kwncz son Cristels.

Jtem jocob meyster (?) 1487.
Jtem johannes von rosnaw.
Jtem peter cñus.
Jtem endres steerer.
Jtem Sub anno 1489.
Sunczt mathe.
Markus gwthwer.
Balwis Johannes.
thomas Langerawer.
Jtem Anderes rud.
Jtem hancz peer.
Jtem Mechel sarler.
Jtem Cypurwidenbecher barlabasch.
Schabels Symon.
Hans Augustini.
lang lenard.
Cirves Kürssner.
Bretten Simon.
lorencz schunckebunch.
Jtem pitter wal.
Jtem frytschen mychel.
Jtem beren merten.
Jtem velten bwdendorffer.
Jtem pitter storer.
Jtem lang alclosszon endris.
Jtem lasil Kwrschner.
Jtem Schetter mathis.
Jtem Thonch von rosnaw.

1496

Jtem Balucs czenss.
Jtem valtin Schÿrmer.
Johannes greff.
wolfgang kyrsner.
Hwbricht rosentaler.
Hannis kilbew der Jung.

1501

Crestell blūm.

1509

Jtem Petter staynmetz.
Jtem Hans kleyn bartholomÿ.
Jtem Nicklass langenawer.
Jtem Helschenn Merthen.

Statutorum magistrorum de arte Pellificum Civitatis Coronensis.

1. Primo volumus quod nullus extraneorum debeat Intromitti ad czecham nisi portauerit literas quod validus sit et non spureus et quilibet intrans ad czecham dabit quatuor aureos fl vngaricales et duo talenta cere.
2. Item filius magistri ducens vxorem ad czecham volens intrare dabit vnum fl vngaricalem in auro et quatuor talenta cere hoc idem intelligatur de filia magistri ducens maritum
3. Item von des mesters son sal dynen iij gar lÿer iar noch her
4. das alder hat Item famulus studens artificium debet seruire quatuor annos vnd nach den iiij jaren sal man eynen anderenn off nemen Item pro labore demasoruca mardorina vnum 1 fl vngaricalem mãũa de lupina 1 ortonem *) fl vngaricalem In auro Item de capriolis 1 ff vngaricalem.
5. Item nullus audeat imponere antiquas pelles mardorinas.
6. Item laborans proprecio debet restituere omnes particulas bonas illa ad quem pertinent inast'e.
7. Item welch mester dem anderen seynen knecht abbendich macht der sal geben η vngaricales ader czwe echtel vax.

8. Item Si quis magistrorum fuerit vocatus per ipsum Schawer et non venerit dummodo fuerit in ciuitate dabit ½ talenta cere.
9. Item welch knecht den montag fyrt der sal dy ganoz wech fyren wer das gebot über tryt dem sal man nemen ½ vngeryssen gulden.
10. Item mulier vidua viro mortuo per vnum annum potest facere laborare artificium.
Item ab dy fraw eynen andren man vil nemen dy selbige sal geben ij vngerys gulden vnd czwe funt vax.
11. Item nullus debet sibi ipsi laborare nisi duxerit vxorem.
12. Item nullus debet disponi pelles homini extra c̄uitatem *) ad laborandum.
13. Item magister tenetur dare famulo suo capitaneo circa festum sancti michaelis vᴉᴉᴉ **) et non plures Sed communi famulo vj pelles **) Si quis autem plus dederit soluat fl vngaricalem [Item noch schespurger jarmarck sal keyn man keyn vortal nicht geben noch halb vortel wer das wber tritt der geb 1 fl] ***).
14. Item de mastruca hermelina pro labore 1 fl vngaricalem.
Item mortuo aliquo magistro si relinquerit heredes qui hā pūt descampnis inter maccella suo nomine non pūantur sta autem non ab artificio nichil racione scampni eis restitui debet.
15. Item si quis pelles emerit de mardris altaris (?) dabit pro pena vnum fl vng.
16. Item si quis aliquem vocaverit de scampno alterius pro empcione dabit pro pena vnum talentem cere [Item welch meister des leuchter warten sal vnd nicht wart an dem suntag an vnsser liben frawen kirch an — sellen tag dy lzacr ist alle mol j phunt vax] ***).
Item och sal keyn mayster kenem man aws wennich hantvercks keynen alter nicht vorkoffen wer das gebot vber tryt der sal alzo monchen atter als her vorkofft von ydem atter. V. funt vax.
Item och sal keyn man aws wendich dem hantwercks keyn wil'werg vorkauffen nicht noch keym koffman wer das gebot vber trid der sal eynen centen vax in dy czech legen ader geben.
Item och sal keyn man keyn stückwerck arbeden aws wendichs hantwercks Js sey an futerwercks oder an wyltwercks ys sey velcherys ys sey cleyn ader gros wer das gebot vber

*) ciuitatem (?).
**) gekratzt.
***) Das [ ] mit blasserer Dinte, aber XV. Jahrhundert.

tryt dem sal man czenten vax nemen czw kůr vnd sal das selb yn dy czeg legen vnd och den selbigen lon.
Item och sal keyn man keym stůckwerg keyn fell nicht ab sal kůffen noch keyn wyltweryok ys sey velcher ley ys sey
18. ys sey den das der mester wyl do bey sey wer das gebot vber trit der sal yn dy czech geben eyn echtil vax.
19.*) Item sal och keyn meyster noch gesel auff genomen werden jn dỹ czeche her hab den gesniden.
Item eyn jclicher mester der sal an legen an dy merderen kůrsen xxvij merder belg.
20. Item an eyn fuxen kůrsen sal man legen xη fux wamen.
Item dy pen von der merderen kůrsen so manchen marder als her czw kurcz lecht so manchen vngrepsen gulden sal her yn dy czech legen vnd von der fůxen — — — kůr — — — dry funt vax.
21.**) Item och sullen alle dỹ wỹmen dỹ ys an get daz der richter mỹt samt dem ganczen gesworen rot vnd der czegh haben der kant cyn vor derffenes des hantwergs vnd haben vorpoten allerley roe wyltwerg aus czu furen vnd erbet, wer doz gebot wber trỹt, wo man daz begrỹffet, das sal man nemen ent fernt her den so sal man ym eyner czenten wax czu lůer uemen ***).

Die Statuts aber gesecczt der Erligen czech der kyrsner der kynyclichen Stat kron; fernayet vnd abgeschriben im 1528 Jor:

Das erst gepot

item keỹn auswelcziger sal yn die czech eyn genomen werden er pryng den gewellig prieff, das er genůgsam sey, vnd sey elich geporen von deytschem art, vnd der sal yn die czech geben iiij vngrisch ff vnd ij funt wox.

(Folgen 28 ganz deutsche Artikel.)

Eine ältere Aufzeichnung findet sich noch p. 27:

Item wen man eynen jungen dinng den sal man dingen iiij jar vnd eynes mester son iij jar.
Item daz wir steleners lorens haben vordingt eynen jungen anno m°cccc vnd jn lvi jar czu halber wast.
Item kursners jocob eynen jungen im jar m°cccc vnd in dem lvj jar an sent vilib vnd sant jocobs tag.

(Die letzten Aufzeichnungen sind von 1642.)

---

*) Andere Handschrift.
**) Spätere Artikel des XV. Jahrhunderts.
***) Die Zahlen der Artikel sind alle später.

XVII.

Namen von Orten, Landschaften, Völkerschaften, Personen, Flüssen, Bergen, Flurtheilen, Geräthen &. &. von 1425—1449.

1425. Johannes Gral Judex, Sigismundus Frispyr, Franciscus Grummer, Petrus Medicus, — cives et hospites de Zlatbnyabanya. V. nach Tom. fragm. I., 400.
Benedictus Benis dictus und Johannes Gros, ebendort. V. nach Tom. fragm. I., 12.

1427 *). Altumburgh (= Körösbánya). V. A. II., 145.
„Geben zu Cron im Wurtzland den nechsten Montag nach v. l. Frawentag..." Urk. K. Sigismunds. Fejér, X., 6, 832.

1428. Alczna. V. nach Reschner.
Helthaw.
Reusmarch.
Nicolaus pheffersack.
Heldenricus.
Burges, Birges. V. nach Tom. fragm. IV., 407.
Ravasz.
phenningsyffen. V. nach Reschner.
Daansiffen.

1429. Stoltzemburg. V. nach Fay und Haner.
Michael Höckerling.
Cles Budendörffer.
Kristhian Gabel.
Michael Lokre.
Stephanus Platz. V. nach Fay und Haner.
Georgius Rampser.
Stephanus Grabman.
Johannes Henni.
Stinkendenbrunn.

---

*) Im Nat.-Archiv ad Nr. 49 befindet sich eine deutsche Urkunde dato. Rosenau, den 6ten Tag vor Pauli Bekehrung 1427, ausgestellt von K. Sigismund an die „Edlen, Sachsen, Czekler, vnd Walachen, welche nebend vnb vnsere gemein mit namen Wolken wonhafftig sein," worin er die Wolkendorfer auf Bitten des Pfarrers Paulus und des Christianus Hoou im Besitz eines buschigen Berges bestätigt, über welchen die Urkunden im Türkeneinfall ihnen verloren gegangen seien. Das Vorliegende ist jedoch eine deutsche, der Schrift nach dem XVIII. Jahrhundert angehörige Uebersetzung, auf Papier, ohne Siegel. Ob das (lateinische) Original vorhanden, ist dem Vf. nicht bekannt.

Rongemald.
silva Schemmert (bei Elbesdorf).
territorium Bemey.
1430. Astualdus decan. Cib. V. nach Fay u. Hauer.
Johannes Seivert.
Ladmesvech.
der Sandichivech.
Petrus Grep. V. nach Reschner.
Feffersak.
Michael Veszoder.
Jacobus dictus Samson.
terra Rongemuld. Urk. im Superint.-Archiv.
1431. Ieuschkyrch. V.
Rewsmarck.
Rucbess.
Mullembach.
villa walkam.
Dansdorff.
Anthonius Trautenburger.
Johannes Göldner.
Michael Wesshoder.
Jacobus Craws.
Stephanus Lůsch.
Petrus Synner.
Martinus Hunrer.
Comes Hus.
Jacobus lange.
Petrus Thome.
Petrus Textor.
Herbartus de Balasfalva. V. nach Tom. fragm. IV., 212.
1432. Stein. Siebenb. Quartalschrift II., 160.
Haremannus.
Stephanus Laszler.
Simon Vazerbuth.
Georgius Eulister.
Vinda. V. nach Kemény.
Heydendorff.
Cleynvalderdorff.
Petrus Kreczmer.
Clarfischerin.
Petrus Herbarth.
Burgperg.
Hamberg.
Veszszöd. V. nach Tom. fragm. II., 496.
Szakadate.

Altzena. V. nach Reschner.
Leschkirch.
Reissmark.
Millenbach.
Halbelagen.
Veysskirch.
Dunossdorff.
Prondorf.
Busenthal.
Thomas Schvab.
Thomas Trautenberger.
Michael Vässöder.
Stephanus Laszler.
Hans Forr (Feer). [1432: Fejér.]
Petrus Syner.
Antonius Korpner.
Anthonius Murelf.
Georg Valler.
Andreas Senck.
Petrus Græff.
Michael Schvltsch (Schotsch).
Jacobus Lingö.
Christian Am end.
Nicolaus Praemarl.
Arnolds Buchholz.
Der Wayden Buchholz.
Vinda. V. nach Reschner.
Oswaldus decanus Bistriciensis. V. n. Reschner.
Philippus Prant. V. nach Kemény.
Thomas Kuth.
Ludes Vermesch.
Antonius Virthalm.
1433. · Hembach, Hannebach. V. nach Resohner.
Nicolaus Göbel.
Heydenricus Geyssel.
Nicolaus Wolff.
Nicolaus gener Hillen.
Nicolaus Schurbffer.
Johannes Orlath.
Jacobus Lentz.
Petrus Staun.
Johannes Wolbar.
Johannes Kugler.
Stephanus Gerlach.
Schyrczkesseyffen.
gemcyn.
Broch.

1435. Grabendorff. T. aus dem Karlsb. Landesarchiv.
Kakova (?). V. nach Tom. fragm. II., 181.
Johannes Greb de Uingerd.
1436. Detricus dictus Kemen fil. Demetrii Marschalci dudum Regiae Serenitatis. V. nach Kemény.
moneta quartling vocata. V. nach Tom. fragm. I., 434.
1440. Johannes de Bornequel (Abt v. Kerz). T. aus dem Nat.-Arch. 96.
1441. Birthalm. T. aus dem Birth. Archiv.
Nicolaus Buzbard.
Jacobus Halbsyn.
Martinus czyn.
platea Rispergasse. V. nach Reschner.
1442. Rosenaw. T. aus dem Burzenl. Cap.-Arch.
Jacobus dẘr.
Crẘsen Casper.
Johannes Wynandi.
Nicolaus balwen.
Thomas funkasch.
Andreas Farkas. Wittstock, aus dem Bistritzer Archiv.
1443. Wingart. T. aus dem Birth. Arch.
Byrthalbia.
1444. Johannes Greb de Mergenthal. Schässb. Kirchen-Archiv 12.
Stephanus Lusch. Nat.-Archiv 114.
Ruppas. V. nach Reschner.
Nicolaus Möllenbecher.
Kosbeerch bei Jegenye. V. nach Kemény.
1446. Hummersdorff. V. nach Benkö.
Růzmarck. Codex Cap. Barc. minor.
Lůschkirch.
Schenk.
Caspar Kobolt de Corona. V. nach Benkö.
Michael Petri Dör.
Blasius Haan.
Johannes Arnoldi de Grudentz (Hermannstädter Rector).
1447. Wolkendorff. T. aus dem Sup.-Archiv.
Georg Rymner, Johannes Glogervesch, Petrus Günterman, Christianus Cymerman, } aus Mediasch.
Vingarth. V. nach Tom. fragm. I., 405.

1448. Nelhusen. Aus dem Sup.-Archiv.
Johannes Megerlinus, Pfarrer in villa Humperti und medicine doctor. V. n. Reschner.
1449. Gaspar Robolth de Brassovia. V.
144 ? Bun in de Küköllö-Comitatu. V. nach Tom. fragm. I., 424. Slavendorf in Albensi.

XVIII.

Aufzeichnungen im Hermannstädter Schneiderzunftbuch Nr. 1.

(53 Bl. in Schmal-Folio. Papier, in Pergament gebunden.)

1449—1460.

Jtem das ist das Registrum von der Materia wegen, wellich meister dar czu gesaczt sint, bey der Materia czu, czu sehen Rwprecht, peter sneider, Michel sneider, Anthonius Rosenkrancz, Brose Niclas, Niclas von Neppendorff, Merten bey vingerlins-Brun, kleyn hensel. (p. 106.)

1449.

Registrum von der bwss wen ein meister busfeldig wirt czu leichen gen odder ander buse. (p. 68.)

Jtem Sigmund sneider ſ̄ m̄ lib. cere.
Jtem Pawl sneider ſ̄ m̄ lib. cere.
Jtem Klein michel ſ̄ m̄ lib. cere.
Jtem Niclos sneider ſ̄ m̄ lib. cere.

1449*).

Registrum von den Meistern dy do schuldig sint ju dy czech. (p. 13.)

Jtem Michel von laudes ſ̄ m̄ flor.
Jtem Kuncz sneider ſ̄ — flor..

1449.

Registrum dy Schult von der Jungen wegen. (p. 7.)

Jtem Bartholomeus scherer ſ̄ η ā̄ cere.
Jtem Hannes bugū 1 fl. η ā̄ cere.
Jtem Georg von Mildesber m̄ ā̄ cere.
Jtem Rupprecht ſ η ā̄ cere.
Jtem Hannis vngelich 1 fl. η ā̄ cere.

Jtem Georg tewfel 1 fl.   ɳ ß cere.
Jdem ɳ emer weyn.
Jtem Steffan hinken Barbā sem ɳ ß cere.
Jtem Kunczen ſ ɳ ß cere.
Jtem Kleyn michel ſ ɳ ß cere.
Jdem Kleyn michl ſ emer weyn.
Jtem hannes vmslak ſ von eines Jungen wegen 1 roten gulden ɳ vrnas weyn.
Jtem Steffan hinken Barbaræ son ist schuldig von eynes Jungen wegen 1 fl. ɳ ß wachs ɳ emmer weyns.

Anno domini M° cccc° lɱ° wellich magister in dy czech ein trit ɱ fl. ɱ ß cere ɱ vrñ weyn. (p. 15.)
Jtem Ostreicher tenetur ij fl. ɱ ß cere.
Jtem lasslab sneider iiij ß cere ɳ emmer weyn.
Jtem Hannes Sigmundin maij ɳ ß cere.
Jtem Jacob von laudes ɳ ß cere.
Jtem Symonoff dom huncz Růk tenetur ɱ ß cere.
Jtem peter schernsmyt tenetur ɳ ß cere.

Anno 1454 am gesworen montag ist vor czert in der czech an essen den mgñ vɱ° d. lx d. Erbern liben meister wissenclich sey euch was wir vor czert haben am gesworen montag Anno domini m° cccc° lɱ° am gesworen montag ist vor czert. (p. 105.)
In der czech flor. auri x.
Jtem Andres sneider hat man bezablt ɳ° d. an dem eylften gulden.
Jtem mer hab wir vorczert an gelt on xɱ d. vj° d.

Anno 1455 *) sint fl. gevallen (p. 11):
Georg tewfel hat geben 1 fl.
Michol sneider hat geben 1 fl.
Czekel valtin hat geben ɳ fl.
Steffan Scherer hat gebun ɳ fl.
lasslo hat geben 1 fl.
Clement hat geben 1 fl.
Grun peter hat geben 1 fl.
Jeronimus hat geben ɱ fl.
peter Sroters hat geben 1 fl.

*) 1455 werden noch genannt:
Bross Niclas.
Symon off der Bach.
Peter sneider.
Paul sneder.
Georg off dem Anger.
Hannes Hupprecht.
Kleyn Georg.
Cragan.

Anno 1456:

Georg Tewfel η ã cere η vrñ wein 1 fl. soluit.
Michel sneider η ã cere η vrñ wein 1 fl. soluit.
Jtem Cekil valtin dedit fl. ij.

Anno 1457 (p. 16.):

Registrum welich magister in dy czech ein trit der ist schuldig η fl. η ã cere η vrn wein.

Anno 1457 (p. 20.):

Registrum welich meister ein ler Jungen auf nympt der ist in dy czech schuldig η fl. η ã cere η emmer weyn.

Anno 1457 *) (p. 72):

Jtem In der Büchsen sint pliben flor. vngrisch xxxxvi.
Jtem dem Bassachaw hat dy czech geben fl. η czu stewr.

Anno domini M°xxx°lx (p. 17.):

Jtem pitter scherer ist schuldich 1 fl. η emer wein η phunt wax.
Jtem brosen niclos η funt wax.
Jtem batholomeus scherer η weñ.
Jtem Stpheffan keysser ij funt wax.
Jtem lang Niclos ij funt wax.
Jtem pauol sneider j fl. ij funt wax ij emer veñ.
Jtem velenten sneider ij funt wax ij emer weñ.
Jtem lucas sneider iiij funt wax iiij emer veñ.
Jtem pitter sneider η funt wax ij emer.
Jtem Grün pitter 1 gl. ij funt wax ij emer veñ.

Aus dem Original in der Hermannstädter Schneiderzunftlade.

XIX.

Namen von Orten, Landschaften, Völkerschaften, Personen, Flüssen, Bergen, Flurtheilen, Geräthen &c. &c. von 1450—1468.

1450. Michael Hassasz. V. nach Schwarz.
Michael Thesiner.
Clos Karall. V. nach Reschner.
Anthunius fil. Ludowici.
Laurencius Müsch. Aus dem Kaisder Archiv.
Valentinus Tasner.

---

*) In der Handschrift unmittelbar vor jener Aufzeichnung, von derselben Hand und Dinte.

Petrus Willich.
Martinus herbart.
Nicolaus Jungllink.
1451. Treppen. Klein, aus dem Bistritzer Archiv.
Martin Veinrich.
Casper Raydel.
Stephan Schmidt.
Laurencius Schuster.
Johannes Amigestyen (Am gästgen?)
Andreas Clobs.
Andreas Breyser.
Petrus Raider.
1452. Marienthal. Aus dem Nat.-Archiv 136. T.
Segesburg.
Ruphaz.
Schvisser.
Daraeus.
Hamaroden.
Broos.
Nicolaus Fäst.
Ladislaus Frentzel.
Jacobus Schaft.
Jacobus Teufel.
Johannes Claur.
Ladislaus Döpner.
Nicolaus Wassyder.
Johannes Byer.
Stephanus Plemmer.
Nicolaus Metzler.
Jricher Zeche (Calicularii).
Jrrich.
Anthonius Sybenbürger*). Aus der Senndorfer Kirchenrechnung.
Georgius Schwgeler.
Johannes Rerer.
Martinus Gwisner.
Michael Gytzer.
Andreas Tenoser.
Johannes Walachus.
Georgius digeler.

*) Ueber die Familie der Siebenburger in Wien von Ulrich von Siebenburgen (1368) an vgl. M. Schmidt's Sieb. Quartalschrift 1859, 39 f. Uebergangen ist daselbst der von Ranke, Gesch. Deutschlands im Zeitalter der Reformation, 1852, 2, 101, als Karl V. Rath in Spanien erwähnte, sprachlich interessante Maximilian von Zevenberghen.

Mathias holozappel.
Mathias Tylman.
Mathias werz de Theca.

Mergendal. Aus dem Nat.-Archiv 135. T.
Schenk.
Mülenbach, Mollenbach.
Rukpas.
Swynschir.
Doraws.
Budendorff.
bamroden.
Bros.
wyncz.
Rusmarkt.
Rotbergh.
luschkirch.

Johannes Lemmel.
Stephan Lüsch.
Nicolaus buddener.
Michael Craws.
Nicolaus Ruse.
Petrus Molner.
Laurencius Turolt.
Ladislaus frenkel.
Jacobus schrifft.
Jacob Tüfil.
Johannes Clare.
Ladislaus doppener.
Stephanus Slemmer.
Nicolaus Nasner.
Clos weynber.
Michael am eck.
Paulus auff der bach.
Michael ym garten.
Johannes vorfan.
Michael Bartusch.
Bartholomeus vombecher.
Mathias Syfrid.
Petrus Herthel. Wittstock.

XX.

Aus

Liber promptuarii Capituli Braschowiensis Inchoatus per dominum Georgium decretorum licenciatum Artiumque baccalaureum Tunc temporis districtus Braschowiensis decanum Anno domini M° cccc° lij° in monte petri plebanum.

(1452—1499.)

Wÿdenbach.
Rosnaw.
Wolkendorff.
Czeÿden.
Hÿltesdorff.
Mergenburg.
Roderbach.
Nwzbach.
Brengendorff.
Petersberg.
Honigberg.
Thartelaw.

Maÿrpot 1423.
Marienburg u. burch 1455.

Neustadt, Rosenaw, Wolkann, Helczdorff, Nussbach, Brendorff, Tartlaw, Rosenaw — 1484.

Federicus Pyberstain 1455.
Johannes Rwdel 1455.

Sÿmon Thuessch, Johannes Schöb — 1483.

peccarius argenteus 1483.

Katherina relicta Petrigreb
Georgius schöl
Smÿlÿn (eine Frau) de Braschow
providus vir Anthonius seu Anthel vulgariter dictus
Petrus bongner
Symon clomp
Cristanus Rod
Burchhals
Swarczgas
fluvius vulgo Gespreng
Jeronimus Rewchin
Petrus Rewel
domina Hÿl vulgariter vocitata
Jacobus hon
Nicolaus fus
— 1484.

Petrus greb fil. Anthonij Sander, Juratus Consul Civ. Brasch.
Johannes Frÿschÿsen
Paul dik
„Georgius videlicet in acie Wys Mathia Johannes Mwsch"
— 1463.

Laurencius Karg, Caspar Berwart — 1457.

Johannes clos peter.
Johannes gutt.
Johannes messersmÿt.
Dnus. Thylmannus.
Johannes glÿtsch.
Johannes carnificis.
Johannes sliŷm (?).
Johannes wytch
— Aus der series pastorum des XV. Jahrhunderts.

Johannes Orthwÿn Nicolaus Kylhaw. Johannes abel. Nicolaus waal. Laurencus karg. Johannes poncz. Nicolaus de bartfel. Johannes knor. Anthonius schunckebunck. Johannes Schůb. Nicolaus de bregdorff. Jacobus crucifer. Leonhardus Bresser. Jacobus Bruckner.	Aus der series pastorum des XV. Jahrhunderts.

Aus dem Original im Burzenländer Capitular-Archiv.

XXI.

Namen von Orten, Landschaften, Völkerschaften, Personen, Flüssen, Bergen, Flurtheilen, Geräthen &. &. von 1453.

Creuzerfolth prædium bei Telmesch. V. nach Eder.

Stephanus Lewsch magister civium in Segeswar. V. Aus dem Schässb. Arch. 5.

Olth fluv. V. nach Eder.

XXII.

Samile, der Bischof von Konstantinopel, berichtet an den Hermannstädter Rath über die Eroberung jener Stadt durch die Türken.

6. August 1453.

Grossen gruess von dem hawbt zw der erde Samile dem Bladicz oder Bischaff vnd von dem andern Bladicz oder Bischoff von Constantinopolis yecz vnd zusam gefügt in der Walachey dem Erwirdigen vnd weisen vnd auss eyner waren gerechtigkeit des almächtigen gotes, vnsers liebsten sanftmütigen, seinem vnsern güten freundt vnd günnären in der Rue der suessigkait, vnserm heren Oswalden Burgermeister, vnd den geswären Burgern der Hermanstadt klaynen vnd grossen, lanthern, Edlen, vnd allen den, dy da wänen inn der heiligen kron des reichs zu Ungarn, wir wellen das zw ewch kommen vnser war rat, vnd zu allen ewren brüdern vnd dyenärn, so das wir vermainden all lebentag in ewren lannden, So das ir gesünd vnd haylsam seyt vncz zw dem endt ewrs lebens. Wir leben aber zw der parmhersigkait gots, vnd vnser syndt wenig dy da barchen in diesem gegenburtigen leben, in grossen turftigen Smerczen vnsers syns von schuld vnd sach wegen der hayden, vnd doch nit so gar von schuld vnd sach wegen der aller ungelawbigisten Türkken, feind des Crewcz Cristi. Sunder wann got hat gesandt sein gaysel über uns und über dy heyligen Stat Constantinopel der ersten Kirchen, vnd durch vnser sundt willen hat er dieselben Stat lassen wellen in den väl vnser ewing zestöring, und sind in der selbigen Stat solich Smerczen vnd wünderliche vnd so vnawesprechenliche ding, das sy mit menschlichen czungen kawm oder nymmermer ausssprechen mügen werden. Also an leichnam vnd hayligtum der heyling vnd dy aller grawsesambste verderbnüss vnd tettung der menschen, wann dy selben Türkken bey zwayn taussent kirchen zestört vnd ze nichte gemacht haben.

Darumb schreiben wir das ewr lieb so das ir sullt versten vnd da von ain Exempel oder beyspill für ewch sullet nemmen, wann das ist als geschehen durch unser sund willen, das got gewalt hat gebben den hayden über uns zu herschen, wann an dem tayl ist gevallen die hoffnung der kristenhait und vnser verlornüss ist erstanden, wann dy selben Türkken habent genomen dye heiligen vasz, der inn man das Sacrament haldet, vnd dy do zw gotlichen Ambt gehorten vnd dye leichnam der heiligen, Constantini des Kaysers, vnd seiner mueter Sand Helena, vnd Sand Soffeyn, vnd Sand Jorgen des grossen martirer von iren steten, vnd alsoviel heyltumbs haben sy genomen das nyemand wol reden noch offenbaren mag. Wir waren aber peitent der tröstung der Kristenhait als ein Sel der losung peytet aus dem vechfür. Sunder es was nyemant der do rat oder hilf gab vns derftigen vnd verderbten, vnd dye Türkken vmb gaben vnser Stat zu landt vnd zw wasser überall, vnd zu ryng umb ringen sy vns.

Sy hetten fünffzig grose püchsen, vnd funff hundert kleyner püchsen, vnd ayne, die aller grost, dy was in der grose als ein kueffen oder ain vasz zw sybenzehen emern, vnd XX spann lank, vnd do sy mit der grossen püchsen schussen zw der Stat, do viel ain grosser thurn vnd die mawr von paiden tailen des türns, vor vnd hinden, bey dreysik ellen nyder, vnd mit der selben grossen püchsen wurfen sy drewhundert vnd LII stayn zu der Stat, sunder mit den funffhundert kleynen puchsen schussen sy stätes an underlosz auf das volckh, das nyemant ain aug mocht aufgehaben vnd sich beschirmen, vnd an solicher wer mochten sy nicht zu vechten. Zwischen Galatham vnd Constantinopel auf einem tayl des mers, das do Sewasser zwischen den Steten, do prachten sy zway hundert Galeyn, grosse scheff auff dem grossen mer, ancz zu dem landt, do sy ir fürbass nicht mochten füren auf dem mer zu der Stadt, do zugen sy dy zwayhundert galeyn auf dem landt mit iren aygen henden, wol zwo meil wegs lanck, vnd liessen sy in das tayl des mers zwischen den vorgenannten Stetten, vnd mochten da ein pruck von aynom tayl zu dem andern, der innen legten sy grosse vas, vnd dar auf legtten sy püchsen vnd füsszlevt eine grosse menig, vnd auff die selben vasz mochten sy aber ayn pruck vnd mochten ein zwifächtige wer auf das wasser, vnd setztten darumb funffzig tawsent Streytthaffliger man der aller pesten vnder In, die do in dreyen stunden dy Stat gewunnen vnd giengen vnd übersahen nyemantzs, sunder grawsamklich erslügen sy layder dy menschen, als das wild Tyr, vnd alles das heyligtumb wurffen sy auf dye gassen in der Stat vnd zw trätten das mit iren pferden, wann ir waren wenig in der Stat wider solich mächt zw streytten vnd zu wider sten. Auch wurden verrättär in der Stat vnd gar ser gewunnen sy dy Stat von vns durch verratnüsz.

Jtem es waren viertausent edlär junkfrawn vnd mer grosser heren Töchter mit Soldnärn dy sy beschirmen solten auf ainem hochen gewelb ainer kirchen, do sy dy gewunnen, do snyten sy in dy kel ab vnd vil hyngen sy, die edlen frawen dye do Kinder trügen an iren armen vnd dy swanger würden vnd Bürgerin die mit kostlichen klaidern waren angelegt, der liessen sy nicht, sunder sy zuhawtten sie zu stuckhen vnd totten si. Und all die maisten kirchen, dy nit zustörtt waren, dy weychten sy nach irem Türkischem vnd haydnischem sytten, dye Stat Salvaria vnd Galatha dy zu storlten sy auss dem grunt vnd seczlten das volckh zu Constantinopel, sunder dy von Galatha dy gaben sich mit willen den Turcken vnd in sind auch nichts gueter genummen woren, vnd lies über mer herbringen dreissigk tawsend wirt zu Constantinopel das sy da wantten, vnd viertawsent wirt nämmen sy auch dar ein vnd habent sy dar ein geseczt.

Jtem auf dem andern tail auf dem lanndt hat er geseczt vier tawsent wirt vnd läst dy Stat vest machen mit meinschen vnd mit türren, mit mewrn zubehalden.

Und was süll wir ewch zu sagen, dy Turcken mainen in dy gancz Cristenhait undertänig zu machen, ob es got verhengen wert. So haben wir auch nu gehört das dy Turcken czlehen wellen vnd gewinnen des Tyspots lanndt, als Syrffeyen vnd Räczen, wann si hoffen mit iren püchsen, dy sy machen vnd giessen albeg, vnd ein yedlicher under in nymbt ain pfund oder zway kupfer in seinen sack vnd fürt das mit im, vnd wo sy dann Sturmen wellen, do lassen sy durch iren maister zu der erden mit irem beraitem form puchsen giessen vnd machen.

Jtem ewr Stat Czibin oder Hermanstat hat ainen grossen nöm under in über all vnd sprechen sy, Es sey in ain widersteung vnd hinderntüss an irem weg, vnd sy wellen dy hyndernüss von irem weg werffen vnd evr Stat besüchen vnd gewinnen, vnd frewent sich der ser dar zuziehen. Darumb rat wir ew das ir ewr stat vest vnd stark machet vnd webbaren last, das ir si nicht verliest.

O di salig Stat dy in der Zeit des frieds sich verhielit. Sander unser kayser ist selb dritter zw ainem scheff auf dem mer auss iren henden komen.

Was wir ewr lieb nw geschrieben haben vnd schreiben, wais got wol das es ewch unnüz ist zubewain, vnd wir muessen all vnser lebtag vor solicher grosser verlarnüss sein, das wir allso verlassen sein von allen Cristen vnd dy de Cristengelauben hallent, wan wir sein hye in der Walachey vnd hilff bitent, do mit wir uns rügen lassen, wann wir uns gearbait haben ze kömen von dem ungelewbigen Turcken, und haben uns gelöst von Sibenczigk tawsend Asper, und ir süllt wissen das wir dy ewren sein in allen sachen, und unser leichnam vor auch durch der Cristenhait willen.

Got geseng ew Beschirm und behuett ewch vor allem ubel Amen.

Geben an dem Sechsten des monácz augusti anno domini M° cccc° LIII°.

Aus einer Abschrift in einer Handschrift der Münchner Bibliothek (Cod. latin. Monac. 9503 in Fol. bl. 350 ff.) mitgetheilt von G. M. Thomas und veröffentlicht (von Teutsch) im Vereinsarchiv, N. F. II. 156 ff. Nach München ist die Handschrift aus dem Benedictinerkloster Obern-Altach unterhalb Regensburg gekommen. Dass das Original nicht deutsch geschrieben war, dürfte anzunehmen sein. Wo die Uebersetzung (aus dem Griechischen oder Lateinischen) entstanden? Der Briefempfänger, also der Rath von Hermannstadt und insbesondere der Bürgermeister Oswald, der dem Inhalt eine weitere Verbreitung gab und auch sonst in — deutscher — Correspondenz mit Oesterreich stand (siehe folgende Schreiben) hatte dann die nächste Veranlassung. Diese Ansicht wird durch mehrfaches Zusammentreffen der Sprache unseres Briefes, die aber durch wiederholtes Abschreiben ziemlich ungleichmässig geworden, mit Eigenheiten des siebenbürgisch-sächsischen Dialectes noch näher gerückt. Wir verzeichnen dieselben daher wie folgt:

lantherrn
dorffilg
vor statt vorn
warfen
Schassen
sagen
Scheff
Koeffen
lenk
thurn
zwilächtig
wirt
verliest

Zweifel an der Aechtheit der Urkunde überhaupt scheinen uns nicht obzuwalten. Die Art und Weise der Datirung berechtigt wenigstens nicht dazu, da im XV. Jahrhundert zwar allgemein nach den Festtagen oder auch nach dem römischen Kalender datirt wurde, die hier befolgte jedoch ebenfalls vorkommt. Vgl. ein Schreiben des Woiwoden der Moldau Elyas für die sächsischen Kaufleute von 1433. Im sächs. Nationalarchiv Nr. 76: „Datum . . die Aprilis IX. . . Vereinsarchiv, II, 95.

XXIII.

Oswald, Bürgermeister in Hermannstadt, berichtet über die Türkennoth an den Rath zu Wien.

Hermannstadt, 15. Mai 1454.

Dem Hochwürdigen weisen Burgermaÿster vnd dem ganzen Rat der löblichen Stat wienn meinen lieben Herrn.

Oswald Burgermaister
zu der Hermanstat.

Mein vnd meiner dinst beuelhung beuor. Hochwürdig vnd weis lieben herren. Was mir yecz Balthaser knebel euer mitwaner. weiser dieser brief. von euren wegen mündlich gesagt hat, Hab ich klärlich verstanden. vnd darumb daz eurem begeren genug gescheh. hab ich vullen diese neue mér, dy yecz hy weil in den landen zu aufgang der sunne gemert sind, auch in schrift zu senden vnd schreiben: Wy vol daz ist, daz ich vormallen in vergangener Zeit vernvmen hab, wy der Türkisch Kaiser, dy stat zu Constantinopol, wolt genczlich zerstoren vnd niderbrechen, yedoch hab ich yeczund gar gewisslich vnd fuerwar verstanden daz der selb Türkisch Kaiser yczund in der stat zu Constantinopel. persönlich an vnderlas sein wesen u. wanung schick zu haben, vnd mit unsäglicher vnd verrigelter menigung der heiden den er taglichen sold gibt, da sey, vnd dy prüch an der stat vnd maur vnd ander notdürftig stet, lass vider machen vnd genczen, vnd auf das aller sterkhist vnd vessist sterkchen vnd pewaren, vnd maynt vnd hoft schelklich vnd verdemlich, er müg dy selb stat wider dy Christen vnleidlich vnd on schaden behalten, Er hat auch zu der stat bracht, zway hundert schif vol Türken, vnd von den landen vber mer, fünfzig tausend heiden vol gewappnet, dy nun auf disem land des mers in der Türkey sind, den er allen täglichen sold aufgibt, Auch beginnet er vnd gleichsent wy er wel schickhen ein grosse vnd merkliche macht zu umlegen das geslos vnd auf die stat da bey, das da haist kylia, die da ligen an den enden da dy Tainaw in das mer fleisset, Auch daz dy grössern vnd mechtigern walhen, dy in den Inseln vnd Mersteten wanen. das sorgsamer vnd wiser ist. Haben mit dem vorgenanten Türkischen Kaiser frid gemachet, Auch hab ich vernomen von einem mein ausspicher dem volczeglauben ist. der erst vor vier tagen von den landen vbergepirg herkömen ist von der spehung,

Wy dy Türken, gleich oder nahent in als grosser menng, als dy valachen selbst, daselbs in den steten der Jarmerkt vnd anderswo vmbwaren vnd kaufmanschaft treiben, darumb, vy vol wir glauben vnd auch hoffen, dz dy Türken den frid, der da zwischen in vnd dem virdigen Kunigreich ze vngern, vnd lannden, dy zu dem Kunigreich gehoren, geseczet ist, vnczerprochten halten, So ist vns doch ze fürchten, daz sy in disen Landen oder gegenten, dy hyvmb gelegen sind, nicht raubrey, nach dem vnd sy in betriegnüss vnd wüottrechung gewannt sind, werden beginnen. Wenn aber die vorgenant stat Constantinopel, dy etwen selig vnd heilig was, aber nun mit der türken henden scheuczlich vnn lesterlich genidert vnd erczogen, vnd mit den vnsaubristen Füessen getretten ist, vnd vermailigt, dy da was gescheczt gleich als ein maur vnd ein schilt der ganzen Christenhait vnd zu vödrist dieser Hermanstat, ist aus der kristen gewaltsam pracht vorden, Auch diso Hermanstat dy in den gemerkchen der türken nahen gelegen ist, ist bey den Türken fur ander stet des Kunigreichs ze vngeren. Nämbäfüger, darumb schrein dy verfluchten türcken oft vnd viel, jung vnd alt an vnderlas: Cibin, Cibin, das ist hermanstat, hermanstat, damit hoffen Sy, wann sy dise stat gevunnen. so mechten sy, nicht allain dem vorgenanten Kunigreich ze vngeren, daz dy hermanstat als ein schilt vnd scherm ist, sunder auch der ganzen christenhait dester leuchter nach irer poshait villen, schaden vnd irrung pringen. Yczund sol das zu Neuenmoren genüg sein, wird ich aber Fürpass anderer gewisslicher neuer mer jenen, dy vil ich auch euer waisheiten zu besunder erfrischung der gemnet kunt tuen, dy selben euer weisheit peger ich lang vnd selikllch wolmugen vnd ich bevil ich mich ye jnnikllcher, Geben zu der Hermanstat am mitichen nagst nach sand servazen Tag. Anno etc. liiij.

Aus dem Original im Wiener Stadtarchiv in Jos. v. Hormayers: Wiens Geschichte und seine Denkwürdigkeiten I, 1, CXL; daraus im Vereinsarchiv N. F. II., 162 f.

XXIV.

Namen von Orten etc. von 1454—1462.

1454. Georgius clomp. Cod. Capit. Barc. minor.
Johannes Scharff. T. aus dem Burzenl. Cap. Arch.
Johannes Prudl. A. Kurz, Nachlese. 37.
Peen Saxonicale. V. nach Reschner. *).

*) Die bezüglichen Namen lauten richtiger nach dem Original in dem Pieser Ortsarchiv: Ludwig, Niding, Eberhard, Hann und

Michael Cwbrich
Simon Nitovich } in Pien.
Georgius Erhardus
Ladislaus Schreyber
Laurentius Haan } in Hermannstadt.
Martinus Vlrich

Weerd. V. nach Reschner.
Johannes Bogener. Wittstock.
Petrus Czasz.
Georgius Nessiger.
Petrus tirman.
Thomas hawser.
Daniel Rimer.
Andreas lilienczweig.
Jacobus Cretschmer.
Georgius stux.
Petrus herman.
Demetrius pellifex.
Petrus Brewer.
Zeyfredus Nessiger.
Petrus Knechtil.
Michael beuchil.
Johannes Tytil.
Andreas leichnam.
Andreas eyben.
Johannes hering.
hermannus piscator.
Martinus sutor.

1455. Wyngarth. V. nach Reschner.
Streytfarth.
Johannes Greb de Wyngarth.
Johannes Lemmel Comes Cibin. et Miles noster V. nach Reschner.
Czeha (societas in vulgari vocata).

Marienburg. Cod. Cap. Barc. minor.
Federicus pyberstein.

1456. Selk. V. nach Reschner.
Schatselk.
Schadselk.
Nicolaus Sigelewr Index oppidi Megyes.

Olczna. V. nach Reschner *).

Ullrich. Reschner dürfte also wohl nicht das Original vor sich gehabt haben.

*) Andere Lesart: Oltzna, Rumark, Erkeden, Grossdorf. Urk im Nat.-Arch. 161.

Rüsmark.
Erkethen.
Grosdorff.
Oswaldus Mag. Civ. Civit. Cibin.
Offenbanya. V. nach Reschner.
Zalathnabanya.
Mergendal. V. nach Neugeboren.
Schenk.
Rwpes.
Bros.
Mẘlenbach.
Rẘsamarth.
Leschkirch.
Stolzemburg.
Melchior Aurifaber Judex Sedis Cib.
Petrus Molner } jurati Cives Civit. Cib.
Nicolaus Rwsze }
Johannes Nonnenkleppel alias Mag. Civ. Segeswar.
Nicolaus Wessewder de Insula Christ.
Michael Greb Judex Sedis Mẘlenbach.
Johannes Claren Judex Sedis Rwpes.
Laurencius Peer de Leschkirch.
Johannes Gesner Villicus Oppidi Rwesmarth.
Jonko Greb de Megyes.
Andreas Syglewr.
Christannus Bösser } aus Medlasch.
Georgius Wymer }
laurencius Mwsche de Segeswar.
„domus seu fundus Beche vocatus in civitate Bistriclensi" von K. Mathias der Stadt geschenkt. V. nach Reschner.
Jacobus Scheffnid. A. Kurz, Nachlese. 37.
Rẘsmarch. Aus dem Piener Archiv.
Lẘskirch.
Rẘppes.
Bros.
Mẘlenbach.
Schenk.
Peen.
Oswaldus.
Petrus Molner.
Nicolaus Rwsze.
Nicolaus Bẘdner.
Johannes Nonnencleppel.
Nicolaus Wessewder.
Johannes feer dictus.

Johannes Claren.
Vrbanus Greb.
Laurencius Peer.
Symon Benk.
Johaunes Teeles.
Johannes Lwlk.
1457. Georgius Krewen. Wittstock.
Johannes dictus parth.
Petrus Költen. A. Kurz, Nachlese. 37.
Jacob Honn. T. aus dem Birth. Arch.
Bartholomeus Schobel.
Vellentin Dimlink.
Nicolaus Rymsch (Hermannstädter Pfarrer)
V. nach Reschner.
1459. Margendal. V. nach Reschner.
Buss.
Nymps.
Jacobus Krechmer. Wittstock.
Twmel.
Zaycz nezeger.
Georgius Erben (? Vielleicht Eiben. 1460: eyben. ebd. 1465. Ayben. VA. IV., 275.)
1459. Ladislaus Kakas } cives Cibin. V. nach
Nicolaus de Vizakna } Reschner.
Johannes Zewld } jurati Civ. Cib. V. nach
Johannes Bogachy } Reschner (Unionsurkunde).
Andreas farkas. Wittstock.
demetrius wasuary.
Paulus Pötchin. A. Kurz, Nachlese. 38.
1460. Reghun. Wenrich aus dem Bistr. Arch.
Ladislaus Lintz comes Regalis } V. nach Resch-
Antonius Murer Villicus } ner.
Nicolaus Neuneber juratus } in Wurmloch.
Andreas Latz }
Laurentius Goppel } de Musna.
Joannes Hormann }
Joannes Devel de Megies.
Nicolaus Gerger } de villa Ysopis.
Simon Scholler }
Hevasrus.
Buchboltzrök.
Ardasthbochboltz.
1461. Neudorf. T. aus dem Palladium Coron.
Hopsyfen (Komlos) inter castrum nostrum Heltveny et oppidum Hylchvesthdorff.
Gaspar Lang.
Antonius Sander.

Mukkendorf. T. aus der Seligstätter Kirchenlade.
Johannes czoltner.
ladislaus degiath.
Johannes Solman.
Nicolaus Bock.
Georgius Tymar. Wittstock.
Ladislaus Korlath.

1462. Krisbach. VA. II. 165.
Petrus Götfart. A. Kurz, Nachlese. 39.

Um 1460 begann die Eintragung einer Series pastorum des Hermannstädter Capitels (fraternitas sedis Cibiniensis) auf die Vorsetzblätter eines von Theodoricus bereits 1394 geschriebenen Missal's (im Hermannstädter ev. Kirchenarchiv). Wir heben daraus folgende Orts- und Personennamen heraus mit dem Bemerken, dass die letztern zum Theil noch hoch ins XIV. Jahrhundert hinaufreichen.

Tolmecz (tolmetz).
heltaw (helta).
Schellenbreg (Schellenberg).
villa humperti
mons Cibinij (spätere Schrift wynczperg).
Stolczenberg.
haneboha (?)
Castenholcz.
dalheym.
burchberg (Burberg.
Czeket (czeotath).
Paumgarthen (paumgarten).
Cyserlinus.
Hermannus.
Gotfridus.
Johelinus (Jobelinus).
Cilmanus.
Johannes Megerlyn doctor.
Nicolaus Rinisch.
Arnoldus.
Wernerus.
helwicus.
Oswaldus.
Michael vessoder.
Benedictus Thassust.
Conradus.
Ottho.
Sigismundus.
Walbrunus.
Alerdus
Georgius Runge. (?)
Jacobus engel.

Rupertus.
lodwicus.
Schvros Jacob magister civium.
Oswaldus magister ciuium.

XXV.

Aufzeichnungen im Hermannstädter Schneiderzunftbuch Nr. 1. (Vgl. Nr. XVIII.)

1462—1464.

In nomine Domini Amen Anno domini m°lxij. (p. 21.)

Pitter Snider in der Flescher gassen.
Veltin gÿbur.
pheffersack.
Ruscha.
lucas snider.
Stephan frẘ off.
Symon off der bach.
Craws pitter.
Hencken Sigmund.
Veltin zeckel.
pitter scho̊pp.
hupprich snider.
Görg scherer.

Derselben Zeit gehören an: (p. 64—65)

Jacob Kamner.
Kÿsser.
Lang niclos.
Scheder pitter.
vorbrewt jacob.
Merten Kamner.
Pitter scho̊pp.
Simon off dem hwnsrůck.
Hannis burger.
Hannis off dem kẘmpel.
Sigmund von mildemberg.
Symon off der bach.
Ruscha.
Cleyn jo̊rg.
Schẘrner.
Kẘmppel sigmund.
bartelmis snider.

Roth jacob.
Craws pitter.
Lucas phefforsach.
Kuncz snider.
jörg schencker.
Meohl von Ludis.
Jorg von schwrn.
Jacob hyrth.
Grossen niclas.
Andreas clockengeyssor.
Niclos von rüppes.
Hannis zÿgler.
Cleyn henssel.
hannis emslag.
pawel snider.
blesch hannis.
jörg mwschner.
Hannis snider in der sporer gassen.
vrban scherer.
lörencz snider.
Grwn pitter.
Kwrin henssel.
Stephan von wurmlooh.
laslo.
gregor.
Cristan snider.
lux von sÿburg.
jörg snider von cronen.
Mathias snider.
valentin gebur.
hannes von stolcenburch.
bencken Sigmund off der newsteft.

Item anno domini m°cccc° septuogesimo ∧° in die festivitatis sancti iohannis ewangeliste. (p. 23.)

Item Mester Lasil hat enen iungen gedingt in dem selbichen iar nider czw legen iiij gulden vnd iiij funt vax vnd iiij emer vÿn vnd 4 *) iar czw dÿnen vnd ver sew nicht nimt der sall sÿ von dem mgn so vil mir sew von ÿm nen nemen.

1476. (p. 47.)

Item von den frawen mentellen leblychss gewant firt halb doch bret vnden vnd oben czwa.

---

*) Im Original 8.

Item von mechlychssem gevat och fŭrt halb doch vnden vnd oben czwa vnd och von ffelwur thyseen gewant.

Item von halff pernissen gewant vndon foyr doch bret vnden vnd oben czwa vnd czwe steck dar czw.

Iten von eohychssem gevant vnden fewfft halb doch bret vnden vnd oben dryt halb [Item von norberger gewant feyr doch breyt. Item von spayr gewant fefft halb doch breyt.

Item pena huius est vnus f$_{\rho}$.]*)

1478. (p. 6.)

Registrum Jacobi camer super Arma pertinencia ad cecham Sartorum Item tres pixede ferree an geschefft. Item vij jegassen hacken buxen. Item vj hant buxen. Item viiij buxen yn den gestellen. Item eyn tarlysbuxs. Item xi baliste. Item vilj flegel. Item summa pixidarum xxvj. Item eyn lyr.

Ueber Waffen finden sich aus ungefähr derselben oder wenig früherer und späterer Zeit noch folgende Aufzeichnungen: (p. 1.)

yseren — — — — —
hant ppyss — — — — —
dij ffwr czw gehwr — — —
byndea czw gehoren Item czw — —
dy czw der tarschen gehoren vnd — — —
holt Item czwo tonnen bogeffeyl Item eyn czenten
schwlen vnd einen schwas schwrcz vnd eyn plat
benden vnd for vnden armym gered.

**Item her der burgermeister mit sampt iren heren den burgerin das sult ir wissen das mir han 9 isseren bixen dy der stat seyn en vaser czech [vnd 2 krappen vnd en tharchas vnd en par henschen vnd en hant bix].

Nota arma ferrea pertinentia ad czecham sartorum primo quinque medias toraces ad anteriorem partem hominis pertinentes
post hoc manicas ferreas vnum par
post hoc ferramenta ad genua pertinentia vnum par
Item alia ferramenta largiora ad pedes pertinentia vnum par
post hoc ferramenta ad brachia pertinentia wulgo mwsel vocata tria paria.
Item quinque ***) pilea ferrea.
Item vnam barbam ferream.

*) [ ] von anderer aber ziemlich gleichzeitiger Hand.
**) Spätere Schrift, [ ] andere Schrift.
***) Später corrigirt: septem.

Item quatuor balistas.
Item lorica quinque.
Item Golleria quinque.
Item *)

Auf derselben Seite von späterer Hand:

Nota Registrum super arma pertinentia ad czecham sartorum Item vij hacken bwxen Item xj hent bwxen Item viij yseren bwxen yn dem gestelle Item 1 Tarlys bwxs Item viij yseren flegell Item viij new arembrwst, vnd 1 aldet Item 1 gros tarcz vnd ij schelt Item ij hant spyes Item 1 czentea bley Item iij kwrcz ysseren buxen.

Früher der Schrift nach (verkehrt geschrieben) ist endlich: (p. 36.)

Item quatuor pilea ferrea.
Item quinque pilea ferrea.
Item quinque medias torraces anteriores partes et duos torraces posteriores pertinentes.
Item tria paria mewsel.
Item ferramenta ad genua pertinentia duo paria.

1481. (p. 37.)

Item wisset liben meister das gemechte das ir gemeynlclich gemacht hot das der meister ire kinder gancze czech sullen haben.

Item das eyn meister nwer eynen knecht sal halden vnd eynen iungen.

Item alle gewant sol man machen ij tuch breyt yn eynen seidel vnd wer zy anders wirt machen dem wirt man das kleyt in dy czech nemen.

[Item eynum tuchtischen (?) rock sal nix nicht entczogen seyn.] **)

Item eyn ider meister ist frey czu czusehen eynem seyn snoider wergk an allen czoren vnd wer do wider wirt seyn der sal czu buss vorfallen seyn 1 gulden in dy czech.

1483. (p. 38.)

dy lucas schnoiderin eyn phunt wax dedit.
Jorg tewffel — — —

*) Wohl die älteste hierauf bezügliche Aufzeichnung, auch nach der Schrift.

**) [ ] gestrichen.

dÿ Simon schniderin off dem myst — — —
Hinken endris — — —
dÿ Sigmund schnideren — — —
dÿ Christan schnideren — — —
dÿ hannis burgeren.
Jorg eyn scherer knett.
dÿ hanis czygelleren — — —
dÿ jacob bwdendorfferen — — —

1483. (p. 40.)

Nicolaus lamprig tenetur ex parte vnius iuuensis 4 phunt wax vnd 4 emer wein vnd ff. 1.
[Item Cristannus alendach — — —
Item mester milger — — —
Item Mathias vngelich von der lungen wegen ist scholdich — — —]*)

1484.

Johannes Rasor soluit f. 4 in die philippi et iacobi ex parte juvenis sui melchior et tenetur adhuc phunt wax 4 vnd wein emer 4.

1484.

Stephanus alÿsch tenetur f. 2 ffunt wax 4 vnd emer wein 4.

Derselben Zeit mag angehören folgende Namenreihe: (p. 7.)

Sigismundus de megies.
Jo̅ns de burcia.
Merten allentag.
Simon aus der schlesia.
Jo̅ms von czopp.
Cristannus allentag.
Mathias von neppendorff.
valentinus de megies.
Simon von mitwÿchss.
Martinus de crona.
Leo̅nardus von mitwÿchss.
Cristannus von mitwÿss.
Steffanus de cibinio.
Jo̅nis de cibinio.

*) [ ] spätere Schrift.

Laurencius frig (feng)?
Petrus de cibinio.
Ambrosius de bistricia.
Andreas de cibinio.
Sigismundus de Kirchburch.

Kaum später setze ich auch die Notiz auf dem ersten Umschlagblatte:

Item von der stroffng wegen von vnserer herren wegen von lewen vegen, das hat vnglich son ku— —

Item ven dem gessvoren montag van der gebot vegen das darnoch hat ir encn hund gemacht vnd hat das haws worsmel des vaters den mir euch gege han vnd seÿt gegaen en das cluster, dar nach hat ir owch nÿt lassen genuchen vnd hat dÿ jungen den mesteren off gedriffen, darnach ir enen bunt gemacht ver nicht mit euch helt der sal irless sein, Dar nach hat ir her Lůrencz sein vort och gewant off das erichst, Dar nach hat ir gesprochen das mir ewch hetten gedreÿt czu fven vnd darem seyt ir gewichen en das cluster, Dar nach seit ir gegaen czu dem burgermester vnd hat iber vns geclat das mir evch wolden verdriben von der stat.

Ebendort:

— senk tenetur denen meisteren — —jacobs tag ein kwff weÿn — s seinem keles vnd nicht den leychsten sunder den besten.

Item von der hwt wegen es ist an vallin von bwlkwsch.

Aus dem Original in der Hermannstädter Schneiderzunftlade.

XXVI.

Namen von Orten, Landschaften, Völkerschaften, Personen, Flüssen, Bergen, Flurtheilen, Geräthen &. &. von 1463—1465.

1463. Wydenbach. Cod. Cap. Barc. minor.
Petrus Greb fil. condam Anthonii Sander
Johannes frÿschÿson.
Paulus dik.
Wÿs Mathis.
Johannes Mẘsch.
1464. Thomas Hawzer. Wittstock.
Christiannus Rod. Cod. Cap. Barc. minor.
Johannes Rẘdel de Corona.

Jeronimus Rewchin.
Petrus Rewel.
Burchhals.
Swarczgus.
Fluvius vulgariter Gesprengk.

1465. Martinus Byro. Wittstock.

XXVII.

Aus der Rechnung des Hermannstädter Bürgermeisters Nicolaus Rwsse.

1465.

1. Hermannstädter Stuhlsortschaften:

Grosschwren, Grosschw̃ren.
Rodenbergh, Rodenberg.
Hanebach.
Stolczenburg.
Cleynschwren.
Schellenberg.
Homorsdorff.
Newndorff.
Burchperg.
Neppendorff.
(Insula christiana.)
Dalmen.
Rwzdorffchen.
Fryk.
Gerardsaw.
Chekethe.
Westen.
Helta.
Castenholcz.
Bongarten.
(Villa Walachicalis.)

2. Sächsische Personennamen:

Nicolaus Rwsse.
Johannes Schuster.
Anthonius Henczman, Thonyg henczman.
Körstym Kwncz.
Michael Smet.
Hupperius Gross.

Körstym weymber.
Thwms wollff.
Cristel Thrynes.
Paulus Treyster.
Johannes Gerlach.
Andreas Gros.
Blasius Fabri et Geysler.
Martinus Speck.
Andreas hyroz.
Seruatius Murer.
Johannes Burchperger.
Clos valentinus.
Michael zydel.
Johannes Knopps.
Johannes Menert.

Aus dem Original (Papier) im sächsischen National-archiv Nr. 237.

XXVIII.

Aus

Registrum bursae Cracoviensis Hungarorum nunc primum ex autographo codice bibliothecae Cracoviensis editum (per J. T. Müller) 8. maj. Budae 1831.

1465—1495.

1465. Michael de Sches.
Symon de Reppes.
1470. Johannes de Slatna.
1471. Casper de Olszna.
1478. Johannes de Ruppis.
1486. Georg de Hedculsdorf.
Melcher de Legnicz.
1487. Christannus de Castro Schesz.
1488. Matheus de Eulembach.
1489. Stephanus de Szeyszpork.
Georg de Mertynsdorf.
Christianus de Molynbach.
1495. Christannus de Basna.

Aus einer Abschrift Rosenfeld's.

XXIX.

Der Hermannstädter Rath gestattet der dasigen Schusterzunft die Erbauung einer Laube auf dem kleinen Ring.

Hermannstadt, 14. *März* 1466.

Wir Petrus greb, Burgermeister, Ladislaus Henlin, sonst zugleich Burgermeister, Nicolaus czigler [1]), Bartel Hutter, Martin Romser, Jörg schneider [2]), Benedict Fleischer [3]), Steffan Maler [4]), Leonhardt Jung, Kirschner [5]), Petrus Fibes, Nicolaus goldtschmidt [6]), Joannes Flaschner, vnd Lodouicus Nürnberger, geschworen Burger [7]), auch Bartolomeus Maler, Hon [8]) der Hermenstadt, Thuen zukundt Hiemit den iczigen vnd Hernachkunftigen: Das wir, die wir als trewe vnd ware officirer [9]) vnd Amptleut [10]) diser Hermenstadt, von Amptswegen, verpflicht sein, den gemeinen Nutz vnd Stande [11]), diser Stadt, in allen sachen, so weit vns muglich ist, zu fuedern, aus wolbedachtem reuffem Radt, vnd sonderliger bewilligung vnd gutdunken der ganzen Erbaren gemein [12]) diser Stadt, auf anhalten vnd fleissige bitte der Ersamen Männer, aller vnd ieder maister der Schuster, diser vnserer Stadt, so vns destwegen gelanget ist worden, ihnen dises gunstigklichen haben wollen vergönnen, vnd nachgeben; Ja vergönnens u. gebens ihnen hiemit nach: das dieselben Maister der Schusterczechen, czwischen des Ersamen weilandt [13]) Petri Mulners [14]) vnseres Stadtgeschwornens [15]), itzt aber des Erbarn Manns Andrei schneiders vnsres mitburgers behausungh, auf dem kleinen Ring, diser Stadt, bei den Fleischbenken [16]), vnd zwischen der löben [17]) oder gebew, in welchem man das weisse Brot [18]), auf demselben kleinen Ring, feil zu haben [19]) vnd zu uerkaufen pflegt, der Kirschner [20]) Löben zugericht vber gelegen, eine Löbe oder Baw, irem Handtwerk [21]) zu gutt, in welcher löben oder Baw, sie alle dinstag [22]) vnd Jarmarkt, aus sonderer Freiheit [23])

---

[1]) Zyglewr.
[2]) Sartor.
[3]) Carnifex.
[4]) Pictor.
[5]) Jung dictus pellifex.
[6]) Aurifaber.
[7]) Jurati Consules.
[8]) Villicus.
[9]) Officiales.
[10]) Provisores.
[11]) statui.
[12]) Communitatis.
[13]) condam.
[14]) Mŵllner.
[15]) Consilij nostri Jurati.
[16]) Macella.
[17]) lobium.
[18]) albi panes.
[19]) vendicioni exponi.
[20]) Chocho Pellificum.
[21]) artificio.
[22]) ferijs tercijs.
[23]) speciali prerogatiua.

ire schuch vnd arbeit, feil haben, verkauffen, vnd darinnen frei bestehen mögten, bawen, Mawren, vnd zu Ehren vnd Nutz diser vnserer Stadt, vnd irer eigner Notturft, aufrichten möchten vnd solten, Inen nemblich der benenter Schuster Czechen Erbaren Meistern, den iczigen und zukunftigen, one einigen czins [1]), so fillelcht diser Stadt dafon kunftiger Zeit, mit waserlei gestalt, czu stehen möchte, hernachmals zu Ewigen Zeiten, Inzuhaben, zu behalten, vnd zu besiczen: Dises auch hinczugeseczt, das gar kein einiger diser Stadt Schuster, so ausserhalb der czechen ist, nit sol ausserhalb derselben Löben oder gebew, weder am Wochenmarkt [2]), noch Jarmarkt, seine schuch oder einigerlei arbeit, macht han feil zu haben, vnd zu uerkauffen, in keinerlei gestalt, bei straffe, wegnehmungh [3]) derselben; vnd vber dises, vergönnen wir vnd geben nach, in Kraft dises vnsern brieffs, das dieselben Schuster solche Löbe oder gebew, mit thür'n, schlossen, vnd anderm geschlies [4]), so dazu Notuendig were, sollen versorgen vnd haltenn, damit nit In, oder aus derselben Löben, etwas vbels vnd vngebürliche [5]) suchen, bei der nacht [6]), mit einigerlei gestalt, gescheen möge: Welches vnsern vergonnens [7]), zu vrkundt vnd steter bekreftigungh, wir disen vnsern ofnen brieff, mit hieunden angehemgtem gewönlichen [8]) grossen Stadtsigil verfertigt vnd bekreftiget, inen hieruber ausgeben [9]) haben. Datum den Freitag [10]) nechst för dem Sontag Latare Hierusalem etc. Im Jar des Herren Aintausent, fierhundert, sex vnd sechzigh.

Aus der Bestätigung vom J. 1587 in der Hermannstädter Schusterlade, abgeschrieben durch Reschner. Dieselbe Urkunde in latein. Sprache, auf Pergament mit hängendem Sigel, befindet sich ebd. Nr. 18. Die Uebersetzung gehört nach Sprache und Interpunktion noch dem XV. Jahrhundert an; ob sie gleichzeitig mit dem Original sei, kann nicht behauptet werden. Aus dem letztern sind einige Ausdrücke in der Note entlehnt.

---

[1]) Census.
[2]) foris Ebdomadalibus.
[3]) permacionis (?)
[4]) clausuris.
[5]) illicita et inconuenientia.
[6]) tempore nocturnali.
[7]) annuentia.
[8]) autentico.
[9]) duximus concedendas.
[10]) feria sexta.

XXX.

Deutsche Feld- und Personennamen aus Schässburg.

1466—1500.

Tempore prioris patris fratris Georgii de Schelken*) prouidus et honestus vir Dominus Laurencius Mwssen Magister Ciuium huius Ciuitatis Schegeswariensis . . legauit vel prius consignavit Conuentui piscinam in Rewszentol sitam cum prato in pede montis S crucis.

Tempore prioratus Venerabilis patris fratris Marcj de Cassouia . . Muress Johannes . . vnum Calicem cum Missale conscriptum in paragameno protunc magno precio . .

Tempore prioratus Venerandi patris fratris Caspari predicatoris Generalis Anno 1.4.9.8. honestus et prouidus Cristoforus Gÿger . . . .
fundum piscine superiorem in pede montis Gelgeberg . .

Prouidus et honestus vir Franciscus Kolmis vna cum vxore . . . viij Jugera . . .
Item duo Jugera wlgo Vor den hasslen.
Item Vnum Juger. Czwissen den Heren.
Item duo Jugera czwyschen den hecken
yn dem Ryssentayl.
Item 1 Juger yn dem grudt vor des Junchkherren perg
langss dy hag.
Item Vnum Juger an Scharpatageratÿg.
Item Vnum Juger transpiscinam Vasszerbuch . . .

1.4.9.8. . . Casula . de Rubeo purpura Venecianus wlgo Swmeth **)

---

*) 1466 V. A. N. F. II. 416.
**) 1501. In der Vynchag (oder Vynckag) .. Besselsca bam.
" Damasahyt .. Swmeth.
1503. .. Aqua hyrias prope Dannes .. pratum a wlgo dictum der Ald Czeppen ... domus situata prope portam in descensu Castri versus Gröegr'tas ...
1511 (?) .. domus prope Balneum Stuban ..
1520. peesendorff.

Aus den in dem Chorgiebel der Schässb. Pfarrkirche im August 1859 gefundenen Aufzeichnungen.

XXXI.

Namen von Orten, Landschaften, Völkerschaften, Personen, Flüssen, Bergen Flurtheilen, Geräthen &c. &c. von 1466—1469.

1466. Petrus Greb magister Civ. V. nach Reschner. S. die vorhergehende Urk.
Ladislaus Henlini alias mag. civ.
Nicolaus Zyglewr
Bartholomeus Hutter
Martin Remser
Leonhardus Jung dictus
Petrus Fybes
Johannes Flaschnar
Lodovicus de Norenburga
Petrus Mẘllner
} jurati Consules.
lobium = Laube.

1467. Hondorf. T. aus Bibl. Telek. Nr. 1151. p. 143.
Rudal.
Agnetendal. T. aus dem Nat. Arch. 270.
Schenk.
Rẘppes.
Mwlenbach.
bros.
Lẘschkirch.
Rwzmarth.
Michael Kẘrsner.
Gregorius bach.
Johannes Groff Woiwode. V. nach Ballmann.

1468. Johannes Zabo. Wittstoch.
Laurencius panczel.
Antonius Pogner. A. Kurz, Nachlese. 38.
Rẘszdorffchÿn. T. aus dem Nat. Arch. 271.
Schellenberg.
Newndorff.
Hanebach.
Stolczenburg.
Hommorsdorff.
Grossschẘrn.
Cleynschẘrn.
Neppendorff.
Burchberg.
Gerardsaw.
Dörren (Törnen).

Rodenberg.
Grossaw.
Castenholz.
Bartholomeus hutter.
Nicolaus Zyglewr.
Bartholomeus Moler,
Bartz Osvalden.
Petrus Thanhewser.
Stephan Thot.
Matheus Reÿntsch.
Michael Lőcz.
Johannes Lang.
Thomas Mawrer.
Andreas Gross.
Valentinus Schÿffbőmer.
Johannes Schuster.
Paulus Freyst.
Georgius They.
Michael Renolt.
Johannes Holber.
Thůnis Schenner.
Andreas Hyrcz.
Petrus Mone dictus.
Georgius Gras.
Bartholomeus Gylg.
Körstgyn Koncz.
Johannes Gerlach.
Thůms Schen.
Hans Weczenbrot.
Hans Emerlich.
„Item der kůffer von der Helten dedit fl. a. C.

1469. Rewsdywrf. V. nach Reschner.
Holczmenia.
Michael Zydel villicus in Heltha. V. nach Reschner.
„vallis, quo in lingua Saxonica Bothnsyffen vocatur" in einer Heltauer Gränzurkunde. V.
Methel Rwk. ebd.
Radundal. T. aus dem Nat. Arch. 308.
Messendorff.
Bros. T. aus dem Nat. Arch. 288.
Wyncz.
Georgius Thwrnhůtter.
Michael Omlescher.

„semellas pro domino nostro Rege pro fl. aur. 1.
stryczel.
Item den Bogenschwczn von der Herrn geboys ff. a. 1.“
petrus Kaszig. A. Kurz, Nachlese. 38.
Stephanus Tewrl.

XXXII.

Die Hermannstädter Weberzunft theilt (der Mühlbächer) ihre Handwerksgerechtigkeit mit.

Hermannstadt, 28. August 1469.

Vnszeryn frunllichen grwaz vnd alles gwttes zcuvor erber Mester gwtte frynde vnd besunder gwtte gynner Ewr botschafft dÿ ÿr vnsz entpotten hot mit ewren mesterÿn dy haben wir wol vornomen vnd haben sy ewch frunllich vnd gwllich awff genomen, alzo ÿr denne begerende seyt vnszer Czechen gerechtikit, vnd ewch gedemulicht habet kegen vnsz vnd darwme, alles das wir ewch darwme gedÿnnen mögen das willen wir mit ganczem Fleisz thwn vnd vorbrengen noch vnszerm vormegen vnd danken ewch ewr botschafft, ÿn deme do ir ewch vnsz vnd vnszer Czechen gefallig vnd vndertennygk, macht, vnd ÿn der Czechen geborszomkith ewch erbittith vnd darwmb Erbar meÿster wer nw ÿn dÿr Czechen adyr yn andiryn Czechen ist byllich sullen awch dyselbigen wiszen der Czechen gerechtikeyt So swlth yr wiszen zcu dem ÿrsten mol, das der mester gerechtikit yst Item welcher sich vorendyrt adÿr mester werden wil ader sust eÿn fremder czwÿschen vnsz queme mit seyner zwcht zo sal her der czechen nyderlegen iiij gulden iiii eÿmer weÿn, iiij pfunth wachs, ij gulden boreÿth czu den, andern czwen gulden off eÿnen genanthen tag noch der mester erkentnÿsz Item wen eÿn leÿch ÿst yn der czechen zo sal eyn ÿder mester do seyn, Ee denne man dÿ leÿch awsz dem hawsz treth, beÿ eyner pene 1 pfunth wachs, vnd yst ys eyne groszze leÿche so sal ÿder meyster zwir tzu opper gan yst ys ader eyn kleÿne zo sal her eyn mol czw opper gan, bey eyner pene ader bwszze 1 virtil wachs Item welch leer Junge off genomen wirt, [der sal geben ij gulden iiij emer weÿn, iiij pfunt wachs] *), vnd alzo ver das der selbige Junge sal seyn von elichem stammen Item derselbige

---

*) [ ] alt, doch nicht gleichzeitig gestrichen.

Junge sal dynnen IIIj Jar vnd welch mester dy gerechtikit wyder redden welde adyr nicht halden weld der sal den anderyn mesteryn nicht gwt genug seyn vnd seyn brollynge ader dyner dy ym czw der selbigen czeyt arbeiten off dem hantwerch zwllen awch nicht arbyten czwyschen vnsz Item welcher eynes meystersz son yst adyr eynes mestersz tochter nympt der hat halbe czeche Item welcher knecht hot leren arbyttyn awszwenig der czech der zal sich rychten mit den mestern yn dem stule vnd ab her das nich welde thwn zo sal her keyn arbyt czwyschen unsz haben Vnd darwme erber mester yczund das man dy czech recht halde zo sal man mer merken vnd sult virbasz keynen bryff awff nemen der nyt das sygel hot das yr awff dyszem bryff werd sehen do vnszersz hantwergs geczewge off steet Item awch wist merab vorbasz yndert eyn mester by vnsz by ewch befunden wirt der dem anderyn seyn gesyngd awff wyrd reden der selbig by ewch ader pey vnsz sal gebwst werden vor eynen gulden wachs vnd darwme erber mester yczund tzu dyszem mol ewch nicht mer vorschreyben von vnszer czechen gerechtkyt sunder wol got czu anderen czeyten wir eyner den andern basz vnderweyszen willen yn eren vnd yn fryntschafft awch alle artikel vnd stwke tzw schreiben wer ys der mossen eyn wenyg vordroszlich, do mete seyt got befollen vnd marie seyner liben mutter gegeben yn der hermestat an send augustinus tage des lerersz Anno domini millesimo cccc° sexagesimo nono

Von vnsz Czech mestern vnd eldesten vnd von andern mestern der weber Czeche aws der hermestad ewren fryndch vnd gwtten gynneryn

[Item, dy gewonhayt In der Hermanstat, so man ayn lerknecht auff nymbt auff das Hantwergh der leynbewat, so sol er geben IIIj gulden IIIj Emer weyn vnd IIIj pfundt wachs, vnd sol auch volkomlich dyenen IIIj ganze Jar.

Item So sich ayner aus eynem dorff wil zwischen dy Mayster der Czech yn dy Stat ziehen vnd auch das Hantwerg arbeytten so sol er auch geben dy IIIj gulden IIIj Emer weyn vnd IIIj pfundt wachs, als eyn lerknecht vnd auch daruber seyn gerechtikeyt In dy Czech als dy andern mayster nach Handwergs gewonhayt.] *)

Pergament 20" hoch, 13" breit. Von dem unten aussen aufgedrückten Sigel nur Hitzspuren noch kenntlich (?). Ohne weitere Aufschrift. Aus dem Orig. in der Weberzunftlade in Mühlbach.

---

*) Nicht dieselbe Hand doch fast gleich alt.

XXXIII.

Glockeninschriften von 1470 und 14..

helf got maria berot ao mccccclxx

Dritte Glocke in Nadesch.

maria bit dein kint vor uns

Grösste Glocke in Deutsch-Pian. Den Schriftzügen nach dem XV. Jahrhundert angehörig.

XXXIV.

Namen von Orten, Landschaften, Völkerschaften, Personen, Flüssen, Bergen, Flurtheilen, Geräthen etc. etc. von 1470—1472.

1471. Mikesdorf VA. II. 152.
Schellenberg. V. nach Reschner.
villa Nepponia.
purgperg.
Kastenholcz.
dalheym.
Dobrica.
Reycha.
Wencesłaus de Dresden in Cibinio Capellanus. V. nach Reschner.

XXXV.

Gesuch an die Bistritzer Richter um Ausstellung eines Geburtsbriefes.

Schogen, 22. Juni 1472.

Meyn fryntligen grws wisset czv vor liber her Jerig oyben das ich frys wnd geswnt pyn von den genaden gottes des almechtigen wnd ich ewch gerne von euch wnd auch von den eyeren gerne wolde heren [wisset das] *) lyeber her ich thw

*) Beide Worte im Originale durchstrichen.

euch czw wissen myt dysem gegenwertigen bryeff wnd sayt fleyssyklich gepeten von maynen thegen *) das yr dem gesellen wellet beholffen sayn wnd ym aynen bryeff auss richten von saynen alteren wen worum **) her hot ler Jar gedynet awff dem gergerwerg wnd her holt dasselbige ausz gedynet wnd ym dy mester kaynen brieff wellen geben swnder her mües vor haben von den elteren cynen bryff wnd was yr wyder wert von maythegen begeründe sayn das wil ich willichlichen thwen wnd beret czw aller czayt damyt vil gůtter nacht Gegeben aus der Czogen***) om monteg on X tawsent Vetter tag In dem M°ccccolxxη°

Johannes Rymer
eyer ffryent.

Adresse:

Dem Ersamen wnd waysen hern Jerygen eyben †) Rychter von Nesen saynem gyner wnd frynd szal der bryef.

Nach einer, dem im Bistritzer Archiv aufbewahrten Original entnommenen, Abschrift H. Wittstock's.

XXXVI.

Der Rath von Suczawa bekennt ein Zeugenverhör über eine Zahlungsforderung eines Suczawaer Bürgers gegen einen Rodnaer (oder Bistritzer).

Suczawa, 15. Juni 1473.

Mir (oder Wir) grof vnd geschworene Bwrger der Stat czaczoze Bekennen effentlichen mit diszem vnserm brife, wy das for vnserm gesnssene rat person'lichen stwnd der erber manne anthoni bieler vnser mitte woner czeger disis brifes vnd hat her for vnsz egeszebene rot gerwffen dem erber manne Niclos Flescher Michel Hobdang vnd peter pampos, vnd haben zÿ ajn bekant wÿ das man zal beÿ seyn gewessen bekennen azo haben zÿ beÿ iren gewessen eyn bekant wÿ das in ene zet het Capp (?) schneider guttes gedewchtnis in enere hant besolt xxil zom gutte fisch czw getrewe hant azw das zÿ zaln dÿ fisch czw nesen (?) forkefen wÿ besser das zÿ meohten vnd wer baeben zÿ komen Michel Czopperer (oder Cropperer) vnd

---

*) Für maynentliwegen; weiter unten maythegen.
**) Begründende Verbindungspartikel.
***) Schogen.
†) Dieser Georg Ayben erscheint schon 1460 als Richter in Urkunden.

het dÿ fesch forfangen. markende das dy fesch gelden wel vnd hat dÿ fesch nicht wellen lossen bas in dÿ stat ober her hat dÿ fesch czw rodna apgeladen vnd haben zÿ ajn bekant wÿ das dÿ fesch haben gegolden me wie 1 vngrisck fl. vnd czw orten vnd haben zÿ ach ajn bekant das Michel Czopperer (oder Cropperer) het ÿm angegeben lxxv hvngrische fl. vnd der vngrische golden het gegolden iiij h..dnische golden dorumme zo bitte wir ewr erzamkeit fleiseclichen das gerwchet Ir czw helfen zeyn (?) oder nicht helfen dem vnszerm mitte woner azo das ÿm mochte dÿ bezolung noch folgen als das thut em vnsert wellen als wir wellen em ewcb — andern — tag vnd nacht tkwn Gegeben (oder gegen) af der czooze feria 3ª post festum trinitatis Im jar Tausent frhwndert lxxiij°

Nach einem, dem im Bistritzer Archiv befindlichen Original (Papier) entnommenen, dem Verein für siebenb. Landeskunde gehörigen, Facsimile Berger's.

XXXVII.

Artikel der Klausenburger Goldschmiede.

Klausenburg, 25. October 1473.

Synt dewmal der werlde saczung aber beschlüssung 1
gantcz czustorlich ist. Vnd durch kwrcze dos leben der menschen dy gesacz vnd ordenung dy yn eyner Czechin aber gemeyne beschlossen vnd geordenirt werden Komen gancz awsz den gedanken vnd vorgeslichkeit der menschin. Dorumb hat das dÿ vorsichtige zorgfeldikeit des menschlichin geslechts wal betracht vnd bedocht, das dÿ dyng vnd gesatcz dy beschlossin vnd geordint werden czw eynem offenbarin nutz, off dy selben widirumb vndirdruckt abir czustörit werden, Abir mit hÿndirlistigen wedirsporrigin wörten abir werken czw ewigen geczeytin nicht wedirczogin noch wedir redlt mogin werdin. Das dÿ selbigin gesacz vnd ordenungin mit prÿflichin hantschriffien besorget befestiget vnd beschribin sollen werdin. Dorumb
Wyr Johannes Zegin Rychter, Ambrusz dyag. Jacob zeisch. Sabo Georg. Petir Bwda. Czyssar Petir, Johannes lamprícht. Martinus golschit. Miclossy Jacob. Cleyn Michil. Marcnss Janusz. Michil schörel. vnd Peter Sattler. Gesworne Purger der Stat Clawsenparg. Geben czw ewigen gedechtniss, allen

den, dẏ dasin prẏff seben hören abir lesin. Das vor vns
2 komen seyn dy vorsichtigin vnd weyszin Meyster des | Loblichen Hantwerg der goltsmit mit namen Andreas Hannscherl, Petir Zömer, Michil Goltsmit vnd Paul Goltsmit, vnszer obegenanten Stat mitwoner, vnd haben vnd gelangt vnd gegeben, etczliche register, dorin beschrebin worin, dẏ gesatz artikel vnd ordenung der obgemeltin czechin vnd hantwergs der goltsmit. Als sy denne gehalden werden yn allen koniclichin steten des gauczin königreich von hungern. vnd sundirlich ye dem lande yn Sybenbürgen gehalden werden czw eynem löblichen offymbarin nütz bys awff dy czeyth, vnd nw vnd czw Ewigin czukunftigin czeyten sullen vnczustörlich gehalden werden. welche saczung vnd ordenung, dy Meister des obgenanten hantwergs, czw eynem gemeynen nütcz vnd ere deszir Stat eyntreohticlichin beslyssende auff genommen haben czw sterken vnd behalden. Dorumb

haben sy vns angelanget mit gar fleysslicher bethe, das wir dy solbigen gesatcz artikel vnd ordenung, von wort czw wort yn eyn prẏfflich hantfeste wolden lassen beschreẏben. Off das sy dy gesmeyde von pwrim golt vnd awa lawterem feẏn Zẏlber gewalt haben czu machin. gleẏcherweẏs als ander meyster ẏn allen koniclichen steten haben. Alzo wir
3 denne geschen | vnd vornummen haben, das er gebet billich vnd beqweme ist. Ausz sunderlichir gunst vornunfft vnd vndirweẏsung, haben wir sẏ erer bethe beczweyget vnd habin ẏn ere gesatcz vnd artickel awsz eren registern dẏ sẏ vns haben gelangt lossen beschreyben yn dy wort.

Czw dem ersten das keyn beflechter adir bekrẏschener adir meynediger, yn dy Czeche abir hantwerg der goltsmide nicht zal off genomen werden. Zundir her zal haben eyn erlichs vnd löbelichs lob. Alzo das her sey gepom recht vnd redlich, von erlichin fromen eldern, beyde von vatir vnd muter vnd doro̊bir zal her brengin prẏfflich geczewgnis. Item her zal seyn befundin das her seynen meyster mit geborzam fromlich vnd erberlich vnd allen andern meystern gedynet habe von anfang seyner lere bys czw dem ende als denne der czechin recht vnd gewonheit awszweyszet. Item czwene meyster vnszers hantworgs sullen getrewlich bey erer gewysset das Golt vnd Zilber, vnd ouch dy gesmeyde dy daraws gemacht werden beschawen. off das, das den meystern nicht eyn schade ader vngerecktikeẏt, vnd dorczw der Stat eyn smoheit ader schande nicht czw geczogen ader an-
4 gelegt werde. | Item keyn meyster zal nicht gethorren falsche gulden pessern ader vorgulden, Ouch zal keyn meyster das Golt kewffen, das von den gulden abgesnetin wirt. Item keyn meyster des hantwergs der goltsmit sal mit nichte das

hantwerg über fyrczehen tage awszwendig der czechin arbit-
ten. Bys her der czechin gerechtikeit irfüllet, als dy saczung
vnd ordenung der czechin awsweysein. Item keyn meyster
zal mit nichte keyn golt adir Zilber das gestolen ader ge-
rawbit ist wisslitlich kewffyn, Sunder was gesmeyd eynem
heymlich durch eynen dŷp ader rawber czw getragen wirt,
Das zal her durch warnung den meystern künt thwn, off das
das gesmeydu nicht vorbrawcht werde, ab ŷs man suchin
würde. Ouch wellen wir das dy obgenanten artikel mitsamt
allen andern satczung vnd ordenung dy dy vorgemelten mey-
ster yn yren pwchern haben beschriben. sterclich vnd festic-
lichen vnvorrucket als man sy yn andern küniglichen steten
helt, gleycher weysze ouch von vnszern meystern sullen ge-
halden verden, Dorumb wir obgenanten Richter vnd geswo-
ren purger, haben lossen noch folgen, dy vorgenanten clau-
seln. artikel ordenung saczung. der vorgemelten czechen, vnd
befestigen sterken vnd bestotigin sy off das, das dy selben
ouch | nw fwrttan in vnszer stat Clawszenpur sterclich sul- 5
len czw ewigen czeyten behalden werden. vnd dorumb zal
keyn meyster ade geselle do wider nicht thwrrin geredin noch
thwen. Ab den yrken meyster knech ader geselle, mit sey-
ner oppikeyt ader ausz seyner gelhŷrsukeyt frefflich, mit wor-
ten adir mit werken wider vnszer saczung oder ordenung
off leynen adir widirsperrin wolt. So sullen dy czechmeyster
dy selben vorachter der gesetcz, noch dem als den ere ge-
setcz vnd ordenung awszweyst, yn eyner bequemer busse
strawffen vnd bwssen, mit vnszer crafft gewald vnd macht dy
wir ŷn volawen haben vnd czw ewigen czeyten voleyen. Des
czw eynem ewigen gedechtnis vnd sterker befestung haben
wir vnszern prŷff mit dem anhangen grossen Sygel vnszer
Stat den obgenanten czechmeystern der Goltsmid lossen ge-
ben. Gegebin czw Clawsenpurg am montag vor der heyligen
czwelff boten Symonis vnd Jude tag Im dem Jare als man
schreybet noch Cristi vnszers Herrin gepurt Thawszent fyr-
hundirt vnde drey vnd Sebinczig Jar.

Aus der, einer gleichzeitigen Abschrift — Perga-
ment in Büchleinform, 4 Bl. von 7½" Länge, 5" 5'"
Breite — in der Zunftlade der Klausenburger Gold-
schmiede entnommene Copie Gustav Seivert's.

XXXVIII.

Namen von Orten, Landschaften, Völkerschaften, Personen, Flüssen, Bergen, Flurtheilen, Geräthen etc. etc. von 1473—1477.

1474. Sigismundus plebanus de Salisfodino. V. nach Reschner.
Blasius Knopf oder Knoff.

1475. Andreas waal. Schässb. Arch. 14.
Michael Cremer.
Georgius henninch.
Nicolauz Josth.
Nicolaus orthyl.
Coorgius tharller.
Petrus Nize.
Martinus Kallamisch.
Anthonius Blom.
Martinus Schenker.
Ladislaus welther.
Michael Trwsch.
„agri wlgo Heem appellati."
Thomas Altenberger *) V. nach Eder.

1476. Valentinus Hyncz **).
Stephanus Budner.
Johannes Goes.
Georgius Wener.

1477. Löschkirch. V. nach Reschner.
Rupes.
Ruszmarkt.
Broos.
Schenk.
Petrus Hochmester villicus.
Caspar Böll, Michael Markell, Georgius Thaediger } jurati de Kapus majori.
Thomas Altemberger Mag. Civ. Cib.
Laurentius Haan Judex Regius.
Stephanus Croner Judex Reg. Sed. Broos.
Bartholomeus Hutter.
Johannes Borger jurat. Consul Urbis Cib.

---

*) 1486: Althemperger.
**) 1478: Hyrcz.

Michael Richart villicus
Valentinus Dumling
Sigismundus Pilgram
Rammer
Bartholomeus Ungermann
Johannes Wallmann
} de Capus majori.

Raymundus Episcopus titularis de ipsa Abbatia Kercz. V. nach Reschner.

Schesburg. A. Kurz. Nachlese, 38.

XXXIX.

Aus der sonst lateinischen Inschrift am Taufkessel in Klein-Schelken von 1477.

Ihesus Christus hilf vns.

XL.

Namen von Orten, Landschaften, Völkerschaften, Personen, Flüssen, Bergen, Flurtheilen, Geräthen etc. etc. von 1476—1491.

1478. Helthav. V. nach Reschner.
Bartholomeus Schonkabonka civis Brassovlensis.
1479 Eppendorff. Hermannst. Cap. Arch. 6.
Eltha. V. nach Reschner (Woiwodal-Urkunde).
1481. Gregorius Slevving Pleban in Colosvar. V.
Johannes Dwer. T. aus dem Birth Superint. Archiv.
Johannes Kraws.

XLI.

Petrus Ber berichtet von Hermannstadt aus über den Erfolg einer zum Woiwoden unternommenen Reise an den Kronstädter Rath.

Hermannstadt, 6. *März* 1481.

Fursichtigen Ersamen Hochweysen sonnder gunastigen Herrn vnnd Frewnnd Mein gar frenntlich willig Dinst ewr weyszheit vor bereit voran lieben Herrn Als ich nagst von ewr woyszheit in pottschafft vnnd mit bevelch Her in die Hermanstatt abgefertigt pin als füg ich ewr lieb zu wissen das die Hermenstett ein Irn geschworn purger mitsampt mir zu vnnserm Herrn Weiden geschekt Alda vor sein gnaden des nachfolgend meynung entleckt haben des ersten von wegen des wegs von der prachen Hat vnns sin gnaden nicht freyen noch zetben gestatten wellen. Des Burggreven halben ist vnns von sin gnaden geantwurt worden. Was gut der Bruggreff genommen hab sölle alles pey verlirhung seins Hopts vnnd seiner gütter wirderumb gegeben werden nach lut siner gnaden brieff dann von wegeun d phanndung der von Schöspurg etc. thu ich ewr weyszheit zu vernemen das der Burgermeister vnn kunigsrichter von Schöspurg paid vnnserm Herrn Weyda gewest vnnd sein sollicher phandung nicht d, *) sonnder haben vor sein gnaden geredt vnnd auffgenommen das solch phanndung von In noch den Irren nicht bestechen sölle etc. der Walachen halben hab ich nichtzit angepracht vnnd das darumb vermitten das ich besorgt wa ich solches sin gnaden anprecht vnns mecht beschwerde davon komen Also sin gnad mechte ewer weyszheit pietten die Walachen lanng vff ewr costen zehalten etc. Min Herrn Hm (?) vnnd Ich Haben och mit dem Jörgen ystwannen von wegen der Mawt yn Wascharhl vur vnnserm Wüden geledigt, das ewr furehin daselbs kein Mawt mer sein noch genommen werden sölle das wellet ewren purgern vnnd kawfflewten ze wissen thun lieben herrn, ewr weyszheit hat vormaln vnsers herrn Weyden Canntzlern ein Erung mit einem Teckhltuch zugesagt das ich Im nw weitter versprochen hab von wogen der ietzigen brieff Solch teckhltuch für η oder η guldin wellen im verEren vnnd Erst es gesin mag zu senndon die ander Bevelhnus findet ewr weyszheit in den brieffen die ich ew hiemit zuschicken damit seit gott

---

*) Von Schnell undeutlich geschrieben.

bevolhen Datum Cibinij feria tertia post dominicam Esto mihi Anno domini etc. octoagesimo primo.

Ewr weyssheit mitgeschworner purger
Petrus Ber letz zu d
Hermanstatt.

Aufschrift aussen: Den Fursichtigen Ersamen vnnd Hochwevsen Herren, dem Richter vnnd geschworen purgern der Statt zw Cronn meinen sonder gunastigen lieben Herren vnnd gutten Frewnden.

„Das Orig., im III. Bd. der in neuerer Zeit gesammelten alten Schriften im Kronstädter Stadtarchiv, war mit grünem Wachs gesiegelt und ist mit der Jahrzahl 1481 in neuer Zeit bezeichnet. Die Schrift ist klein gothisch cursiv." Friedrich Schnell, nach dessen an den Verein für siebenb. Landeskunde übersendetem Facsimile der vorliegende Text sich richtet.

XLII.

Der Amtseid der Rathsherren von Hermannstadt.

1481. (?)

Ich N swer Got und der Kwnigin Marie und allen lieben Heiligen das ich unserm allergnedigsten Hern dem Kwnig und der heiligen Cron in allen meinen rethen gehorsam und getrew wil sein auch diser löblichen Stath er nwcz und Gerechtichkeit suchen wil nach allemm mein Vurmugen dem frevnden als fremden armen reichen gerechtichkeit nach mein Verstennis thun wil vnd daran nicht an wil seen frewndschaft gewinnst oder gaab Wyttven vnd vesin die besunderlich mir befolen will lassen sein nach mein vurmugen in ir gerechtichkeit des ersamen rathes heymlikeit nicht offenbaren wil anders wen do is czymth. Also war helf mir Got al lieb heiligen.

Aus der durch den Hermannstädter Bürgermeister und Königsrichter Magister Thomas Altenberger 1481 veranlassten Sammlung des Nürnbergischen, Magdeburgischen und Iglauer Rechtes (Pergament-Handschrift in Fol.), welche ehemals einen Theil des Hermannstädter Stadt- und Nationalarchivs bildete, später aber nach längerer Verschollenheit in die Baron Bruckenthal'sche Bibliothek gekommen ist. Vgl. Seyvert im ungrischen Magazin I. 169 f., woher auch der obige Text genommen ist. Die Eidesformel findet sich auf der letzten Seite der Handschrift unter dem Bilde des gekreuzigten Heilandes, zu dessen Seiten die beiden Marien stehen. Das Stadtwappen von Hermannstadt bildet den Schluss des Ganzen.

XLIII.

Aufzeichnungen des XV. Jahrhunderts im Hermannstädter Schneiderzunftbuch Nr. 1. (Vor 1485.)

Liben herren das ir bevandert seit gevcist vnd hat ich bekevmert van der czechen gerechtekeit as ir begert hat van der jungen vegen das ir hat geret von der 2 golden nider czv legen in dij czech vnd sal dem mester gen 3 golden der einen leren sal vnd nit her sei nicht von im so sal hei ssey selbist geben vor den jungen in di czech.

Dar nach van en junger kwmpt in dy stat der da nicht hat gedynt da czegen gerechtekeit ist geveist den sal nimant holden her geb den czegen gerechtekeyt aso en ander junger hat getan der in der stat geleret hat.

Item der noch der sich vil sacen stechssen vns der sal das artificium beveissen der das nicht tet vnd vor lop sich vor hyn der ist vor vallen der czech 4 rotte golden dy boss.

Dar nach mir han der kant das ir scaden hat an irrer arbit an der Frawen mentel wechgen dj ir hat gegen czw dreit halffen golden vnd no wort velch mester der enen frawen mantel uer geit van vader 3 o golden der sal enen golden nider legen in di czech vnd dar is bevert virt.

Item velger der matterichten vil den sal den erberen mesteren darczu geczat seyn vnd das sey mev mit in han vnd ir vorsimens der sal den erberen mesteren 3 emer gutten veyn ader fennik for drev emer veyn.

[Item dy mester seyn czw zamen geweist vnd han der kant das czwyasen vas ist von den blechss sileien vegen mit dem bertellen milczwairial bertellen vnd mit rosen vnd mit blwmen das vor mal nicht mer sal machen vnd vo is feynt sey in der stat ader off dem lant vnd ver das machen virt nw fort mit der bůs vor enen gulden vas vnt das ist geschyt die dominica ante scizac (?) hominem.] *)

(Item ab en erber mesteren **)

Item das ist vnser czechen gerechtekeit vnd gevonebeit ab en erber mester stirb vnd das dan dy fraw begeren ver von den erberen mesteren czw arbitten en fyrdel jar nicht mer.

Item das ist vnser czechen gerechtekeit vnd gevonebeit ab endert en erber mester enen ler jungen het ab das her en ab seymung vol machen mit im das sal vorboden sein vnd ist vider czechen gerechtekeit.)

Aus dem Hermannst. Schneiderzunftbuch Nr. 1.
(nach Inhalt und Schrift älter als die Artikel von 1485).

Personennamen des XV. Jahrhunderts.

Michel schneider off dem Roch.
peter czöff.
Michel Osterreich.
Jacob von dalmen.
Hannis fwgeryscher.
lorencz von sida.
Symon schyder von mordys.
Hannis brot.
Jonis de reppes.
jörg salczer.
Schoder pyttors.

Aufzeichnungen des XV. Jahrhunderts.

Item wysson ir liben Meisteren alzo han is mene herren dy Meisteren funden von dyssem tag forth daz keyn fraw keyn sneiderwerck zal feil han is zy gra ader bla vnd her sal nicht mer feil han wen vj stück vnd was her über vj stück wirt feil han dem wirt ym nemen i funt wax zw dor kür od' waz her feil der zal is an eyn end feil han vud dar zwwerdya altz fyer meister ym geen vnd welchis streflich wirt seyn daz wirt ym is nemen.

Pag. 73.

Item was dy erberen meister aws habon geben von der czech.

Item von der czech wegen hab wir geben paul phefforsak in dy herfart fl. iij.

Item von der Czech wegen hab wir geben fl. ij.
dem Richter von den stokken vnd kerczen vnd beczalt haben wo wir schuldik sein gewest.

Die drei letzten Aufzeichnungen höchst wahrscheinlich (nach Schrift) schon von 1457.

Aus dem Hermannst. Schneiderzunftbuch Nr. 1.

XLIV.

Namen von Orten, Landschaften, Völkerschaften, Personen, Flüssen, Bergen, Flurtheilen, Geräthen etc. etc. von 1482—1484.

1482. petrus Zeokel. A. Kurz Nachlese, 38.
1483. Michael Polnar Nat. Arch. 407.
Pyen Saxonicalis. Piener Ortsarchiv.
Müllenbach.
Johannes Tengel.
Schennokh. T. aus dem Seligst. Archiv.
Agneten.
Seligerstat.
Schonperg.
Newrstadt.
Nicolaus pher.
Lucas szelder.
Nicolaus Herbarth.
Hans magk.
Tonig vernengel.
Stephanus Budner.
Herffers Andreas. Kisder Pfarrverzeichniss.
Nicolaus Lösch.
Petrus Rossner.
Hieronimus Kalmwsch.
Georgius Hennig.
Nicolaus Orthil.
Ambrosius Gebwr.
Georgius Essig.
hendorf. Hendorfer Kirchenarchiv.
Georgius Werner.
Nicolaus han.
„Michel Polner purgermaister". Inschrift in der Schässb. Bergkirche.
1484. Peter Stork. Senndorfer Kirchenrechnung.
Caspar wolff.
Blas tÿtez.
Iacob ulrich.
Clemen Czÿmerman.
Paul leupelt.
Iacob schedner.
Craus jacob.

XLV.

Schäsburger Kirschnerartikel.

Anno domini 1ꝏ8ꝏ (lies: 1484).

Item. Zu dem ersten wen einer in die Zech kumpt, so soll er geen vir gulden und ein mal. d. 64.

Item. Welcher der do leet freyen ee das er geschnytt, der verpust ij gulden.

Item. Dy kerzen auf Sanct Michels elter sal man anzünden zu yren Zeyten, zu der vesper und zu der metten und och sunst alle feirtag zu dem syngen welcher dasselbig versäumpt der verpust eyn pfund wax.

Item. Her sall die lichen tragen pÿss auf den echten und fürauss die vier jüngst mester und von welchem das versaumpt wird, der verpust η pfundt wags. Auch welcher mester die lichen versaumpt vor das dritt Haus der verpust eyn vierteil wags und och sall Her den Lichnam nachfolgen yn die kyrch und wieder heraus bis zu seynem Hauss der verpusst ein halb pfundt Wax — och sollen zwen die jüngsten mester das graff machen welcher das widerredt und nit will thun der verpust η pfundt wags.

Item. welcher mester arbitt mit einem auswelzigem der Zech, oder mit eynem gesellen oder mit einem andern der verpust eynen Zenten wags.

Item. Was ein mester kofft auf dem mark über ein ort eines gulden und kumpt ein ander mester darzu ee Her es bezalt, so sall ym tail geben, thut er das nicht so verpust her ein ort eynes gulden.

Item. Ob ein mester dem andern zuredet übel wartt oder ein hees legen das er es beweren mag, der verpust 4 pfundt wax.

Item. Ob ein mester etwas hatt zu verkoffen und geb es einem Fremden auf dem mark zu tragen zu verkauffen der soll zu puss geben was er gibt zu verkauffen.

Item. Welcher mester zucht auf ein Jarmark und bofft kwrswerck und wolld das unter der loeben feel han also her es thut so verpust her eynen gulden.

Item. Auch soll keyn mester an zwen steten feel haben under der löben, thut er ys so verpust her 1 gulden.

Item. Welcher mester wollt neu gesez machen mitt dem gesindt es sey mit gab oder mit trinken oder mit schenken oder mit dem lon der verpust och eÿnen gulden.

Item. welcher mester dem andern das gesindt abhendig macht der verpust och einen gulden.

— —

Item. Auch soll kein mester keinen kirschnerknecht nicht holden der eynem andern mester gearbeitet hott, her soll denselben mester begrüssen, wer das nitt thut der verpusst zwe pfundt wags.

Item. Ob auch yndert eyn kirschnerknecht hatt geltt aufgehoben auf arbaitt und hett ein Zeytt versprochen denselben kirschnerknecht sall keiner sezen es sey denn mit demselben mesters willn, der wider das thutt, der verpust einen gulden.

Item. Welcher mester einen Jungen lernet der geb in die Zech 4 gulden, und zwen emer wein und iij pfundt wags, wenn er den Jungen bey ym hatt vierzehn tag, so soll er der Zech gerechtigkeit nyderlegen, und auch wenn er den Jungen dingt, so soll her wissen, wer der Jung sey, ob her von frummen leitten sey oder nitt und soll han zwen mester darbey bey dem geding welcher mester das nitt thut der vorpust iij pfundt wags.

Item. Ob eines mesters son quem auf das hantwerk so soll her geben halb Zech d. 64 ob er dann bey seinem Vatter lernet, so darf er nist nit geben.

Item. Ob ein mester sturb und der Frauen blib zu arbaitten mit einem gesellen und einem Jungen, soll sie ein halb Jar frey seyn zu arbaitten und yn der Zeit soll sie haben mittleiden der Zech.

Item. Nimant auswennig der Zech soll koffen an dem mittag kirsnerhantwerk.

Item. Die auswennig der Zech sein, die sollen Schos und Los tragen an gewer zu dem Turrem.

Item. Wenn mir bey einander seyn yn der Zech, wer do reden will sein nott der soll treden vor den tisch und soll erlobung nehmen.

Item. Wenn ein mester etwas kofft auf dem markt es sein lemmfell oder meder oder Fuchs oder was es sey und das ein andrer ym aus den henden kofft, der soll verfallen seyn was er kaufft.

Item. Es soll eynes mesters kynt ganz Zech haben, syan und thechter, an das mal das soll er geben.

Item. Welcher dem andern yn die Rede fell, der hatt verfallen eyn pfunt wags.

Item. Wenn das Zechechen umgetragen wirt wer es dann behelt über nacht der verpust ein pfunt wags.

Item. Keinem ledigen Knecht soll man stukwerk geben, wer das thuit der verpust eynen gulden.

Item. Der do sagt auswennig der Zech wass man beschleust yn der Zech der verpust eynen gulden.

Item. Kein Frau soll nicht Felwerk koffen zu pass iij pfundt wags.

Item. Kein mester soll nit geledert Felwerk korffen an des Zechmeisters seyn wissen wer es thutt der verpust 1 gulden.

Item. Wer da auss unser Zech verkofft den schneidern brem an des Zechmeisters willen, der verpust 1 gulden.

Item. Welcher mester der do nymbt Felwerk es sey wildwerk der do nitt des handwerks ist und macht ym arbaitt daraus es sein belz oder Hut, was es sey, der verpust ein Zenten wags.

Item. Welcher dem ander sein arbait schendet und welcher dem andern — — — es sey Futterwerk oder anders, der verpust ij pfund wags.

Item. Welcher der sich veraendert und ist der Zech wirdig der soll kein arbait getiern getuen also lange Er hab sich yn die Zech gericht vnd der verpust eynen halben Zenten wags.

Item. Wer da kumbt yn unser mittung yn vnser Zech den wollen wir wissen wer er ist.

Item. Wenn der Zechmeister einem gebiett und er das nitt will thun und er widerredt das der verpust ij pfundt wags.

Item. Wenn der Zechmeister Frieden gebiett Es sey auf Jarmarken oder da heym, wer das gebott bricht der verpust 1 gulden.

Item. Welcher gesell bey uns schneyden will, der soll ein Jahr bey einem mester arbaitten der das nitt thut der verpust ein halben Zenten wags.

Item. Welcher gesell schneyden will der soll haben geburt brieff und auch von den lerjaren, Er sey yn dem landt oder auswennig des lands etc.

J. F. Binder im Cod. dipl. 48 aus dem Org. in der Schässb. Kürschnerlade mit Beobachtung der Orthographie.

XLVI.

Hermannstädter Schneiderartikel

1465.

In dem Namen gottis Herren Amen Noch Crist gepurt tausent vierhundert In dem funff vnd schczigisten Jar an des Heyligen ewangelisten sant Marx tag Haben dy vorsichtigen vnd weysen Czechmeister der Czech der Sneyder mit namen Crauss peter Jacob sneyder von mydwysch Swartz steffan vnd Mathes vngeleich Lassen beschreybe mit der Ersamen vnd weyser meister willen der gantzer czech Ire gewonheyt vnd gerechtikeit von dem Ersten

Wyssentlich sey es euch Lieben Herren dy meyster Jung vnd alt wyr thun euch zw wyssen vnsers hantwercks gewonheyt.

Item das erst das kayn sneyder ader Scherer auss der Czech vnd kayn ledig knecht nit in der Hermanstat sneyderwerck oder Schererwerck arbeiten sal Vnd wir auch kaynen auff nemen, her sal dan das Hantwerck ee hewerren.

Item wer sich seczt wyder der Czechen gewonheyt vnd wolt nicht straffung auff nemen noch dem her verdint vnd wbertretten hat.

Und dar Czu nemen wir zw hylff Burgermeister Richter vnd Burger vnd stroffen yn mit sampt vnsser herren hylff noch vnsser Czechen gewonheyt.

Item das haben wir gehabt von vnsseren eldern.

Item daromb pyt wir euch Ersamen Herren Borgermester Richter vnd Burger das ir vns helfft behalden In vnsser Czech en gewonheit als hy vnd her noch begriffen ist.

Item das ist der Czechen gewonheyt wen eyn gesell kumpt gewandert in dÿ Hermanstadt der erst meyster der in an redt zw arbeiten dem sal der selbig gesell arbeiten der meyster sey Jung ader alt welcher gesell ader Jung das nit thwt der thwt wider vnsser Czechen gewonheyt.

Item kayn mester sal kaynen Ler Jungen auffnemen zw leren das hantwerck es sey sneyder [oder scherer] *) dÿ weyl her eynen anderen Jungen in der werkstat hat der dÿ czeyt nit aussgedynt hat.

Item welcher meyster sych in vnsser Czech seczen wil, das wol wir wyssen von wann vnd von wem her geporen ist.

Item welcher meyster in vnsser Czech sytzen wyl es sey Sneyder [oder Scherer] **) der ist schuldig nyder zw legen der czech IIIj gulden IIIj wachs vnd IIIj emer weyn.

Item welch meyster nycht kumbt zw der leych vnd das verseumbt der ist schuldig der Czech eyn virtel wachs.

Item pey welchem meyster das Czechen verkert wirt also von mancherem meyster versempt wirt dy pen vor yder eynem mester sal der selbig geben eyn fyrtel wachs durch des willen das her das verkert hat.

Item welcher meyster das czechen nit snell weg send als pald es zw Im kumpt vnd lest es lygen, der selbig sal verfallen seyn dÿ pen do mit man cze das czeichen auss gesent wirt sy sey gross ader cleyn an alle genad.

Item auch nemen wir kaynen auff in vnsser Czech es sey meyster ader gesell, es sey dann das her vor hyn beweyst vnsseres hantwercks gerechtikeyt mit der materya.

Item darnach wan eyn Jung es sey sneyder oder Scherer kumpt yn dy Hermanstat dÿ do nicht han gedynth do nit eyn czech ist als auff dorfferen mercklen ader pey hoff sneÿderen dÿ

*) **) [] Später gestrichen.

sal ymant halden ader arbet geben es sey den sy haben gegeben der Czech gerechtikeit als anderen Jungen haben gethan dy in der Czech gelernt han.

Item ab ydert eyn gesell wer der sych verlobt ader verendert ee wan her gematericht der ist verfallen der Czech ij *) gulden.

Item welcher meyster freyt eynen knecht ee das her gematericht der selbig mester ist der Czech vorfallen 1 gulden.

Item welcher gesell matergen wil der sal den erberen meysteren dӱ dar zw gesaczt seyn deromb das sy mü mit Im han vnd vor Ir verseumnyss geben eyn ½ gulden vnd eyn besched essen noch seynem vermugen.

Item ab eyn erber meyster sturb ader ab gyng mit tod vnd das den dy fraw begeren wer von den erberen mesteren zw arbethen eyn fyrtel jar, das erlöbt man Ir vnd nit lenger.

Item das ist vnser Czechen gerechtikeyt vnd gewonheyt ab yderth eyn meyster eyn Ler Jungen het vnd ab das her sych wolt ab richten mit seynem meyster, das sal her nith thun an der meyster Iren wyllen.

Item ab ydert eyn Jung seynem meyster weck lyff vnd quem wyder es stund lang ader kurtz der selbig Jung sal seynem meyster dynen dy Czeyt dy her Im schuldig ist gewessen, ader genug thun.

Item och wysset Lieben Herren das mir eyn mes lassen singen zw des Heyligen kunigs sant Lassels tag dornoch dingt man auch eyn frey pad fur dy gancze czech.

Item den weyh den do geben dy Jungen meyster vnd dy Ler Jungen, den selbigen nützt man wo es sych gepürt pey dem thor pey dem weyer ader wo es noth thwt.

Item kayn meyster sal nit mer fayl haben an aynem schlechten dinstag wan vij grosse stwck vnd ij par hossen vnd iiij par ermell.

Item am dinstag vor pfingsten am dinstag vor weynnachten am dinstag noch dem gesworenen montag vnd dӱ weyl dy hochczeyt werden vor fasnacht am grossen dinstag vnd am dinstag vor ostern an den vorgenanten tagen sal kayn mayster mer fayl haben wan x grosse stuck ij par hossen vnd iiij par ermell welcher mer stwck auss tregt wan hӱ genant ist von itzlichem stuck das vberig auss getragen ist eyn pfunt wachs in dӱ Czech.

Item dӱ meyster mit den groen röcken swllen geleicher weӱss dӱ saczung halden pey der ee gesprochen pwss.

Item kayn mayster sal an czwayen enden sneyderwerck feyl haben pey eynem pfunt wachs.

Item das han dӱ mayster gemacht viiij ellen sal lanck seyn

dÿ stang do man das sneyderwerck an hengt wer dÿ stang lenger wirt han das wirt dÿ bwss seyn ij pfunt wachs vnd ij emer weyn.

Item kayn meyster sal nit mer halden wan ij *) knecht vnd eynen Jungen Es wer dan das vbrig gesynd wer so mag einer halden mit der meyster willen mer.

Item kayn meyster sal keynem gesellen dem aller pesten geben mer wan x wochen 1 gulden welcher meyster das vbertreten wirt der sal In dÿ Czech geben zw bwss fur 1 gulden wachs.

Item des selben geleichen sal keyn gesell mer fordern von seynem herren wan x wochen 1 gulden welcher gesell das vbertreten wirt der sal in dy Czech geben zw bwss den meysteren fur 1 gulden wachs.

Item welcher gesell der sich an das gepott nit keren wirt vnd wold auff stan von seynem herren In eynem freffel vnd wolt zw eynem anderen maysler gan der sal nit arbet han peÿ vns weder Jar noch tag.

Item welcher gesell auff stet seynem herren auss dem dinst vier wochen vor ostern vier wochen vor pfingsten vier wochen vor weyanachten dem selben gesellen sal seyn Herr keyn lon nit geben vnd sal hÿ pey vns nit gefwdert werden.

Item welcher gesell Im selber macht eyn feyertag in der wochen es sey am montag ader am dinstag ader an was tag es seÿ an dy heylig feyertag der sal das wocher Lon nit warten seyn von seynem herren.

Item welcher meyster gibt seinem knecht eyn wochen lonn der eyn tag gefeyert hat in der selben wochen der Im den tag selbst gemacht hat, der selb meyster sal zw bwss vorfallen seyn in dy Czech fur j gulden wachs.

Item welcher gesell zw sant Jacobs tag wan wir meyster dy mes lassen singen wirt feyern der sal das wochen lon verloren haben Wan warvmb den gesworen montag hab wir in erlaubt zw feyeren fur den tag.

Item wysset Lieben meyster von der gantzen Czech das wir mit eyerer eyntracht gemacht haben vns vnd vnseren noch komen das aller meyster kynder sneyder vnd scherer **) sallen haben gantze Czech.

Item von allem gewant sal man dÿ sydel von czweyen tuch breyten machen vnd nyt weniger vnd wer sÿ anders wirt machen dem wird man das cleyd in dÿ Czech nemen.

Item zw den Frawen menteln von loblischem gewant sal man nemen iiij tuch breyt vnten vnd oben ij tuch breyt.

Item von mechlischem gewant auch iiij tuch breyt vnten vnd oben ij tuch breyt.

Item von fwlfurtischem gewant auch als vil.

Item von halb pernischem gewant iiij tuch preyt vnten vnd oben ij tuch pret vnd ij stwck dareczw.

Item auss eynem gantzen halb pernischen tuch sal man machen drey Frawen mentel vnd sal nichsnit darvon machen ader nemen pey der Bwss dy darauff gesaczt ist fur 1 gulden wachs.

Item von echischem gewant iiii½ tuch pret vnten vnd ii½ oben.

Item von nurmberger gewant iiij tuch pret vnten vnd ii½ oben.

Item von speyer gewant *) iiij tuch pret vnten vnd oben ij tuch pret vnd j stwck.

Item wer das vbertretten wirt an welchem stuck es sey der ist vorfallen in dy Czech for j gulden wachs.

Item eyn yder mester ist frey zw cawsehen eyner dem anderen yn seynem sneyderwerck her sey Jung ader alt an allen Czoren vnd wer wider das wirt seyn der sal zw bwss vorfallen seyn in dy Czech fur j gulden wachs.

Item auch sal keyn meyster keynen hincken Jungen auff nemen zw lerung das hantwerk.

Item auch welcher mester in vnser Czech sytzen wyl das wol wir wyssen ab her seynem ler meister genug hab gethan vmb seyne ler Jar.

Item welcher meyster gibt eynem anderen mesteren zw erbeten der nit in der Czech ist der selbig meyster sal der Czech entperren also lang piss her der meyster willen wider begreyfft [ader von einem solchen mester kleder kaufft] **).

Item welcher meister eynen Jungen dingt der ist der Czech schuldig iiij gulden iiij pfunt wachs vnd iiij emer weyn syder zw legen vnd der selb Jung sal geben seynem meyster iiij gulden vnd sal im dynnen vier Jar vnd welcher mester dy iiij gulden von dem Jungen nit nympt, so sal dy Czech das von im nemen.

Item zw welchem meyster gewant getragen wirt zw machen cleyder vnd der selbig meyster das gewant ab czechent mit der kreyden ader snyt das gewant vnd darnoch der man ader Frew das wider fodert durch neyd ader durch an Haldung willen vnd tregt es zw eynem anderen meyster vnd lest es do machen der selbig meister sal verfallen sein in dy Czech den macher Lon.

---

*) später zugesetzt: vnd premsler gewant.

**) [ ] scheint späterer Zusatz.

Item auch sal kein mester keinen knecht nit halden der nit gantz Czech gerechtikeit hat geben in die Czech sunder welcher mester halb Czech gerechtikeit hat geben der selb mester mach einen Jungen ader knaben halden vnd darnoch wenn her der Czech gerechtikeit gibt so mag her gesind halden als es gewonheit in der Czech ist *).

Aus dem Hermannstädter Schneiderzunftbuch Nr. II. pag. 8—10. (61 Bl. Pap. in Schmal-Folio in Pergament geheftet.)

---

*) Von den vorliegenden Artikeln weichen ab diejenigen, welche als Zunftartikel der Hermannstädter Schneider in einer authentischen Copia von 1714 in der Zunftlade der Mühlbächer Schneider aufbewahrt werden, obgleich sie dasselbe Jahr 1485 an der Spitze tragen. Wir geben einige Auszüge daraus zur Vergleichung und bemerken, dass die Authenticität sich auf die Sprache und Schrift darnach nicht beziehen kann.

Der Ehrb. Schneider
Zunfft Artical- und
Gerechtigkeiten in
Hermannstadt.

In dem Nahmen Gottes des Herrn Amen! Im Jahr nach Christi Geburth Eintausend Vierhundert Fünff- und Achtzig am Tag des Heiligen Evangelisten Sanct Marcj haben die Vorsichtigen und Wohl Weisen Herrn Zunfft Meister von einer Ehrb. Schneider-Zunfft mit Wissen und Willen derer Ehrsamen und Wohl Weisen Herrn Meister ihre Gewohnheit und Gerechtigkeit in unterschiedliche Puncta verfasset und beschrieben und seynd Selbige wie folgen:

Erstlich. Sollen die Herrn Zunfft-Meister geflissen seyn, alle Jahr Zweymahl Zunfft-Tag zu halten, und von denen Perceptis und Erogatis, vor der gantzen Zunfft ihre Rationes ablegen, auch nach Gelegenheit alle zwey Jahr neue Election.

etc. etc. etc.

11. Welcher Meister oder Gesell sich in die Ehrb. Zunfft setzen will, der soll auss einem Ehrl. Saxischen Geblutt herstammen, undt auch keiner Leibeigenschafft unterworffen seyn und ein Jahr umb die Mattery arbeiten, welcher hernach umb die Kleinodt oder Mattery bitten läst, und biss zum nechsten Zunfft Tag dieselbigen nicht verrichtet soll verfallen fl. 2. undt von neuem drum bitten lan.

XLVII.

Im Stadtarchiv zu Mühlbach soll sich nach A. Kurz: „Die ältesten deutschen Sprachdenkmale etc." p. 5 unter der Bezeichnung E, 2, 2, eine deutsche auf den Zehnten der Deutsch-Pianer Goldwäschereien bezügliche Urkunde befinden, die jedoch bei mehrmaligen Nachforschungen daselbst nicht aufgefunden werden konnte und hier deshalb eben nur zu weiterer Beachtung angemerkt wird.

XVLIII.

Transsumt der Hermannstädter Weberzunftartikel.

Hermannstadt, 9. November 1487.

Nos Magister Thomas Altemberger Magister Ciuium Judices et Jurati Consules Ciuitatis Cibiniensis Memorie commendamus tenore presencium significantes quibus incumbit vniuersis presentibus et futuris Quod cum Nos certo die ad officia Reipublice in Consistorio Ciuitatis nostre pariter consedissemus Comparuerunt coram nobis Prouidi Viri Mathias heen de Bergberg

---

12. Welcher Meister sich in die Ehrb. Zunfft setzen will ist bey der Meiterg schuldig in die Zunfft zu erlegen fl. 20. Eines Meisters Sohn aber fl. 15.

23. Es soll sich auch kein Meister unterstehen einen hinkenden Jungen, das Handwerk zu lehren, auffzunehmen, bey einer herten Straff ausgenommen die Meisters Söhne.

42. Welcher Meister ohne Verwilligung der Hrn. Zunfft Meister auff Dörffer oder an Edell Leuti-Hoff gehet zu arbeiten, soll verfallen der Zunfft einen Centner Wachs oder dessen Preiss.

47. Welch Meister sich dieser Zunfft Gewohnheiten und Articul widersetzet, soll mit Hülff der hohen Obrigkeit nach Verdienst und Uebertreten abgestrafft werden.

Praesentem hanc Copiam, cum veris et indubitatis suis Originalibus collatam, iisdemque in omnibus sine ulla variatione conformem esse testor. Cibinii d. 15. Febr. a. 1714.

M. Czekelius
Notarius Cib. et Prov.

Cristofferus de Braschouia et Andreas Syboth de Grosschewrn, artis et Czeche Linificum Magistri nomine et in persona omnium et singulorum aliorum Magistrorum artis eiusdem Qui exhibuerunt et presentarunt nobis certos articulos Infrascriptos, Supplicantes nobis sepenumero ut easdem conformare Roborare et pro vberiori eorum conseruacione manutenere deberemus, Quos articulos pro maiori cautela materna ligua presenti litere conscribi fecimus. Quorum primus est talis, Item Wann vber kurcz oder langczeyt Eyn oder mer Meyster leynweber hantwercks ausser des yeczgemelten hantwercks Czeche dye dan sellcher Erberer Czech wirdig wern befunden wuerden die sich sollichs handtwerks aussserhalb der gemelten lerer czeche tzegeprauchen vnderstuenden vnd wollen der yetzgenanten czech gerechtikayt nicht halten, dem oder dou selben mitsambt Irem gesynd sol solich handtwerkh, sich des verrer czwgeprauchen verpoten vnd nydergelegt werden, Vnd alsdann so sol sollichem oder sollichen, sich in sollich czeche czerichten vnd czckawffen mit eyns Rats tzu der hermenstat gewalt gepoten werden, Item das keyn Meyster irs handtwerks ausserhalb der genanten lerer czeche vom Montag bys auff den dynstag czw mittag garn czukewffen nicht frey seyn Es sol auch keyn Maẏster Ires handtwerks ynner oder ausser yerer czech In dorffer czw czichen garn czu kewffen nicht frey seyn Wurden awer Eyner oder mer meyster leynweber handtwerks der gemelten czech in sollichem begriffen oder befunden, vor wieuil gulden oder pfennig der oder dieselben garn gekawft hyeten, vmb also vil gulden oder pfennig sullen sy der gemelten czeche czubeczallen verfallen seyn Ob aber etlich Meyster leynweber handtwerks die nicht in Irer czech oder mẏtel weren sollichen yetzgeschriben artikel vberfucren vnd darinn befunden wurden, sollich sullen dem gericht verfallen seyn, Item es sol auch keyn Meyster Seyler handtwerks durich sych selbs, seyn elich hawsfraw, durch seẏn kynder, durich seyn gesynd noch durich yemandt anderen an eynem Marktag vber funff streng garn czekauffen nicht frey seyn, Wurden aber in solichen vbertretten eẏner oder mer befunden, der oder dye selben sollen vmb sollich vberfarn nach eyner Redts erkantnuss gestraft werden, Item es sol auch eyn yeder strang garn, er sey leyin, henffen, oder wirkin Ellen langk seyn, wurden awer sollich streng begriffen oder befunden die da kuerczer wern dan E'len langk, solich sulen dem gericht verfallen seyn, Item es sol auch keyn Mayster Inner noch ausser der gemelten czech kayn tuch oder leynbat machen das der auswendig, wyrkyn vnd ynbendig henffen, oder auswendig henffyn vnd ynbendig wyrkyn sey, wurd aber sollich streffiich leynbat befunden dy sol verbrint, vnd der oder dye so Inner der genanten czech wern vnd solich leynbat gemacht hietten oder bey yn befunden wurd sollen nach erkantnus der genanten czech desshalb biesst werden, Wurde awer solich streflich leynbat von Maystern ausserhalb Irer czech gemacht befunden Es wer von eynem oder mer solichen Maysteren der oder dye selben sullen nach erkantnus eynes Rats dem gericht verfallen seyn, Item es sol auch eyn yeder Mayster der genanten czech oder hantwerks czw eynem yedem stwck nicht weniger legen, den hundert Ellen, vnd also manchen ellen yn eynem yeden stuk czu kurcz oder weniger befunden wirt, also vmb manich pfunt wachs sol der oder dy solich leynbath machen von der gemelten czech gebyest werden, vnd eyn yeder Mayster, dye ausser der czech seyn vnd solich leynbath machten sullen auch nach eynes Rats erkantnus desshalb gestraft werden, Word auch eyn solich stuk leynbath Eynes vingers bret czeschmal gemacht von eynem Meyster Inner der czech befunden Es wer von eynem oder meren solich sullen yn dy czech vmb vier pfund wachs gestrafft werden, Ob awer solche streffliche leynbath ausserhalb lerer czech befunden wurd dye sol dem gericht verfallen seyn Item Wen sich auch begeben wurd vber kurcz oder langk, das eyn oder mer Mayster des obgenanten hantwerks mit tod abgiengen, vnd Ir elich hawsfrawen In wytwen stant hynder In liessen, dye oder dieselben mugen das hantwerk also In witwen stat arbaytten so verre so sy hantwerchs gerechtikayt halten, der oder den selben Witben sol auch als dan hantwerks gerechtikayt mitges—n werden, also lang sy yn wytben stant beleyben, Solich wytben sollen auch nicht frey seyn keyn Magd das hantwerk czu lernen Im wytben stant, Wurd eyn oder mer Wytyb wyder solichen artikel befunden so sol der oder denselben Wytben vnd solichen Mayden das hantwerk nyder gelegt werden Begeb sich auch das sych eyn oder mer solich Wytben ausserhalb des genanten hantwergs verenderten, den selben sol hynfur das hantwerg czetreyben nydergelegt vnd verpoten seyn Item ob auch eyn ander hantworker oder gepawr eyn elich hawsfraw hiet, die das gemelt hantwerg gelert hiet solichen frawen sol das genant hantwerg czetreyben vnd czearbaiten vorpaser also verpoten seyn aussgenommen was sy von Irem oder Irem gesynd gespunst gehaben, das mag sy czw Ires haws notturfft verarbeytten, Solich frawen sollen auch nicht frey seyn durch sich selbs oder yemand andern garn czckauffen vnd das ausserhalb Irer haws verrer czuverarbeiten oder czuverkauffen, Wurden awer solich befunden die sollen von eynem Rat darumb gestrafft werden, Item es sol auch keyn lediger gesell noch weypsbyld Inner noch ausser der genanten czech In der Stat noch Im ganczen stwl verrer dan vorbegriffen ist Maysterschafft czetreyben nicht frey seyn, Ob awer etlich darvber befunden wurden, Ir wern vyl oder wenig den sol solich hantwerk mit hylff eyns Rats, verpoten nidergelegt vnd ausgetriben worden, Item ob sich auch vber kurcz oder lang begeb das ein Mayster des genanten hantwerks alt krank oder sunst ablame, vnd das hantwerg czutreyben nicht vormuglich wer, der selbigen Mayster elichen hausfrawn vnd seynen kynderen sol solich hantwerg zwtreyben vnd zcarbaytten Noch yerer czech gewonhayt vnd gerechtikayt verhengt vnd erlaubt werden, damit, sie sich dester bas erneren mugen, Item es sol auch keyn Mayster Inner oder ausser der genanten czech des vorgenanten handwerks keynen Werchczewg noch geczewg machen, den ansserhalb ierer czech, czuverkawffen nicht frei sein, Ob eyner oder mer in sollchen artikel befunden wurden die sullen nach gewonhayt Irer czech gebyest werden, Nemlich als vmb vyl pfennig oder gulden eyn yeder vyl oder wenig geczewg verkauft hat, also vyl ist eyn solicher der genantten czech verfallen czwbeczallen, Wurde sich awer eyner oder mer Wider solich Irer czech straff wyderen oder sperren, der oder die selben, Nemlich yeder besunder sollen der Stat tzu peen verfallen seyn Eyn Ofen Czyegel, Item es sol auch keyn Mayster ausserhalb der genantter czech Eynen Jungen das hantwergk zw lernen nicht frey seyn, Ob awer solich befunden wurde, so sullen solich Jungen mit hylff eynes Rats von solichen Maysteren genomen werden, Item es sol auch keyn Mayster Inner oder ausserhalb der gemelten czech an Jarmarckten mit kauff der leynbat, keynen eynfalmachen, Wurde awer ayner oder mer Mayster Inner oder ausser der obgeschriben leynwebar czeche des gemelten hantwegs In solichem artikel befunden der oder dieselben Nemlich yeder besunder sollen verfallen seyn der erstgenantten czech Eyn marck Sylber, Wurd aber eyn solicher oder mer tzum anderumal begriffen, so sol eyn Jeder besonder der also vberfuert oder befunden wirt tzu peen Irer czech czubeczallen verfallen sein tzehen gulden Ob awer sollich Mayster leynbewer handtwergs ausser der genantten czech yn sollchen vorgeschriben artikel straffber befunden wurde der oder dyeselben sullen nach erkantnuss Eynes Rats gestrafft werden Item es sol auch keyn Mayster des hantwergs Inner oder ausserhalb der gemelten Czech nicht frey seyn In Dorffern oder Mercklen leynbat oder garn czu kauffen oder czubcstellen durich sich selbs oder durich yemand anderen aussgenomen an gemeynen Jarmarkten, da sol vnd mag ein yeder Mayster kauffen sovyl ym nottuerft ist, Ob awer eyn oder mer Mayster des gemelten hantwerks Inner der genanten czech sollichen artikel vberforren der oder die selben yeder besunder sullen der vorgeschriben Irer Czech tzu peen verfallen sein Eyn Marck silber, Wurden aber sollch verner befunden oder begriffen vnd vberfwren solichen artikel tzwm anderumal, der oder die selben yeder besunder sullen vierczigkh guldin Nemlich czwayntzigkh guldin der Stat vnd dy vbrigen tzwayntzigkh guldin vnser lieben frawen kirchen tzw der Hermenstat tzwbetzallen verfallen seyn, Ob awer eyn oder mer Mayster des gemolten hantwergs ausser der oftgemelten Czech solichen artikel tzu eynem oder mermalen vberfwren oder vbertreten, der oder die selben sullen tzu yedem mal nach Eynes Rats Erkantnus gestrafft and gebyest werden, Item Es sol auch keyn Croner oder Wurtzlender an keynem Marcktag leynbat hortzepringen nicht frey seyn, ausgenomen an der tzwayr heyliger Crewtztag am geschworen Montag vnd am grossen dynstag, Wurden aber vber solichs eyner oder mer begriffen dye sullen Eynem Rat vnd dem gericht in straff verfallen seyn, Item Wan sich auch vber kurcz oder langk tzeyt begeben .wurd, das eyn oder mer Mayster des obgenantten handtwergks Wider die offtgenanten Ir Czech vnd ordnung täten oder handelten Wie oder welicher form oder gestalt das beschehe vnd desshalber von gemeyner czech gehůst wurden vnd solich gestrafften wolten solich straff von gemeyner Czech nicht auffnemen, dem oder denselben mitsampt lerem gesynd sol das handtwergkh vnd garn kauff nydergelegt vnd verpoten seyn, also lang bis sy sich mit der obgenantten Czech gericht vnd Iren Willen funden haben, Item Ob auch eyn oder mer Mayster Blaw geczogen arbayt vnd mechten die kurcz oder tzuschmal nach der Elen oder mass desshalber darůber gemacht Nemlich der oder die, so Inner der genanten Irer Czech weren vnd solich blaw geczogen arbet tzuschmal machten, der oder dyeselben sullen von yedem ror, souil es tzuschmal ist eyn pfund wachs, vnd wer solich arbeyt tzukurcz machte sollich sullen von der genanten Irer czech vmb eyn pfund wachs gestrafft werden. Ob awer solich streflich arbeit von andern Maystern ausser halb Irer czech gemacht befunden wurd der oder die solich strefflich arbeyt gemacht hietten, sullen nach erkantnuss darumb von eynem Radt gestrafft werden, Item es sol auch keyn Mayster Blaw geczogen arbeyt machen oder tzu arbeytten frey seyn, ausgenommen, es hab den eyn sylicher der genanten Czech desshalben genug gethan, Ob aber solich Inner oder ausser Irer czech befunden wurden, den sol solich hantwergk nydergelegt werden, also langk biss der oder dieselben der genanten Irer czech darumb genueg gethan haben, alles getrewlich vnd an alle geuerde. Nos autem matura et diligenti perspeccione dictorum articulorum prehabita, comperimus eosdem pro vberiori dictorum Magistrorum ac tocius Czeche eorundem sine derogamine preiudicio aut dampno quorumcumque legittime esse admittendos. Quare hos ipsos articulos assumpsimus roborauimus et manutenimus ymmo assumimus et presentibus manutenemus, nostro tamen et successorum nostrorum beneplacito durante In cuius rei euidenciam presentes literas nostras patentes Sigillo memorate Ciuitatis nostre maiori et autentico sub appenso consignatas, predictis Magistris artis Linificum nomine et in persona omnium aliorum Magistrorum artis et Czeche eiusdem postulantibus ad cautelam duximus concedendas Datum Cibiny feria sexta proxima ante festum Beati Martinj Episcōpi Anno dominj Millesimo quadringentesimo Octuagesimo septimo.

Ego vero Lucas Duerner Haynburgensis Pataulensis Dyocesis publicus Sacra apostolica auctoritate Notarius, ad Requisicionem Circumspectorum virorum Andree Benedek et Seruacii Maurar conciuium Bistricionsium In presencia honestorum linificum Cibiniensium, michi factam, prescriptas literas, Ex originalibus literarum de consensu et voluntate Eorundem Magistrorum Cibinienslum fideliter Transscripsi prout et alias literas similiter per me signatas, Quare et eusdem Signo et nomine ac cognomine meis solitis et consuetis roboravj consignavj In fidem et testimonium premissorum, Et hec facta sunt In Ciuitate Cibiniensi In anno dominj Millesimo Quingentesimo decimo septimo In profesto Sancti Nicolaj Episcopi et confessoris In domo habitacionis mee solite et consuete In presencia Circumspectorum Valentini Rekert (?) Thome Ambrosio textorum ac alijs ex eodem Czecha ad horum requisicionem convocatis atque rogatis.

Aus dem Orig. Pergament (2' 2¼" breit, 2' ¼" hoch) in der Hermannstädter Weberzunftlade.

XLIX.

Namen von Orten, Landschaften, Völkerschaften, Personen, Flüssen, Bergen, Flurtheilen, Geräthen etc. etc. von 1485—1487.

1485. Haasagh. V. nach Reschner.
Rwzy.
Pycn. Piener Ortsarchiv.
Mwllembach.
Malthias Henczel.
Joannes Tengel.
Neppendorf. T. aus dem Nat Arch. 416.
Hanibach.
Georgius Sneyder.
1486. Zaszonyhaz (Sachsenhausen). V. A. II. 157.
Beerdorf (bei Broos). V.
Waynkersch, ebd.
Marthondenk, ebd.
Kripczbach, bei Hamlesch. V. A. II. 150.
Levendek (Leblang). Ebd. II. 151.
Windenbach bei Hamlesch. Ebd. 156.

Pelmer. T. aus dem Scherscher Arch.
Galacz.

Stephanus Kroner de Saasvarus. V.
Petrus Kryth de Saaszebes.
Hieronimus Kalmisch. Schäsb. Arch. 17.
Petrus Roszner (1487: Rosner).
Franciscus Kalmisch.
Nicolaus Orthyl.
Michael Kwre (1487: Kwr).
Paulus Moyssem.
Stephanus Cramp.
Michael Polnar.
vallis wlgo oleinkrysch
flumen krysbach.

1487. Hofeld. V. A. II. 149.
Johannes Morgreffh. T. aus der Batthyan. Bibl.
Gerardus judex.
Hupertus.
Martinus Schenhenser.
Petrus Krikh.
Henning Mezeje, Gebirgsweide zu Gross-au gehörig.
Ambrosius pawr *). Schäsb. Arch. 480.
Johannes Knechinhewer.
Christianus Zwr.

L.

Aufzeichnungen im Hermannstädter Schneiderzunftbuch Nr. II.

1487—1500.

1487 iar. (p. 1.)

Item dy Schwarcz Sipeffenen dedit.
Item dy Sigmund schnalderen.
Item dy lastl schnalderen sej hat ney nes nyt gegen.
Item dy lux schyndaren.
Item dy Bwdorfferen.
Item dy hannes Burgeren.
Item dy Brosf schinderen hat ney nes neyt gegen.

Item dÿ alen mester Symonen.
Item dÿ Bruden.
Item dÿ rossen hat dÿ czech neÿ gehalden en 8 iar.
Item hannis off dem Kemppel.
Item dÿ lorencz schinderen en der heltnergass.
Item Cley jörg seÿns suns keÿst.
Item dÿ paul schÿnderen.
Item dÿ Crws pitteren.

1496. (p. 14.)

Item Hanns ffrawenndorffer Seyn Ler Jungen auffgenum zw sannt larenczun tag.

Item Mester Wernnhart hat seynnen awff gemiten zw sannt thamos tag.

1497.

Item Francz Schneyder hat seynnen Ler iungen auff genumen zw Osteren.

1497.

Item peter Ludysser hat seynnen Ler jungen awff genumen zw sannt Jehãs tag.

1497.

Item Mayster joreg Wurmlocher hat seynnen Ler jungen awff genumen zw weynnachten.

1497.

Item Symon Newdorffer hat seynen Ler Jungen awff genumen zw weynnachten.

1497.

Item M. Lassel schneider hat seynnen Ler Jungen awffgenumen an dem geschworenn matag.

Anno Domini 1498.

Item Mollicheram schneyder hat seynnen Ler Jungen awff genumen am grossen Dynsztag.

1498.

Item Vrbann schneyder hat seynen Ler Jungen auff genumen an dem tag franczlscus.

1498. (p. 15.)

Item steffann pudenndorffer hat — — — zw sannt Mertens tag.

1498.

Item Jorig milas hat — — — am geschworen montag.

1498.

Item Herr peter rotk'n hat — — — zw Ostern.

1498.

Item Herr michell armpruster hat — — — awff sant freuczen tag.

1498.

Item schuder steffann Schneyder hat — — — zw des heyligenn krucz tag.

1498.

Item Lorencz munczer hat — — — zw sant mertestag.

1499.

Item sydenn Lorencz hat — — — zwm grossen dyncs tag.

1499.

Item sydenn Hanns hat — — — zw Osteren.

1499.

Item Wenedic Schneyder hat — — — zw der heyligen drey kunygenn tag.

Item Mychel Margreff hat — — — an sannt Gilligen tag *).

---

*) Andere Dinte.

1499. (p. 16.)

Item Meyster Krystel allebnlag hat — — — an sant Mertes tag.

1500.

Item peter lamprecht hat — — — am donners tag for dem geschworenn mantag.

1500.

Item herr Mathes vnngeleich hat — — — am suntag vor unssers herrn hymelfart.

1500.

Item Jerg Frytel hat — — — acht tag nach sannt gallen tag.

1500.

Item Symonn tewffl hat — — — am sannt anderes tag.

1500.

Item Hanns Munych hat — — — virczehenn tag vor Weynnachtenn.

Aus dem Hermannst. Schneiderzunftbuch Nr. II.

LI.

Artikel der Yrgerzeche in Schässburg.

5. Juni 1488.

In den Jaren des Herren Thawsent Firhundert Vnd yn dem Echt vnd acheziglsten Jar An dem grossen Hochwirdigen tage des heyligen leychnams vnsirs lieben Herren Jhesu cristi des Heilmachers So haben sich gesamelt dy Ersame weyze Meyster des hantwerckes yrgerwercht, der Koniglicher statt Schespurg Nemlich Meyster veltenteh eyn czechmeyster des vorgenanten hantwercks, czu den selbigen czeiten Mit dem weysen tugenthafftigen Meyster Hannis Frydel genant, vnd mit allen anderen erligen meyster Nemlich Georg yrgeren Georg ecken, vnd Hannis yrgeren, Beslossen vnd funden eyntrechtiklich vnd czu eynem Nucze dem Hantwerck vnd Födernis etlich Artickel oder gesecze czu eyner krafft vnd sterckte allen vefzen erligen Meysteren vnd zunderlich den dy das hantwerck leren ader begreyffen willen all hy tyschen yn, yn dyser off gemelte Koniglicher — — — mittelung dy selbyge besliessung vnd ordenungh oder Artickel, festenglich an alle wydersetzung — — — czu halden, dy das hantwerch begeren czu leren vnd nachmeyster weys czu erbitten all— — — alle ordnung vnd styfftung der gesecz vnd artickel dy dy off geschribene Meyster gefunden vnd erdacht han ordenelich gehalden sellen werden s — zy den zolich hernach geschriben stan, Item eyn ler Junge, der das hantwerck begert vnd leren wyll, zo her eygenclich darbey bleyben wyll, der sal do nyder legen der czech drey gulden fyr funth wax, czween eymer weyn, vnd zal dynen fyr Jar, Item darnach der do Meyster wyl werden alhy tischen yn, der zal nyder legen der czech, fyr gulden, fyr funth wax, fyr emer weyn, vnd den Meysteren eyn mall, Item der eyns Meysters zon is vnd nympt och eyns meysters tochter der hat gancze czech sunder das mall zell her geben den Meysteren, der ader nicht eyns meysters zon ist vnd nympt och nicht eyns meysters tochter vnd wyl meyster werden bey vns der zal geben gancz czeche, vnd den meysteren eyn mall. Ader erwider der eyns meysters zon ysl, nympt her nicht eyns meysters tochter zo gybt der zelbe halbe czech. Item So das eyn Meyster ader eyn meysteren gestirbet zo sal eyn yder Meyster do bey seyn dy selbige czu bestatten wer ader das wer zewmpt vnd nicht darczu kompt der zall geben czwen funth wax yn dy czech So ader eynem meyster eyn kinth gestirbt, zo sal is der selbig den meysteren czu kunth thun vnd wer do nicht czu der Bestadung kompt, der zall do nyderlegen der czech eyn funth wax. Item Ab sich das gebe das eyn meyster vnsers hantwercks zeynen zon wordinget off eyn ander hantwerch vnd der selbige wolde do dernach erwyder keren czu dysem hantwerck der selbe zall geben vnd nyderlegen alle gerechtykeyt gl—ch zam — — —, Item Zo eyn meyster eynem knecht arbeyt gebe, ader yn do nyder zeczel, vnd der selbe knecht — nicht worhyn czu ym geschulet nach des Hantwercks gewonheyt, der meyster zal nyder legen der czech czeen funth wax, Item Ab das eyn meyster eyn knecht off redet ader eynem anderen meyster den entspenet all hy tyschen vns der dasselbige thun wirt der zol der czech nyderlegen czwenczig funth wax, Item So eyn meyster eynit den anderen offenberlich off dem marck ader anderwo bey lewten yn wer hysligen ader den anderen vnd eret, der das selbig thut, der zal do nyder legen der czech fyr funth wax, Item So eyn meyster off dem marcke bey fellen steet, dy selben czu koffen, zo zal keyn ander meyster darwmb koffen ader feylschen, al zo lange, bys der wen danen geet der czu dem ersten do bey yst So ader der feel nuczlich fyl weren zo mag eyner dem anderen teil geben der ader wider das teed wnd vil sy eynem anderen aus den henden koffen der sal do nyder legen der czech fyr funth wax, Item Och sall keyn Meyster czwen gesellen bey eyn ander halden ys wer dem das yn dy andern meyster nicht arbeyt hetten czu geben, so mag sy eyn meyster behalten, wer ader dar wyder thut der sal nyder legen der czech so manche woche sam her dy knecht heylt alle wochen eyn funth wax, Item so eyn knecht kompt gewandert anders wo heer So sall der selbe knecht czu dem eyrsten meyster yn vmb arbeyt warten fyrczen tage noch hantwercks gewonheyt, hatt her yn arbeyt czu geben, hat her den nicht, so mag her sich worzorgen wo her zu besten kan czu anderen meÿsteren.

Von anderer Hand und in lateinischer Aufschrift:

In nomine spiritus s. et alme crp.
Nos Magister Ciuium Jud.

Petrus Rosnar Magister ciuium
Georgius Aurifaber Regius
Judex substitutusque Caspar
Kadar alias Judex Regius
Valentinus pellifex Jacobus
Faber Villicus Johannes
Knochenhewer Stephanus
Cramp Nicolaus — — —
Ladislaus Bolkas Georgius Gÿger
Bartholomeus pellifex Cristanus
— — et Valentinus Textor.

Aus dem Orig. Perg. im Besitze des Schässburger Gymnasiums.

LII.

Namen von Orten, Landschaften, Völkerschaften, Personen, Flüssen, Bergen, Flurtheilen, Gerüthen etc. etc. von 1486—1489.

1488. Seligerstath. T. aus dem Schorscher Arch.
Newrstath.
Mergendall.
Nÿthusia.

Nicolaus ffarr.
Nicolaus wolgÿn.
Nicolaus Salman.
Georgius Hendell.

Nicolaus Bramer.
Johannes Hetman.
Stephanus Klokner.
clemens Caemmerman.
Mathias Knofloch. A. Kurz, Nachlese, 39.
1489. Alexius zancker. Seandorfer Kirchenrechnung.
Theys volmany.
lux wol.
Mathis ber.
Morten antil.
Cur virich.
Jorg schedner.

LIII.

Stephan Halab meldet dem Hermannstädter Bürgermeister die Gefangennahme des Michael Porner.

Engad 3. Juni 1489.

Meÿnen vndethenÿgen dÿnsth wÿsch lÿeber herre, das der her Winoze den Michael pornoren hat lassen feen, vnd Ich han evch geholfen, vnd av fvren mÿr im, Inaben ken haneden das her da gefangen zal lÿgen alz langh pÿs das her pas in formÿrth wÿrth werden von dem Schatz Mester da mÿt zeÿt got pefollen, Geben zu enyethen am mÿthwach vor fÿnxsten 1489.

Stphns halab
ewr Djener.

Aufschrift: Dem Edelen herren Magistro
Thome altemperger pvrgermeister
in der hermanstadt meinemgnedigen
herren.

Von anderer Hand (kaum jünger):

pulkoni fl. 10 nel 12
pro nobilibus suis seruicÿs factis.

Aus dem Papier-Original, von Mich. v. Heydendorf seiner Abschrift des Polmer'schen Mscpts.: „Von dem Ursprung der sächs. Nation." p. 905 beigeklebt.

LIV.

Deutsche Aufzeichnungen im alten Senndorfer Kirchenrechnungsbuche.

1489—1585.

Mcccclxxxix. Jacobus gebel.
mccccxc . . . . .
1490. blasius lutcz.
petrus winckeler.
1492. Martinus Erman.
Johanes schenel.
Vrban tÿtcz.
blas lentcz.
Jacob schuster.

1489. Niclos weber.
Jacob Schuster.
Jacobus Katschi.
Thomas Scholer.
Cristannus henseler de bistricia.
Allexius czancker.
Gregorius schub.
blasius lentcz.
Thomas Newstin.
Jacobus Schuss.
lux lenczigin.
Merten lebin.
Gregorius teil in willa petri.
Johannes kunig.
Johannes Schemel.
blas lutcz.
Thomas kunhart in wÿda.
weltin leb.
Johannes schuba.
Metter herfurt.
Greff Endris von etczelsdorff.
Jorg welin.
Jorg vagerer.
Paul binder.
Jeorg schedner.
Gregorius schub.
vrban tÿtcz.
lorintz weÿdner.
Thumis velman.
Johannes gelder.
Merten eckart.
Petermanis Endris.
Paul arnold.
Paul has.
Gregorius renolt.
lux marcus.

Thomas Scheler.
Mathis weber.
Cristannus henseler de
bistricia.
Crumphelltz de bistricia.
Thomis keller.

Mccccl xxxvij. Petter wetczner in Bedisdorff.

1488. Caspar Hermany.
1496. Swartcz blas.
Georgius branyes.

1498. „der gibel“.
1501. vallis „ryst“.
1496. „wulgariter deckuegel“.

Wahrscheinlich 1500. „Item Jorg henel czu waldersdorff ys schuldig 2 hundert phenig.“

1527. petrus an der czeylen.

Simon schemell.

Ina Dem Jer als men schreyp 1531 also hott der kyrche vetter Awss rechenscheff gegenn form alle den gutteronn der kyrchenn als es denn hernoch geschrybenn schteet
. . for koren
. . for drey fyrtel korenn d. 67.
. . endfynti
broess iketsch
. . eyn halben rwmp for d. 30.
. . for czween remp korenn fl. 4 want wider d. 50
. Veltenn marckes awff denn balsanusch eyn rwmp koren fl. 2
. Veltenn marckes eyn koff weynn dem forus mihall fl. 3
. . . fwnff fyrtel d. 85
Schlosek brosss
Thwnes czommerman
. . .
Cayrbes weydner genomen awss der mullen 9rwmpt korenn on eyn fyrtel.

Im jar als man schreybpt 1532 Jar hott der erlich man Symon schemel awss rechenschaff gegenn vonn alle denn gutterenn der kyrchenn wondt hett awff geantwor des neyen kyrche phaller myt nomen lucass wolff an gelt fl. 88 wand der pharrer schuldich fl. 6 der ouw duss do wucht fl. 16 wundt im kleynen gelt fl. 19 vandt d. 33 dor bey ist gewest emrich am berg, veltenn marckes, krawss Balthezer, Cayrbes w e d n e r   vnndt   v e l t e n n   w o l f f   dasher   erlich   wnndt   frwmlich awss rechenschoff hatt genn wnndt dex neyen kyrchenn voller dass gelt wnndt dess register auff geen ferti.

1535. Czents schedner.

Aus dem in der Seedorfer Kirchenlade aufbewahrten Originale.

LV.

Wagnerzunftartikel

Vor 1490.

Welcher awff wyl nemen eynen Leer knecht: der selb sal seyn vor allen dingen Erlich geporin, vnd solcher sal drey ÿar Lerÿar dynen, vnd sal yn dy Ceche geben drey gulden vnd drey phunth wags: vnd so heer Meyster wyl werdin zo sal heer eynen gweien fwr wagen machen, den sal man besehen das heer genugsam sey, zo sal heer wyder geben yn dy Ceche fyr gulden vnd seche phunth wags, vnd das selb gelt vnd wags sal angelegt werdin gott czw lobe, vnd darnoch an päxen pulwer Armprüst pheyl kwgelin vnd ander noturft der stat vnd der Ceche czw nwtz vnd czw eren. Ittem mer, welcher eyn wagner wyl seyn: vnd seyn arbeyth vorköffen wyl, der sal sich yn richten yn dy Ceche vnd sal halden dy gewonheyth der Ceche, alz ander erlich Cechen halden, zwnder mit eÿgener gewalt wber tretin den sal man straffen, So aber heer nicht wold straff awff nemen: vnd wold der Ceche nicht achten, den sal man awsz der Ceche weysen, vnd heer sal der Ceche keynen nütze haben weder mit knechten noch mit kawffen vnd vorkawffen, Alz zo lange bys heer straff awff nemet, Ab aber ÿnderth eÿnir weer der der Ceche noch off satz der straff nicht achten wolth, zolchen sol man czw wyssen thwn den Ersamen herren Bwrgermayster Richter vnd Rath dy wber ÿn czw gepieten han, dy sullen yn darczẅ nötten vnd betwingen das er es halt als recht vnd gewonheyth yst, ader lasz von der arbeyt des hantwerckes Welcher aber der Ceche gweth genẅg weer: vnd sich awsserhalb der selben Cechen generin wold: der selb sal frey seyn, alzo vil heer mit seynen henden alleyn vorprengen mag Ittem welcher aber eynes Meysters son yst: Ader eynis Meysters thochter czw der Ee nympt, der selb gyb halb alzo vil als oben geschriben yst, wenn aber eyn knecht vrsachen halben von gemeynen Meysteris der Cech gestraft ader gepwest wird, vnd eyn ander knecht dem selben gestraften ader gepwesten knecht czw gevallen off stwnde, vnd von seynem herrin gynge, der selb knecht sal och geleich mit der pwsz des forichten knechts popwst vnd gestroft werden.

Die Universität transsum. diese Artikel auf Bitten „Magistri Andreas et Petrus Concives nostre Civ. Cib. et Georgius Essich alias Juratus Civis Civ. Segeswarien." ddto. f. II. p. p. f. Beati Valentini Martiris (16. Febr.) 1490 und dieses Transs. ist transsumirt durch den Schässb. Rath auf Bitten des „Georgius Essich alias Juratus Martinus Michael et Georgius Corripari Cives huius Civ." ddto. die Exaltationis S. Crucis (14. Sept.) 1509. Letzteres befindet sich im Original-Pergament mit dem auf Papier abgedruckten kleinen Sigel der Stadt in der Schässb. Wagnerzunftlade.

LVI.

Namen von Orten, Landschaften, Völkerschaften, Personen, Flüssen, Bergen, Flurtheilen, Geräthen etc. etc. von 1490—1491.

1490. Johannes Thyrmann (T. *) } nach Bellmann
Laurencius Lederer } Chartoph in Bistritz.
Clemens Berthermannus Notarius II. sedium. Ebd.
Georgius Essich. Schässb. Wagnerzunftlade.
Andreas Dengel } Bürger von Abrudbánya.
Joannes Theiss } V. nach Szeredai.
Balthasar Paster }

1491. czukmantel. Schässb. Arch. 460.
Michael Polner. Schässb. Kirchenarchiv.
Stephan Kramp.
Petrus Roszaar.
Paulus Meyszam.
Georgius Hening.
Johannes Knochenhewer.
Mathias Kwre.
Johannes Elphan.
Nicolaus Hede.
Nicolaus Lewsch.

---

*) Wittstock, wahrscheinlich aus besserer Quelle, liest: Tyrman und fügt beiden noch Johannes Sachs hinzu. V. A. IV. 312.

LVII.

Vertheidigungsanstalten der Kronstädter.

1491.

Im Jar des Herren 1491, gemeines Vaterlandes Heyls wegen, zu Beschützung und Behaltung seiner, ist durch den Hrn. Richter und durch den Rat geordnet und gesetzt, dass in Friedens Zeit, was zu unfriedlichen Zeiten nutzbar seyn soll, damit man den Feind anlaufen und stürmen und begegnen kundt, und der Feind Macht und Gewelde gebrochen, und so viel an Menschen gelegen ist, abgewendet würde, fürgesehen, darauf geratschlaget und fleissig versorget soll werden, und was zu richten, zu bessern, zu machen, zu meren, zu versorgen ist, zugericht, gebessert, gemeret und versorget werde. Denn es zu dem Ampt weiser und kluger Oberkeit gehört, in Friedens Zeit, wenn der gemein Standt in Ruhe gesetzt, und alles stille ist, auch auf das trachten und sorgen, was im Unfrieden zu Erhaltung des Vaterlandes dienen soll: also nämlich, so alle Sachen ordentlich und wol verschafft und geordnet werden, das der Not Gefärlichkeit (mag sie nicht ganz und gar abgewendet, doch gelindert) männlich und glücklich mit Gottes Beistand überwunden werde. Dieser Ursachen halben ist beschlossen, dass zu künftiger Zeit, so vielleicht (das doch der gütige und barmherzige Gott abwenden wolle) des Volks Sünden halber, der Feinde Kraft überhand nemen, und die Stadt belagern würde, diese nachgeschriebene Articul und Satzungen fleissig verordnet und gehalten sollen werden, damit des Feindes Macht tapfer und männlich mit grossem Gemüt, und mit Hoffnung, in dem Namen Gottes, welcher eine sichere und feste Burg ist, wider alle Feinde bestreiten werde.

Zum I-ten. Der H. Richter sammt dem Rat sollen dem Stadt u. Land Mann wissen lassen, dass sich ein jedermann mit allerlei notwendigen Dingen, Fürderlich aber mit Korn, Mel, Salz und Holz, fürsehen und versorgen soll.

Zum andern. Soll sich ein jedermann mit gutem Gewehr versorgen, als mit Büchsen, Schwerdten, Bogen, mit allerhand Zugehör, Stangen, Spies, Schwein- oder Baren Spies, und was dergleichen ander sind, welche unsre Zeit bisshero oder auch hernach gemein machen und in den Brauch bringen wird.

Zum III-ten. Es soll ein jedes Stadt Tor mit einem Hauptmann aus den weisen Herrn des Rats versehen seyn, oder mit einem anderen von der Gemein, der nicht weniger versucht und der Sachen erfaren sei, darzu weiss, das vertraute Volk im Tor zu regiren.

Zum IV. In jedes Stadt Thor sollen aufs wenigst zur Besatzung 30 gute und mannhaftige Männer mit ihrem guten Gewehr gesetzt und verordnet werden.

Zum V. Es sollen in einem Eck Turm aufs wenigst 10 beherzte Männer verordnet werden, welche erfaren seien, mit Hacken zu schiessen, und ertlich wissen die Kriegs Rüstung zu gebrauchen.

Zum VI. An einem jeden Ecke der Stadt, bei den Eck Türmen, soll ein geschworner Rath Herr zum Hauptmann verordnet werden, oder ein anderer Ratmässiger Mann aus der Gemein, der zu raten thüglig sei, dass er an dem angeordneten Orth mit Rat und Tat und seinem fleissigen Aufsehen dienen könne.

Zum VII. Soll in jedes Stadt Tor verordnet werden ein geschickter erfarner und beherzter Büchsen Meister.

Zum VIII. Desgleichen soll auch auf ein jeden Eck Thurn Einer gesetzt werden; gebricht aber an denen, so sollen andre so mit Büchsen und Stücken umbgehen können, und der Kunst erfaren sind, dahin verordnet werden.

Zum IX. In einem jeden Thurn an der Stadt Rückmauern, sollen aufs wenigst 6 streitbare Männer gesetzt werden, mit ihrem guten Gewehr und andern Rüstungen, bereit und geschickt zur Schützung der Mauern.

Zum X. Die andern Spatia und Weiten der Mauern sollen mit genugsam und starken gewapneten Männern mit gutem Gewehr, zur Schützung des Vaterlandes Mauern, besetzt werden; über die andre Wehr aber soll ein jeder bereit haben eine grosse Axt.

Zum XI. Dass der H. Richter jemanden hab, damit er in der Zeit der Not Handel von der Sachen rede, und heilsame Ratschläge von allem, was zu der Behaltung der Stadt dienen soll: so soll er zu sich nemen und bei im halten, 4 Hauptleute aus dem Rat, aus jedem Viertel Einen, welche ihm stets in allen Sachen zur Hand seien. Bei diesen soll alles Volk und Leute, so auf die Mauern, Türme, nicht aufgeteilt seyn, stehen, und sich mit aller treuen Gehorsamkeit zu Tag und Nacht zu ihnen halten und ihren Rat und Geheis ohn allen Widerspruch nachkommen.

Zum XII. Die andern Hauptleute des Volks sollen auch vollkömmlich erfaren seyn, nach gegebener Ordnung gehorsam zu seyn, und die kommende Unterrichtung vom H. Richter sammt den 4 Beisitzern und Hauptleuten auszufüren.

Zum XIII. Ein jeder Hauptmann soll Vollmacht haben, zu zwingen die Ungehorsamen; und füren sie halsstarrig fort in ihrem Tun, sollen selbige sie auch ins Gefängnis werfen bis zum Erkändnis der Sache vom H. Richter, damit an solchem Beispiell auch andere lernen gebürlichen Geboten gehorchen.

Zum XIV. Dass die Bürgerschaft und alles Kriegs Volk, so in der Stadt des Feindes warten, wissen, und seinen Anläufen und Stürmen begegen mögen, oder das verwüstende Feuer leschen, und ihm fürkommen: es ist für gutt angesehen, dass man auf die höchste Türme gnugsam Fendlen, weiss und rot, ausstellen soll, und darzu 2 oder 4 getreue Männer verordnen, dass sie sehen der Feinde Zukunft oder Anlaufen. Ein weisses Fänlein; liefen sie an vielen Orten an, sollen sie auf so manch Ort auch ein weiss Fänlein aussstechen. Sehen sie aber ein Feuer ausgehen, so sollen sie auf das Ort ein rot Fänlein aussstechen. Gingen an manchen Oertbern Feuer auf, sie sollen auf ein jedes Orth ein roth Fänlein aussstechen und weisen.

Zum XV. In der Zeit der Belagerung sollen die Glocken vom Lauten stille seyn, Eine ausgenommen. Diese soll den Wächtern anvertraut werden, dass sie nach Unterweisung des H. Richters und der andern Rats Herrn, in der Zeit der Not sie schlagen können. Man soll auch auf eine jede Eck-Pastey ein klein Glöcklein verordnen, damit sie lauten sollen, wenn hohe Not auf ihnen ist, und die Feind daran stürmen, dass man behend zu Hilfe laufe und der Feind abgeschlagen werde.

Zum XVI. Ein jede Zech soll bey Eides Pflichten die Treuheit angeloben zur Schützung des Vaterlandes, und dass sie zur Strafe ziehen alle, die sich wider den Rat und ihre Hauptleute setzen und nicht billigen Gehorsam leisten.

Zum XVII. Es soll niemand ohne Verwilligung und Vergönnung des obersten Rats Herrn oder Hauptleute, fürnemen noch dorffen, weder heimlich noch offentlich, mit dem Feinde reden, Brief schicken, noch mit Zeichen was handeln. Es soll auch niemand unweislich aus der Stadt fallen oder lauffen bei Verliehrung des Kopffs.

Zum XVIII. Ein jeder Hauptmann soll gewiss die Zal seiner Zehendschafften wissen, und wie viel in jeder Zehendschafft begrieffen wird. Es soll auch ein jeder Wirth seinem Hauptmann die Zal seiner Knecht anzeigen, und wenn er Frembdes in seinem Hause beherbriget.

Zum XIX. Der Richter samt den Beisitzern, Hauptleuten sollen stetten grossen Fleiss und Acht auf das Ausstechen der Fänlein haben, damit sie wissen, das Kriegsvolk zu verordnen, und auf das Behendeste der Not zuzuschicken.

Zum XX. Es soll auch den Weibern, Mägden, Kindern und Knaben, so zum Gewehr untüglich seyn, gewernt werden, dass sie kein Geschrei noch kläglich Heulen anrichten, auch nicht umb die Gassen umblauffen, eine auf, die andre ab; sondern dass sie sich in den Häusern still und geruhsam einhalten, und Gott durch ihr herzliches Gebeth umb Beistand anrufen. Sollen auch ihre Gefässe auf den Häusern und in den Stellen mit Wasser gefüllet, dazu auch genetzete Tücher und Löschdecken bereit haben, die Feuer, so vielleicht angingen, zu leschen.

Zum XXI. Die Hunde sollen auch verschafft oder todtgeschlagen werden, dass sie kein Geheule in der Stadt machen mögen.

Zum XXII. Es soll niemand auf den Gassen und Mauern lermen, weder ein Geschrei machen oder verursachen, sondern er soll fertig seyn, und zum Streit bereit, so es die Not erfordern werde.

Zum XXIII. Niemand soll auf den Mauern oder Türmen mit Büchsen schiessen, biss nicht der Feind anreicht, Macht haben, allein der eine Büchse wollte beschiessen und versuchen.

Zum XXIV. Es sollen der H. Richter und die Hauptleute ein Her-Zeichen ausgeben, fürderlich zu nächtlicher und des Streites Zeit, dordurch sich das Volk erkennen, und den Freundt vom Feind unterscheiden mögen. —

Das Original dieser Artikel befand sich in dem Kronstädter Stadtarchive in einem Mscpto. „Decretale Coronensium, hoc est liber Senatus Consultorum seu Plebiscitorum Civitatis Coronensis per Senatum et Centumviros retractorum. Anno a restituta salute humana M.D.L.V.“, welches 1714 bei der Revision des Archives in sehr beschädigtem Zustande entdeckt und durch den Stud. juris Andr. Henrici abgeschrieben wurde. Diese Abschrift copirte 1720 Medicinae Doctor Johannes Albrich und aus seiner, unter 26, a. in der Kronstädter Gymnasialbibliothek aufbewahrten, Handschrift, welche dem Originale auch im Aeussern wenigstens näher steht, als der Grundverf. 55 f. und darnach bei Schlözer, Krit. Sammlungen etc. 76 f. veröffentlichte Text, sind die Artikel hier mitgetheilt. Ich danke die Vergleichung derselben dem Dr. juris E. v. Trauschenfels; das Original scheint nicht mehr vorfindlich zu sein.

LVIII.

Namen von Orten, Landschaften, Völkerschaften, Personen, Flüssen, Bergen, Flurtheilen, Geräthen &. &. von 1492.

Nymsch. T. aus dem Meschener Arch.
Mathias Laacz.
Mathias Rewel.
Johannes flezer.
Georgius belych.
Egidius Berwarth.
Casper Thys.
Martinus Kreechmer juratus civ. civ. Bistr. V.
Michael polnar de Segesvar.
Matthias Loecz de Megyes.
Johannes Thorm de Bistricia.

Valentinus Kraus. A. Kurz, Nachlese, 39.

Emericus Bidner
Daniel Weiss
Servatius Wiener
Valentinus Platz
Michael Henning
Marcus Connert
Daniel Crautbach
Johannes Guist
Antonius Vinrich
Friedrich Velten
Michael Paul
Ambrosius Roth
} die sächs. Nationsuniversität. Schuler-Libloy, siebenb. Rechtsgeschichte I. 449.

Sigismundus Prints (von Thorda) V. A. I. 2, 96.
Math. Lotz (von Mediasch).

Johannes Therm
Bartholomeus Chonkabonka
Martinus Krethmar
} von Bistritz.

Michael Shörel
Michael Hon
Conradus Rÿe
Michael Reiner
Laurencius Büdner
Johannes Trözer
} jurati consules von Klausenburg. Firnhaber, Beitrag zur Geschichte Ungarns unter Wladislaus II. u. Ludwig II. Wien, 1849. 157.

Georgius Hecht
Stephanus Margraff
Martinus Glockengisser
Michael Moldner
Johannes Fritsch
Johannes Schiltmacher
Johannes Wal
Nicolaus Schukesch
Stephanus Croner
Laurencius Remser
Ladislaus Pötz
Petrus Greb
} Vertreter der Siebenrichterstühle. Ebend. 161.

(Laurencius Remser, Ladislaus Pötz, Petrus Greb: de Alvÿnz)

LIX.

Hermannstädter Wagnerartikel.

1492.

Item vermerckt das ist hantwercks gerechtikeit vnd gewonheit aller Meyster des hantwercks der Wagner in der hermanstat vnd vber al so sal sein in dem gantzen Land.

Am ersten Wann ein Czechmester rwfft einem Mester ader sendt noch im vnd der selbig ist nicht gehorsam vnd kumpt nicht der sal geben in dy czech sechs pfunt wax an gross merklich vrsach.

Item Wann wir Mester gesamelt sind in der Czech vnd das ein Mester den andern Lwgen strafft ader Ligen hest der selbig sel geben. als manich pfunt wax als manich Mester da ist.

Item auch sal kayn Mester dem andern seyn arbeit schenden vor Fremdden Lewten Welcher das thun wird der sal geben fur ein gulden Wax in dy Czech.

Item kayn Meyster sal verkawffen noch kawffen das wider der Czech gerechtikeit ist vnd das selbig auff im bewert wirt mit czwayen Mannen der selb sal gebwst werden darnoch her vbertretten hat.

Item kayn Mester sal keynem knecht mer geben wann von funff vnd czwayntzig Raden ein gulden Welcher Mester mer gibt der selb mester sal geben czw bwss ein gulden.

Item Wann ein Meister vmb holz kanfft vnd ein ander Mester ader mer Mester begeren teyl an dem holtz der selbig sal im teyl geben Welcher das nit wirt thun der selbig sal gestrafft werden.

Item Welcher Mester dem andern sein gesynd ab redt durch botschafft ader durch bryff an des selben gesynd Mesters wyssen vnd das auff in bewert wirt der selbig Mester sal geben des Landtz buss das ist vier gulden.

Item Wenn ein knecht vrlaub wil nemen von seinem Mester der selbig knecht sal seinem herren das an sagen vor viertzehen tagen Welcher das nit thwt der selbig sal nyndert in dem Land gefurdert werden alss lang byss her seines herren willen begreifft.

Item keinen knecht sal man nit halden der nit ausgedint hat sein Ler Jar vnd auch nit briff hat von seinem Ler Mester welcher Mester den helt der sal geben dy Lanndtz Bwss das ist vier gulden.

Item Welcher auff vnsser hantwerck wil kumen der selb Jung sal das gelt pei den almesch nyder legen ader pfant ader durch gut Burgen.

Item Welcher Mester mit tod ab get so mag sein fraw einen knecht halden ein halb Jar vnd nit Lenger czw welcher czeit sy einen haben mag Vnd das sy den kynden dy halb Czech will halden so sal sy alle Jar czu gotz Leichnams tag geben ein pfunt wax.

Item Das eines Mesters sun noch seines vaters tod kan ein halb Rad machen so sal her frey sein seiner Ler jar halben.

Item kayn Mester sal sich an byetten den Lewten mit seiner arbet Noch einem andern Mester sein Werck Lewt ab hengich machen Wer das wirt thun der selb sal geben in dy Czech fur ein gulden Wax.

Item Wann einer Mester wil werden es sey in dem gantzen Lannd wo es ist do Czechen sind vnd der selbig hat Ler Jar gedint in einem dorff oder ausswendig der Czech der selbig sal gelt nyder legen in dy Czech do das dorff oder marckt hyn gehört von seiner Ler Jar wegen vnd darnoch do er wont do richt her sich ein czwyschen erlich Mester.

Item Wann ein Mester hat ein Ler knecht so mag her halden einen Lon knecht dar pey das erst Jar vnd nit lenger Wer das vbertretten wirt der sal gestrafft werden darvmb herticklich.

Item Auch verbiet wir euch pey des hantwercks eren vnd gewonheit das ir in kayn Stat oder Czech solt lassen auss Schreiben dyssen Briff vnd artickel vnd werd jr das lassen auss Schreiben so sult Ir von vns ab gescheden sein Welche mester das wöllen haben dy sullen das von vns erlanngen vnd nyndert anderswo.

Item das synd dy Artickel dy angehören alle Mester vnssers hantwercks in dem gantzen Lannd des hantwercks der Wagner Welche artikel vns geben haben vnd auss schreiben haben lassen durch vnser fleyssiger Bet willen vnd durch des hantwercks er willen dy Ersam Mester auss der hermannstat Welche artickel wir auff genumen haben eintrechticklich czw halden vnd pey in czu stan mit aller gehorsamkeit dy das hantwerck an gehört Wel wir anders gefudert von In werdenn.

Aus dem Originalpergament — $12\frac{1}{3}$" hoch, $5\frac{3}{4}$" breit — in der Schässburger Wagnerzunftlade. Nach Schrift etc. dem Ende des XV. Jahrhunderts angehörig, nach Gustav Seivert, Hermannstädter Zeitung, 1861, 190, vom J. 1492. Spätere Zunftgesetze (14. Sept. 1669) befinden sich ebd.

LX.

Kriegszeug in Hermannstadt.

1492, 1493.

1492.
ysseren flegel.
Seytz tartzen.
arnprost.
vynden.

Anno 1493 in turri muratorum continentur ista defendicula. Item 8 hacken puxen. Item 8 hantpuxen. Item poluer 1 feyrtal cynes centen. Item 5 arnprost. Item 5 hantpysch. Item 600 bogefeyl vnd arnprostfeyl.
hernysch.
pantzer.
mersser.

Aus gleichzeitigen Aufzeichnungen J. C. Eder, Observationes criticae (ad Felmer.). Cibinii, 1803. 204, mit Benützung der Correctur von K. Schwartz, in dem zum Besten der Abgebrannten in Bistritz von Joh. Karl Schuller herausgegebenen Werkchen: Aus Siebenbürgens Vorzeit und Gegenwart. Hermannstadt, 1857. 72.

LXI.

Bericht des Hermannstädter Königsrichters und Kammergrafen zu Neustatt Laurentius Han aus Ofen an den Hermannstädter Rath.

Ofen, 22. Januar 1493.

Main gruess vnnd Willigenn Dienst zu aller Zeyt In erenn.

Ich thw Ewer weysheyt zu wissen, das mir vnnsers Herren genad pefolhen hath: Das ich Euch zu wissen thuen sal, Das sein kuniglich genad hinein kumen wirt gar in kurczen tagen dŷ stett vnnd land zu pesehen, Noch dem wist ir euch zu richten. Vnnd vnnsers Herren genad ist etwas pegerund, Das an mich kumen ist, durch etlich Herren haŷmlich vnnd haben mir geben dy form, vnnd vorsten nicht annderss Nur das vnnsers Herren genad dy form selbas hath lassen machen, vnnd ist mir pefolhen worden, das ich euch das sal schicken, das ir das wolt lassen machen auff das aller peldest Das das selbig in seiner genaden Zukunft pereyt sey, vnnd als sy geschecztt haben mit dem Deckel So wirt es ein Marck ader funffvnddreyssig haben auch weyss Ich nicht annderss, Wenn das dem Herrn Jacob von meschen auch pefolhen ist worden Das er sal lassen machen was dorein gehört, Wenn dy Cruner Herren werden auch etwas lassen machen. Vnnd dy Nössner des geleychen. Ich thw Euch zu wissen auch Etliches new Zeytung dy wir hie habenn Das an Sand anthony tag der Gross groff auss gezogen ist mitsampt dem Batter Istwan an Vrlaub vnnd am auff ziehen ist der gross groff pey der künigin gewesen Vnnd der Battar Istwan ist ze Woczen pliben, vnnd dy mer ist hyr heymlich pey denn Herren, das dy künigin der gross Groff vnnd der Battor Istwan vnnd Herczog loronnckz vnnd dy kanschafn vnnd Prinl Janusch, vnnd etlich Herren mer, Dy ich yecz ausslass, dass sy einss seind ader was sy an heben wellen dass weyss ich nicht, Wann sy haben darnach vnnserm Herren dem künigk entpotten, das sich sein küniglich Ma^t auff sy nicht peschweren sal. Das sy alzo hinweck geczogen sein. Wenn sy wellen dy alt gewonheyt dy sy for manch hundert Jarenn gehabt haben. geren wider haben vonn wegen des Ratss, das vbrig merckt. ir wol auch wissztt weysen Herren das der Herr Draffi Bartogh der new weyda mitsamt dem anderenn weyda werden in eyner kurcz pey Ewer Weysheyt sein das ir euch wist dornach ze halden Jczund nicht Sunder last mich Eweren weysheyten pefolhen sein Gegeben auss Owen an dem tag des heyligen vincency anno Domini M°. CCCC° lxxxxm

Laurencius Han Künigss
Richtor in der Hermelstat
Kamergroff In der Newenstatt,

Geschlossener Papierbrief (Wage im Zeichen mit M oben).
Aufschrift: Denn Namhaffligen Herren Burgermeyster Richter vnnd geschwornen Burgern In der Hermonstat meinen Herren in eren.

Aus dem Orig. im Nat.-Archiv Nr. 519.

LXII.

Namen von Orten, Landschaften, Völkerschaften, Personen, Flüssen, Bergen, Flurtheilen, Gerüthen etc. etc. von 1493—1494.

1493. Andreas Monchin (in Klausenburg) V. nach Reschner.
Müllenbach. T. aus der Batthyan. Bibl.
Petrus Rosner. Schässb. Arch. 10.
Ambrosius pawer.
Johannes Knechenhower.
1494. Surosthen. V. nach Reschner.
Schespurg. Kinder Pfarrverzeichniss.
Stephanus Kramp. Schässb. Kirchenarchiv.
Petrus Rosznar.
Laurentius Clomp. A. Kurz. Nachlese, 39.
Dy ruppen gass. T. aus dem Kronstadter Archiv.
Sendt katheryn gass kem berg.
Dy ander czyl ken der bach.
Dy czyl kem perge.
Dy ander czyl off der bach.
Dy ander tzyl kem berg.
Dy ren gass.
Dy anger gass.
Des heyligen lichnamsgutz off der bach.
Der Wert.
Dy bredt gass.
Dy Bergh gasz.
Dy Bron gasz.
Dy fyer tzentschaft.

LXIII.

Artikel der Hermannstädter Goldschmiedzunft.

1494. 1546.

In dem Namen gottes Herrn Amen. Noch Crist gepwrt Tausent vierhundert vnd In dem vier vnd Neunczigisten Jar So haben dy Ersame vnd Weysse Herrn vnd mester der gantzen Czech des Hantwercks der goltschmid In der Hermanstat her noch lassen schreyben der Czech vnd des selben Ires Hantwercks gewonheit vnd gerechtikeit als sy das selbig von alders her von stucken zw stücken gemacht vnd gefunden haben mit gantzer eintracht zw halden der Stat vnd dem Land vnd In auch zw Nwtz vnd Eren.

1. Item Am Ersten Was Haymlikeit In der Czech beschlossen geredt ader gemacht wirt Welcher mester das offenbart ader auss pringt ader sagt seiner hausfrawen ader sey wer es sey dem hert sagt der selb mester sal sein Czech auff ein Newes kauffen vnd sich ein Richten.

2. Item Welchen mester man heyst auss hyn tretten von den Mestern vnd dar noch Welcher mester dem selben an sagt was von Im gehandelt ader geredt wirt In der Beschlyssung der Czech vnd der mester ein welcher mester der das an sagt dem mester der hyn auss getreten ist der selb an sager sal geben In dy Czech ein Marck Silber am Ersten, zw dem Andern Mall Wann ein solcher mester befunden wirt der sal auswendig der Czech pleiben der das an sagt.

3. Item Welcher Erlich gesell der der Czech wirdig ist vnd ein genugnuss der Czech hat gethan der ler Jar halben Wo her gedint hat vnd will mester werden In vnsserem mittel der selbig sal am Ersten haben vnd pringen Bewerlich Brieff, seiner Ler Jar halben darnoch auch seiner gepürt halben So das geschehen ist. Darnoch sal ein solcher dy Ersam Herren vnd mester Begrwssen wmb dy Czech durch Ersam Lewt So Im dy Czech zwgesagt wirt vnd auffgenomen wirt, der selbig sal machen pey einem Czechmester mesterstuck Am Ersten ein Kelch vnd ein gülden Ring mit einem stayn ader mit czwayen vnd einen taschen Löffel.

4. Item Wann ein solcher dy Mester stück gemacht vnd dy auffgenommen werden von den Ersamen mesteren der Czech so sal der selbig am ersten geben In dy Czech fümff gulden, vnd darnoch mag her erwerben von den Ersamen mesteren einen bequemen tag auff dy Czallung der anderen fümff gulden noch Irem Willen vnd Sechs pfunt Wax solches gelt sal an gelagt werden got zw lob vnd zu Er darnoch zw behaldung der Czech Notdurfft vnd des thwrens Behaldung mit pulner puxen vnd andern Noldurfft.

5. Wann eines mester sun Nympt eines mesters tochter zw der Ee dy haben gantz Czech.

Wann ein Erlicher gesell nympt zw der Ee eines mesters tochter ader ein mesteryn auff vnsserem hantwerck der selbig sal beczallen halb Czech.

6. Item Welcher Ersam Mester dingt einen Ler Jungen auff vnsserem hantwerck do sullen vnter augen sein czwen mester pey dem geding auff das wenigst darnoch der Jung am alter ist darnoch sal her auch dienen Sunder auff das aller Wenigst sall einer dynnen der etwas gross vnd partickt ist vier gantze Jar vnd ein yczlich Jung sal nyder legen pey dem geding In dy Czech 4 gulden vnd Sechs pfunt Wax vnd so dy mester dy pey dem geding werden sein vnd Werden das nit beczalt nemen der yczlicher sal verfallen sein In dy Czech einen halben gulden.

7. Item ab einem solchen Ler Jungen sein Herr stirbt ee dy czeyt herumb kumpt ein solcher Jung sal frey sein zw erwellen einen anderen Herren der frey zw halden ist einen Jungen vnd der sal sein Ler Jar gantz aussdynnen.

8. Item Welcher Ersamer Herr ader Mester wird leren seinen sun das hantwerck der selb sal nyder legen halb gelt der Ler Jar halben.

9. Item Welcher mester einen Jungen auff nympt das hantwerck czw versuchen vnd het den Jungen an gedingt wber vier Wochen der Selb mester sal das gelt geben das der Jung schuldig wer [ge- *)]wessen zw geben In dy Czech.

10. Item kain mester sal nit frey seyn seinen Ler Jungen frey zw Sagen seiner Ler Jar halben Wenn her wil Sunder das sal geschehen mit der mester Wissen vnd Willen auff das, das sy Im mugen geben Bewerlich briff seiner Ler Jar halben.

11. Item Wann ein Ersam mester In dy Czech genumen wirt vnd das Hantwerck anhebt zw Arbetten der selb sal arbetten gwt Silber das der Nodel gleich sey ader pesser Wirt ader ein solcher befunden vnter der Nodel das Erst mal primum gratis, Das Ander Mall ein Lott Silber In dy Czech zw dem dritten mall sal sich ein solcher news ein kauffen vnd czw dem vierden mall sal ein solcher nymmer mer auff genumen werden vnd Was solch arbeth pey einem solchen mester befunden wirt dy selb arbeth dy streflich ist vnd befunden wirt also offt mal das geschicht sullen dy Czechmester zw schlagen solche arbeth.

12. Item Einem ytzlichen mester sal verpotten sein zw arbetten verschwembt Arbeth dy strefflich ist pey der egemelten pwss.

13. Item kain mester sal kain glass In gold fassen pey der hantwercks Eren vnd sal kein gold Arbetten ader machen vnter achtczehen graden vnd welchem mester gold ein gebn wirt zw arbetten der selb sal es getrewlich In der gestalt wider auss geben vnd sal nemen von solcher Arbet ein bequemen Lon.

14. Item Auch sal verpotten sein einem ytzlichen mester messing zw vergwlden wer das wbertretten wirt der wirt sein pwss woll fynden.

15. Item kwpper mag ein ytzlich mester verguldem sunder ein Czechen sal man lassen das man kennen mag das es kwpffer ist.

16. Item Welcher mester Silber prennen Wil ader dem es pracht wirt zw prennen der sall es also prennen das Niemancz dar durch betrogen wirt Welcher anders wirt befunden wan das Recht ist der selb sal geben In dy Czech ein halb Marck Silber.

17. Item Welcher Mester vergwldt arbet hellen wirt ader geholff hat, des selben sall sein pwss sein darnoch dy Arbeth gross ist.

18. Item Einem ytzlichen Mesteren sal verpotten sein zw kauffen Kirchen gwtter Welcher mester das kauffen Will der selb sall vnter augen haben Czwen mester auss der Czech vnd ein geschwornen Burger vnd auffrichtig das kauffen sal an allen schaden ytzlicher Kirchen Welcher wber das befunden wirt sein Richter Wirt her Woll finden.

19. Item. Welchem mester zu kumpt zw kauffen verdacht Silber das auss einer andren Werckstat ader ander gwter lewt vnd das Bewerlich wirdt auff einen, ein solcher sal gestrafft werden darnoch her verdint hat, der es nit vorhyn der Czech nit angesagt hat, vnd auff geantwort hat ee das her es kaufft.

20. Item Auch sall verpotten sein einem ytzlichen mester das her kaynem gesellen nit sal geben zw Arbeth stwckwerck, Noch mit Im sall mesterschafft arbetten auff aynen pfennyg ein solcher sal gepwst werden darnoch dy Arbeth ist.

21. Item kain mester sal nit frey sein. zw halden mer wan Czwen gesellen auff das fylst, auff das, das sich ein ytzlicher Frumer mester mag behelffen pey dem Anderen, auss genumen Wann Wer bewerlich kuniglich Arbeth het zw solcher Arbeth mag her halden mer gesellen zw fwdernuss kuniglicher mayestet vnd sal kain ander arbeth durch sein gesynd pey neben solcher Arbeth auss Bereyten noch auff nemen vnd wann solche kuniglich Arbeth verprocht wirt so sall her halden also vill als hy oben geschriben stet Welcher das wbertretten wirt das Erst mall ein Marck Silber, das ander mall sey her fur sich.

22. Item kain mester sal dem Anderen sein arbeth abhendig machen Noch sein Werckslewt dy Im dy Arbeth geben Welcher Befunden wirt was Im zw lom wirt sal her dy helfft in dy Caech geben.

23. Item kain mester sal dem Anderen sein Arbeth nit schenden vor frembden Lewten So das Bewerlich auff einen Wirt der sal geben In dy Caech fur 1 gwlden Wax.

24. Item kain mester sal dem anderen seyn gesynd abhendig machen durch gab ader Lonn Welcher befunden wirt der sal geben In dy Czech ein Marck Silber.

25. Item Wann das Caechen vmb gesannt wirt mit welcher bwss ader gelt es auss get vnd welcher nit dar kumpt an merchlich vrsach der selb sal geben also vil zw pwss also vil als das Caechen auss gesannt wird.

26. Item kain mester sal keinen nit fwderen noch Arbeth geben der Anderswo ein fraw helt byss her sein fraw her zw vns pringt Noch kainem sal Arbeth geben noch geezewg geben der ausswendig der Czech ist.

27. Item Wenn einem mester ymant stirbt auss seinem hauss

der Im seinen broth ist den selben menschen sullen dy mester noch folgen noch der Czech gerechtikeit pey einem pfunt Wax.

28. Item dy Jungsten vier mester sullen dy leych tragen vnd zw scherren ytzlichen pey einer pwss Czwey pfunt Wax.

29. Item Wann ein gesell auff stet von seinem herren vnd kumpt zw einem anderen mester, der selb mester sal fragen den Ersten mester dem her gedynnt hat sal her fragen vnd begrwssen ab her mit Lib von Im sey geschayden ader nit.

30. Item Ain ytzlicher Herr oder mester sal an sagen seinem gesellen wann her In nit will shalden vierczehn tag vor hin, des selben geleichen ein gesell auch sal an sagen seinem herren xiiij tag vorhin wann her pey der stat dynnen will.

31. Item Welcher mester den anderen Lwgen strafft In der Czech ader anders Wo wo es bewerlich wirt ader zw Czoren pringt der selb sal geben In dy Czech ein gulden.

32. Item der Jungst mester sal Albeg dy Kerczen an entczunden Wann mann mit der Stund Lewt vnter der metten vnd auch zw der vesper vnd all heilig tag in der Hwb mess, als offt das nit geschicht als offt ein pfunt Wax.

33. Item Ein ytzlicher mester sall helffen hwtten auff dem Thwren durch sich selber ader durch sicher botten vnd genugsam gesellen vnd keinen Knaben darnoch es Not ist darnoch ist auch sein bwsz.

34. Item Auff der mester Elter sullen dy Czechmesteren Lassen singen zw sant Loy tag vnd zw aller heiligen Vesper vnd ein mess vnd ein ytzlicher mester sal da sein pey der Vesper vnd zw opfer gen pey der mess pey einer pwss eines gwlden.

35. Item Alle quatemper sullen dy Czechmester Lassen singen auss der Czech ein sell mess.

36. Item Wann ein Czechmester schafft durch Czech gescheffl mit einem Anderen mester vnd ein solcher mester das nit verpringt der verpwst drey pfunt Wax.

37. Item Zw gotsleichnamstag sullen alle gesellen gen mit Kertzen vor iren Ersamen mestern In der processio.

38. Item Wann ein Czechmester wbertrytt In den obgemnnten Bwssen der sal dy Bwss Czwyspeldig geben.

1496.

Item als Manchmoll dy Ersam Herren dy Czechmester das silber auffheben von den mesteren, also manch moll sal ein Wytfraw geben ein pfennig In dy Czech vnd ein ytzlicher mester des selben geleichen das selb auff heben sal geschehen durch dy Czechmester alle vier Wochen.

39. In dem Namen gottes am suntag noch lucia zo haben dy Mester mit eyntrach auff gesacz vnd gemacht welcher erberen

frauen yrher styrbt dy selbyche erber frau zal eyn gancz Jor arbetten lossen ab sy wyl alzo ab sy sych erbarlych helt mit den Masteren mit hůt vnd ander gewonheyt der erlichen czeyg dy eyner frauen czw steyn das ist gemacht mit eyntrach der czeyg an dem obgemelten tag Noch crist geburt 1494.

40. Item yn dem obgemelten tag alzo haben dy Master auf gesaz vnd gemacht das man won keppen nit weniger zol nemen van ij fl. von der marg nymt her aber weniger van ij fl. zo zal der selbych Master czw bus geben alz wyl her weniger nimt van ij fl.

41. Item Welge erliche Muster auff den Margt arbeten der zal nit mer geben dan ij lot vor den gulden geyt her aber mer den ij lot zo zal her czw bus geben als wyl her mer geyt.

Item Nimantz sal halten bey ij gesellen eynnen vorsprocken Knapen der do ler Jor aus gedinet hat.

42. Item Nimansz sol off Nemmen ij knapen der eyn hab den halb czeyt ausgedynet.

Aus einer dem Original (Zunftbuch in 4., in Pergament gebunden, auf Papier mit der Wage als Wasserzeichen geschrieben) in der Lade der Hermannstädter Goldschmiede entnommenen Abschrift Gustav Seivert's.

LXIV.

Zunftrechnung der Hermannstädter Schneider.

1494.

In dem Jar alscz man schreybet 1494 So hat der erlich man Maister Melcher der Cechmester engenomen

Das gelt der Cech

Item Cczw dem ersten mol durch dy hant (her?) jeronimi gulden xxv

(Dann folgen Lehrjungenaufdinggelder zu 4 gulden. *)

Item Mer an dem donnerstag Noch aller sczuelff boten tag So hat her entphangen auss der pixen gulden xxxxiij

Item an sent Peter tag . . . auss der pixen der Cech gulden xviij

Item Mer hat her entphanen auss der pixen gulden xxv

Item Mer hat her entphangen von dem herren peters von wegen der dyl gulden ij

Summa huius fl. 264 d. 46

---

*) Ich bemerke als sprachlich bedeutend nur „entphanen".

In dem Jar Als man schreybet 1494 So hat der erlich man Meyster Melcher der Cech Mester auss gegeben das Noch geschryben geld
Item Clement czyglerern gulden xxx
[Doran han ich entphanen owen czyglen iiij] *)
Item Peter Prodneren gulden xxxij
[Doran han ich entphanen gosse owen czyglen v] **)
Item dem hethen von den czyglen czu furen eyn ort d. vnd gulden v
Item her albrygen von eynem halben owen czyglen czu fürn den. ort iij
Item her albrigen von eynem owen Czyglen czw füren fl i½
Item Mathys Keser das her hat gefurt ij owen czyglen gulden iij
Item Weyss Peter von eynem owen czyglen czu füren gulden l½
Mer von viij füren sant asp. xxxx
Mer vor viij füren sant asp. xxxx
Mer von eynem cleynen owen czyglen czw füren d ort iij
Item dem Sager gulden iij
Item dem Sager gulden ij
Item dem Sager hot man gegen gulden viij
Item dem Sager von dem holcz czu füren gulden vij
Item dem Sager gulden iiij
Item dom Sager gulden ij
Item dem Sager gulden ij
Item Röckeren von xx furen sant czu füren gulden ij
Item mer Röckeren von sant czu füren xx furen gulden ij
Item mer vor x furen gulden i
Item mer Reckeren von xv furen sant gulden i½
Item vrslen piterr von wegen ruckers von x furen sant gulden j
Item hern Steffan mortgreb hat man gegen von v owen czyglen czw fürn gulden v½
Item dem fürman Crasten das her sant hat gefürt vm füren asp. xxxx
Item Matthys öllebecher vnd Thomas habertorren vor dy balken czu füren gulden iiij d. ort j
Item den gebawren von Freck dy balken füren gulden ½
Item Mer den gebawren von Freck von den balken czw füren asp. xx
Item Mer den gebawren von Freck dy mit den balkon d. ort iii

*) **) [] gestrichen.

Item Ollebecher vij fösten czu füren gulden j
Item den gebawren von Freck vor vj holcher xxviij (?) Föch Janck gulden j
Item Mathÿs öllebecher vor holcz gulden iiij½
Item höni jacob vor ij fürn holcz vor eyn fur asp. xxxx
vor 2y ander fur asp. xxx
Item Mer höni jakob asp. xxxx
Item vor xx keffer gulden iij vnd d. xx
Item vor vj holczer eyn gulden vnd eyn ort d.
Item vor vj keffer asp. xxxx
Item höni Jakob vor vj holczer asp. xxxx
Item vor vj holczer czu den fösten d. ort. iij
Item dem bloch von iiij holczer czu füra gulden j
Item dem bloch vor iiij holcher gulden j
Item vor eyn fur dÿl asp. xxxx
Item Mer vor eyn fur dÿl asp. xxxviiij
Item Mer vor eyn fur dÿl asp. xxxxv
Item Cczu dem büchstallen eyn fuder holcz asp. vij
Item Czu den Rÿgelen eyn fuder holcz asp. x
Item Czu Rÿgelen eyn fuder holcz asp. v½
Item vor eyn fur keffer czu resten asp. xxiij
Item Mer vor eyn für dÿl gulden 1 asp. 4
Item von Merten Seleren vor sib'en asp. vj
Item vor lacznegel asp. ij
Item Haniss bodneren vor merter scheffer asp. xxij
Item vor laczen d. xij
Item aber lanczen czw den buchtallen asp. xij
Item vor lanczen czu den buchtallen asp. iiij
Item vor hundert lacznegel asp. vj
Item vor eyn Ratyn eyn rotbar d. vij
Item Mer lacznegel vor d. iij
[Item der becksalarÿg'yssen vor Calk gulden 1 vnd eyn ort. d.] *)
Item holcz ij fuder czu rygeln asp. xx
Item vor negel d. ij
Item Peter Fÿbÿsch holcz czu den Fensterkeppen asp. xx
Item hundert lacznegel vor asp. vj
Item Eÿn Schÿn Eisen vor asp. vij

Aus dem Hermannstädter Schneiderzunftbuch Nr. I. pag. 73—84.

---

*) [ ] Gestrichen.

Aus der Rechnung über den Bau der Schneiderzunftlaube von demselben Jahre:

Item. czwm andermol auf dem vall holtcz czw behauen vor prot fl 1 den. 50, mer vor dem weyn den. 50. vnd vor Fysch den. 40 vnd vor oell vor kumpast vor czwyvel den. 40.

G. Seivert: Die Stadt Hermannstadt. 1859, pag. 30.

LXV.

Namen von Orten, Landschaften, Völkerschaften, Personen, Flüssen, Bergen, Flurtheilen, Geräthen etc. etc. von 1495—1497.

1495. Schorosthen. V. nach Reschner.
1496. Messe. V. nach Reschner.
Pyen. V. nach Szeredai.
Lankrek.
Heltha.
Servatius Beer. A. Kurz, Nachlese, 39.
Saldorf. T. aus dem Karlsburger Landesarch. Cist. Cap. Alb. IV, 9.
1497. Alman Jobagio Georgii Chukas. V.
Hamlos. T. aus dem Karlsb. LA. Cist. Cap. Alb. IV, 9.
Klenselken.
Schapparcha.
Wyncz.
Bogesdorff.
Regen.
blasius swertos. Sendorfer Kirchenrechnung.
demetrius lutcz.
hanes zeymer. T. aus dem Kronstädter Arch.
her bartholome schwnkebung.
Nicolaus Kemelt.
Michael gold.
Johannes schyrmer.
Petrus goltsmit.
edlen thomas.
climes endris.
ptter thaschner.

LXVI.

Gassennamen in Kronstadt.

1497.

Nota registrum taxe Quartalis corporis Christi Imposita est taxa circa festum assumpcionis marie Anno domini 1497 Jurati cives paulus Faber Seruacius sutor Et alys.

hanes zeymer &c. &c.

. . . . . .

Platea nigra In curia sancte Katherine In Bulgaria In porto florum In veteri civitate	Zum ersten Stadtviertel gehörig 468 Namen mit fl. 450, asp. 1 Steuer.

Registrum Taxe 1497 circa festum assumpcionis Marie Domini cives 1497 her bartholome schwnkebung Nicolaus Kemell Michel gold Johannes schyrmer.

. . Portica . . . Noua platea . Nigra supra ripam Dy Twer Gassen Ascendendo blumenawe a Spiritu Sancto Dy bladerst gassen supra ripam Dy mitelst gassen	Zweites Stadtviertel 555 Namen mit fl. 496 asp. 33 Steuer.

Registrum Taxe

Anno Domini 1497 Feria sexta ante assumpcionem marie virginis jmposita est hec taxa pro tunc fuerunt jurati ciues petrus goltsmit edlen thomas climes endris pilter thaschner.

Dy nonnengasze . Dy new gasze . . Dy lang gasze . . Dy mitelczt gasz . Dy mittelcz gasz oben aws Dy blumen aw . . An dem burch Halcz .	Drittes Stadtviertel (Katharina) 396 Namen mit fl. 336 asp. 39 Steuer.

Da das Steuerverzeichniss aus dem ersten Stadtviertel (quartale petri) nicht vorhanden ist, so wurden die bezüglichen Angaben aus einem Steuerverzeichniss desselben Viertels aus dem Jahre 1494 *) entnommen und es ergaben sich 514 Namen.

Zusammen 1933 steuerpflichtige Bürger.

Teutsch aus dem Orig. im Kronstädter Stadt-Archive.

LXVII.

Namen von Orten, Landschaften, Völkerschaften, Personen, Flüssen, Bergen, Flurtheilen, Geräthen etc. etc. von 1485—1487.

1499. Nicolaus Prol de Cibinio Salzkammergraf. V. nach Szeredai.

Vor 1500. Kysyd. Kisder Pfarrverzeichniss.
Scheges.
Nithwsis.
Meburg.
Closdorff.
Sumer (Sommerburg).
Swyschir.
Dwnalsdorf.
Petrus Ryngesch.
Johannes Kowerer.
Nicolaus brenner.
Ladislaus wal.
Beras. Codex Cap. Barc. minor.
Maldartum annone
peccarius. Klausenburger Goldschmiedlade. Selwerth.
11 loth argenti.
clenodia armatica wappengraben.
Joppula.

Um 1500. Hwppertus. Ebd.
Laurencius Eldner.

---

*) Siehe die daselbst vorkommenden Gassennamen unter Nr. LXIV.

LXVIII.

Zusätze zu den Hermannstädter Schneiderartikeln von 1485.

1499 (?).

Item welcher mester den anderen gewannt auss den henden kaufft vnd wolt es wider vnsseren mesteren verkauffen vnd wolt gewynn von In nemen es sey in der Stat ader auf den Jarmeckten der selb sal sein bwss czwyschen vns nit wyssen.

Item welcher gesell seines Herren hauss vnert ader beschemt der selbig sal kein er noch Fuderniss czwyschen vns nit haben.

Item welcher gesell mester wil werden vnd der dy mesterschaff wil beweyssen noch hantwercks gewonheyt durch dy Materyn der sal wyssen dysse stuck vnd zw sagen dy her noch geschriben stan.

Am ersten sal her wyssen wy vil ellen pernisch gewant ein briester sal haben zw einem Rock.

Darnoch sal her wyssen wy vil ellen pernisch gewant sal haben ein briester zw einem mantel mit czwycken.

Item darnach wy vill ellen ein magister sal haben pernisch gewant zw eyner gwgel.

Item darnoch wy vil ellen pernisch gewant man sal haben zw eyner prelaten gwgel.

Item darnoch wy vill ellen Samat man sal nemen zw einer kassel.

Item darnoch wy vil ellen Samat man sal nemen zw einer Korkappen.

Item darnoch wy vil ellen Samat man sal nemen zw czwayen dinströcken.

Item darnoch wy vil ellen ein munch sal haben zw einem Rock vnd czw einer Kappen.

Item darnoch wy vil ellen Samat ein herr sal nemen zw eyner schawben.

Item darnoch wy vill ellen pernisch gewannt ein hoffman sal haben zw Joppen vnd hossen.

Item darnoch wy vil ellen pernisch gewannt ein hoffmann sal haben zw einem Schwebischen Rock vnd zw einer gwgel.

Item wy vill ellen taffat ein herr sal haben zw einem Rock mit flwgeln über den harnysch.

Item darnoch wy vil ellen taffat zw eyner deck wber ein Ross.

Item wy vil ellen taffat czwayen Narren zw Iren Rocken.

Item wy vill ellen ein herr sal haben pernisch gewant zw einer sattel deck mit dreyen czöppen.

Item wy vil ellen czwilch man sal haben zw einem geczelt, czehen ellen hoch.

Item wy vil ellen mechlisch ein pawer sal haben zw einem vier stückischem Rock auss ein ander gefalt.

Darnoch zw einer gwgel mit einem wber schlag.

Item dernoch wy vil ellen pernisch ein fraw sal haben zw einem mantel mit einem auff gesaczten Saum.

Item wy vill ellen pernisch ein fraw sal haben zw einem gefallten Seydel mit Kwtten.

Item wy vill ellen pernisch ein frau sal haben zw einem schwrkysch.

Item wy vill ellen pernisch ein fraw sal haben zw einem echt stückischem Rock.

Item wy vil ellen pernisch ein fraw sal haben czwu einem schlymychten Mantel.

Item wy vil zw einem selb wachssen hentschuch.

Item wy einer fusslinck wil machen an gestrickt hossen.

Item wy vil ellen taffat vnter ein ell pernisch.

[Item wellicher Maister kawfft gewanth das da verfawlth ist vnd pey Im fynt es sey ann gewanth oder ann klayder das wirt man In dy Czech nemen ann alle genath.

Item Greger miles seyn ler Jung.

Item welcher Meyster gewanth kauft vnd theylt das myth eynem der do nycht yn der Czech yst vorfellth 1 ff. wax.] *)

Item disse hernoch geschriben Artikel haben gemacht vnd beschlossen mit gantzer eintracht alle Ersame Herren vnd mester In der gantzer Czech.

Item am Ersten welcher mester ein Jungen wil auff neinen (!) zw versuchen das Hantwerck der sal das thun mit wissen der Czechmester nit lenger wann vierczehen tag.

Item welcher mester will auff nemen einen Ler Jungen, da sullen vnter augen sein Czwen Czechmester auff das wenigst der selb Jung sal nyder legen pey dem almasch In dy Czech vier gulden vnd vier emer Wein vnd vier pfunt Wax vnd seinem Ler mester auch vier gulden vnd sal Im dynnen vier gantzer Jar.

Item darnoch wann ein solcher Ler Jung auss hat gedint seinem Lermester vier gantzer Jar so sal der selb mester von dem selben tag byss wber vier Jar keinen ler Jungen auff nemen.

Item welcher mester wil werden In vnsser Czech vnd sich ein Richt der selb mester sal yn den Ersten vier Jaren keynen Ler Jungen auff nemen.

Item welcher mester dysse Artickel an dissem plat geschriben wirt wbertretten vnd wirt dy nit halden der sal an alle genad in dy Czech geben ein Czentner Wax.

---

*) Spätere Zusätze von drei verschiedenen Händen.

[Item welcher Meyster myth eynem anderen meyster eyn leg der do nycht yn der Czech wer der ysl verfallen wax fl. 1.] *)

Aus dem Hermannstädter Schneiderzunftbuch Nr. II. p. 10—18.

LXIX.

Kelchinschriften des XV. Jahrhunderts.

1. MARIA G (ebenedeiete)
   GOTHLI (hilf) **)
   den . ven .(eranten) kumpt . dor . Keloh
   von . Kurcn . schusser
   cristel . deutschleader

In Petersdorf bei Bistritz aufbewahrt; den Schriftzügen nach vom Ende des XV. Jahrhundertes.

2. gibilf . liber . got das . mir be : (Stehen?) bodef

In Neithausen befindlich; den Schriftzügen nach aus der zweiten Hälfte des XV. Jahrhunderts.

LXX.

Schässburger Kirchengrundstücke.

Um 1500.

In der Weng.

Boy grempen graben hat bescheyden Caspar Bidtner oben an Schlechten Endres Erdoch η 2

Johannes Knochenbayer hat bescheyden peym Schaczprünen vnden an peter Zydlerenn Erdoch 1

---

*) Späterer Zusatz.

**) hilf, hilf vns, hilf got erscheinen in sonst lateinischen Inschriften eingesprengt noch an mehreren Kelchen sächsischer Kirchen. Vgl. Fr. Müller zur Gesch. der sächsischen Goldschmiedekunst in den Blättern für Geist, Gemüth und Vaterlandskunde 1858, 157 f.

Widder hat dy Kirch oben an Prodt Hanesen am Schyrenberg Erdoch 3 (?)

— — — Ochsenberg vnden an aroz Mathesen Erdoch —

Do selb oben an der heilig leichnam preder landt hat Merten Rymner bescheiden Erdoch 1

Oben an Mechel ӱwes landt trift ob dӱ beck hat bescheӱden Kesthen Jacob agrum 1

— — r der Hecken am — hyren perg agri 2

Summa facit Iugerum 12

Item Murczen Vrben het bescheiden In der Weng wӱs Landt zum Negsten an Wӱnkels Hannissen Jeger ½ *)

Item Georgius Koffman hat bescheӱden beӱ dem Schacz brwunen, alsso des seine fraӱndt das brawchen, sunder den meden czw der Kӱrchen geben Erdoch — **)

Einzelnes Papierblatt in Halbfolio im Schässb. ev. Kirchenarchiv. Schrift vom Ende des XV. oder Anfang des XVI. Jahrhunderts.

LXXI.

Sophia von Waldstein, die Gattin des Woiwoden, macht einige Bestellungen bei dem Kronstädter Rath.

Gergen 15. Mai 1500.

Vnsern grus in gueten Willen zuvor Ersam Fuersichtig vnd weiss vnser besonder Lieben Freundte, begern an euch bittend mit vleis als vnser gut; frewndte ze welchen wir . . . . . vorsehen als gueten vnd hoffen an allen zweyffel solches in vnsern — — digen nötten vnd notdurfften willigklich thuen werdt, vndt vns ein konthner Pfeffer kheuffen, auch dabey zwen scharmlath, ein prawner, den andern naglfarb, was ier vnderth vor solches alles gebt, beezollt, die zeit, alles das wellen wier euch schon trewlich vnd vnzerfirlich auf Send Michels tag widerumb erberlich bezallen, versprechend mit disen vnsern gegenwertigen brieff, vnd solches gen hermaustadt ze unseren wiert Mester Michelen nider legen vnd in sein haus antwortten yn welchen ier vns ein

---

*) Jüngere Schrift.
**) Aeltere Schrift.

gutt vnd sunder gefalliger (?) welches wier auch yn khunfftigen zeiten trewlich gedenkhen wollen vnd noch Bitten an zweiff .... das von vnsern wegen ansuchten vnd wier vnns auch .... diser verschreibung gegen allen gueteklich verhalten .... willens sein geben zu Gergen am tag sophie d heiligen jwngkfrau Anno domini etc. Millesimo Quingentesimo.

Soffie von Waldstern Bronin ze Send Jorgen vnd pesing etc. Weydajn ze siebenburgen etc.

Aussen: den Ersamen fuersichtigen vnd Weysen Richter vnd Ratheren der Stat Cron vnsorn besonders guten Frewndten.

Das Original (Papier) im III. Bd. der nachträglich gesammelten Urkunden im Kronstädter Stadtarchiv war grün gesiegelt. Aus Fr. Schnell's Abschrift in der Sammlung des Vereins für siebenb. Landeskunde.

LXXII.

Namen von Orten, Landschaften, Völkerschaften, Personen, Flüssen, Bergen, Flurtheilen, Geräthen &c. &c. von 1500—1501.

1500. Kryczpak. Aus dem Karlsb. LA. Zimmermann T.
Nicolaus Zanobius alias Prohl T. nach Haner.
Mathias Moler.
Michael Polner.
Laurentius Hann.
Johannes Woall.
Petrus Regen.
„ingera seu vulgariter Morgen."
Paulus Luths Canonicus. V. nach Reschner.
Franciscus Sleg oder Gleg } aus
Johannes Sigil } Heltau.
Henricus plebanus in Földvár. V. nach Benkö (?).
1501 Anthonius Polner. Schässb. Schusterlade.
Nicolaus Heyd.
Michael Kolff.
Georgius Ezych.
Johannes Knochenhewer.
Michael Kolmasch.
Simon Weserbwch.

Johannes de Byrthalben.
Petrus Schmed. Metalurkunde von Stein.
Andreas Schneider.

LXXIII.

Der Rector der Wiener Universität ersucht den Kronstädter Rath, die Väter einiger in Wien studirenden Stadtkinder zur Zahlung der von diesen gemachten Schulden zu veranlassen.

Wien, 23. December 1501.

Ersam fursichtig vns liebben vnnsern freuntlichen grues bevor. Vnns hat der Ersam wol gelert Maester Mathes quale von watsch anbracht wie ime etliche studenten so ewer burgerkhinder sein schuldig wern inhalt irer quittantien so er vns dan gezaigt, die im doch lanngst betzalt sollten haben aber wisher nit beschehen, daz vnns dan mit vnbillig befrembt angesehen daz er inen solches trewlich geliehen vnd zu irer nothdurfften gerwigt hat, es sein auch der Maister in vnnser vnniversitet solcher verziehung von eueren khinderen nit gewenet vnd mecht auch solches furan eueren khindern zu nachtail erwachsen also daz andre an solcher erziehung ein Ebenpild nemen mechten vnd sein mit namen Gregor eines schuster ser schuldig vehsthalben reinischen gulden xi d. vincencius trosth zehn reinisch gulden newn pfenneg, blasius gail schuldig sechs reinisch gulden newn pfenneg, yst darauff an euer weishait vnnser freuntlich begeren, die vater vnd virger solcher vnns benennten statkhinder mit ernnst dar zu halten, dardurch den guten hern vnd Maister sein gelt daz es inen dan trewlich geliehen vnd vmb sy verdienet hat geschickt vnd betzallet werde, anderst ime ander weg gedenken musse wie er das sein durchrecht bekome, das woll wier wie sich gebieret vmb euch vnd euer khinder wo die ze zeiten mit lernig by vnns wonen treulich beschulden. Geben zu wienn am phintztag nach thome apll etc. anno d'ni funftzehenhundert vnd ym ersten jar.

Rector gemeiner vniversitet
vnd Schuele verem. (?)

Von Aussen: den Ersamen fürsichtigen weisen heren Richter vnd rat der Stat Chron jn siebönburgen vnnsern guten Freunden vnd herrn.

Das Original (Papier) im dritten Bande der Urkundensammlung im Kronstädter Stadtarchiv, ohne Siegel. Schwer leserliche Schrift. Aus Fr. Schnell's Abschrift; das oft erscheinende und störende w statt b mag dem Abschreiber zur Last fallen.

LXXIV.

Deutsche Personennamen und Anderes aus dem Hermannstädter Schneiderzunftbuch Nr. II.

1501—1541.

Pag. 16.

1501. Wolffgang Kysser.
1502. Herr peter Wolff.

pag. 17.

Simon puchmann.
nyclass leyss .. an vnsserm jarmarckob nach osteren.
1504. . . . ozu phintzten.
Gregor miles.
1514. Item dy erlich herren dy schoch mayster dy hon gekawfft in der mayster wayer 4 hondert schös hecht dy ston fl. x
vnd dy fwer vnd der fesser das stet fl. 1.
wnd dy Czerunge dy stet d. xx5.
Caspar holczmencher.
Vellen Fuss.
1515. Mayster bross.
Veltin schezpurger.
1517. Benedick byrcker. dy merschenken.
Clrwes. dy felkern.
1518. Schebesch der altt. endres schnyderea of der wyssen.
Kynder thomas.
thomas myles. hannes messig.
mechel braller. „ym herbest".
Sygmundt göbel.
1519. Schebeschen herman. yorg rosendal.
lorencz holczman.

1521. Francz durst.
mathes slessiger.
rodt yorg.
mathes von nessen.
1523. meyster sacharyas. scharsch nyclos.
franss czegler.
jacob seydel.
jor schalner.
. . . gross peter von der polden.
1524. mester jacob von vrhegen.
mester pawl mester hormess seyn son.
1527. hannes breca.
merten seywert.
1528. merten nerremberger.
1529. jor kerczer.
symon rygesdorffer.
1530. gyll reppesdorffer.
hannes von schelken.
merten von gyrgersdorffer.
1531. stheffen seytner.
stheffen von der helten.
hans Wuldorffer.
mathes byrges.
krestel hoss.
hennis frang.
1532. Maister barthes von Clausemburg.
1533. mathes schon.
symon schyrner.
piter funck.
1534. Hans Erassmi.
piter Kemner.
1535. hans czoltner.
Owen niclos.
Meyster Albert.
1536. Niclos von Kronen
mathes bÿrbraier.
maister Nicasius.
1538. piter barlasch.
hans prosteroffer.
1539. Deck jorg.
piter göbel.
Ludwich Mestler.
Jost schneyder.
Michel mÿschner.
Greger danryss.
1541. Tomas konnert. (?)

1535. Man hat wals nyckle-
sen gepiest das her dÿ
Steb nÿt hat wÿllen tra-
gen on gocz leichnams
tag vnd hat sich ge-
schompt dÿ paes sol her
nyt wyssen.
1537. dÿ kÿslÿnge hat wÿ-
der dÿ czech gehandelt
vnnd ffor piest das sÿ
ffall hat gebat czu Reyss-
mark auff einem vor pot-
ten Jarmark.
1538. Meyster hassel ist ge-
puest worden das er dÿ

uzech hat gy schmelt vmb ein halben czenthen wox.

Item mer an den anderen tayl das er für der laden hat gepücht zu puss ein halben czenthen wox.

Item mer Simon schewrner ist gepuest worden das er den schlissel nicht haym het procht d. 50.

item Maister Nicasii ist gepuest worden das er nicht hat gehut vmb 2 pfunt wax.

Aus dem Original in der Hermannstädter Schneideraunftlade.

LXXV.

Namen von Orten, Landschaften, Völkerschaften, Personen, Flüssen, Bergen, Flurtheilen, Geräthen etc. etc.

1502—1504.

1502. Kewres. T. aus dem Birth. A.
Martinus Schezer.
Petrus Ewerdal.
Johannes Chremer.
Blasius Thyl (greff Theyle) de bedewzenthgyewrgh. Philippi aus der Tartlauer Gemeindelade.

1503. Johannes Polner. Kisder Pfarrverzeichniss.
Martinus Capinius. A. Kurz, Nachlese, 39.

1504. Nicolaus lowsz. T.
Georgius Ezygh.
Simon waserbwch.

LXXVI.

Deutsche Ausdrücke in dem Mediascher Stadtbuch, nach den von J. Freiherrn Bedeus von Scharberg im Vereinsarchiv N. F. III, 31 f., daraus veröffentlichten Mittheilungen und dem damit verglichenen Originale *).

1504—1517.

pag. 61. 62.

1504. Schrothekes.
Buntekes.
wanthrwck (Maass für Hanf und Werg).
Mannes gemechter.
Frauengemecht.
Lantsůsunk.
1507. Blasengrunt.
1508. Steingass.
Czekesch.
Petrus Deschler.

pag. 108.

1512. Iten an den Ballen 18 Örther pro fl. 1.
Item pro eynen Newen Bollen d. xii.
Item wor eyne Stang czwstelen d. x.
Item wor eynen Newen stoll yn eyn fenchen d. xx.
Item wor eyn new fencheu d. L.
Item wor eyn Stang czwbalden gemacht d. xxx.
Item wor eyn rengk an eyn well d. xxv.
Item wor eyn new haw d. 80.
Item am Bollescherpen won eynem Roed eyn Jar Korren Rwmp vi.
wan das man eynen Newen steyn awff ozwcht won dem Löffer 2 Rwmp Korren.
Wnd won dem nyderstyn steyn awr eynen rwmp korren.
Item wan das man eynen czappen erleche yst recht d. xxv.
Item wor eynen steyn woffen d. †† (? xx).
Item wor eyn Bws an eyn well d. xxv.
Item Eynen Newen sthwel fl. $^1/_2$.
1517. Manns schwgen.
15.. pons legesch.
mons herntegrunt.

LXXVII.

Artikel der Nösner Weberzunft. Ohne Schluss.

1505.

Jhesus Maria Anno Christi 1505.

Item der Erst Artickel wan wber kurz oder langczeit Eyn ader mer maÿster Leinewebers Hantwercks awsser des yetczgemelten Honthwercks czech dy dan solcher Erber czech wirdig weren befunden wurden, dy sich sölche Hantwercks awserhalb der gemelten jrer czech dawyder gepranchen widerstünden vnd wolten der itcz genantten czech gerechtickeit nicht halten, Der ader den selben mit sampt ÿrem gesindt sol sollich Hanthwerck sich des verrer czw gebrawchen verpoten vnd nydergelegt seÿn, vnd als dan so sal solchem ader solchenn sich ÿn sölch czech czwrichten vnd czwkhawffen mit Eynes Rats czw nössyn gewalt gepoten werden.

Item der ander Artickel, das kheyn meyster yres Hanthwercks ausserhalb der genantten yrer czech Am Montag garren czw kauffen nicht frey seyn, Es sol auch kheyn meyster yres Hanthwercks inner ader awsser yrer czech yn Dörffer czeczyhenn garren czw kauffen nicht frey seÿn, ab aber Eyner ader mer wbertratten vnd begriffen würden dy do garren yn den Dörffern darwber kawften der ader dy selben swllen gebüest werden von den meystern vmb eÿnen gwlden.

Item der dritt Artickel, das kheyn maÿster ÿnner nach awsser der gemelten czech kheyn tuch ader leynwath machenn das da awsswendig wirkyn vnd ynwendig henffin, Ader awswendig henffin vnd ynwendig wirkyn sey, vnd ab aber solich sträfflich leynwath befunden würdt dy sol verbrentt werden vnd der ader dy so ynner der genantten czech weren vnd solich leynwath gemacht hyetten, ader bey yn befunden würdt süllen nach Erkanthnüss der genantten czech des halbs gebwst werden.

Item der virdt Artickel, Es sol auch eyn yeder Maÿster der genantten czech ader Hanthwerks zw eynem yedem stwck nicht weniger legen, dan hwnderti Elen, vnd also manch Elen yn eynem yden stwck czw kwrcz ader weniger befunden würdt, Alsso vmb manch pfundt wachs sol der ader dÿ, dy selben Leynwath machen, von der gemelten czech gebwst werden.

Item der fünft Artikel, Ob auch eyn ander Hantwerger ader gepawr seyn Elich Hawsfraw hyeth, dy das gemelt Hantwerck gelernet hiet Sölchin Frawen sal das Hantwerck czw treyben vnd czw arbeytten Alsso verpotten seyn, Awssgenommen was sy von yrer ader yrem gesyndt gespinnet gehaben, das mag sy czw yress Hauses nottwrfft verarbeytten.

Item der sechst Artickel, es sal auch kheyn lediger gesell

noch weybspild ynner nach awaser der genanlten czech, In der stat nach ym ganczen stüel verrer dan vor begriffen ist, Meysterschafft czw treyben nicht frey seyn, Ab ader darwber befunden würden, yr weren vil ader wenig, den sal sollch Hanthwerck mit Hylff Eynes Raths verpotten vnd nidergelegt vnd awsgetriben werden.

Item der sybent Artickel ist, das wyr meyster der obgemelten czech begeren das der leynschnidt nymanth anderst frey sey dann vnd nach der löblichen czech gewonheyth.

Item der acht Artickel, das kheyn meyster ausserhalb der genanlten czech Eynen iungen das Handhwerck zu leren nicht frey seyn, ab aber sölich befunden würden, So sullen sölich jungen mit Hilf Eynes Raths von solichen meysteren genommen werden.

Item der newnth artickel, Ab auch Eyn ader mer meyster Blaw geczogen arbeyth machten vnd machten dy czw kwrcz ader czw schmal nach der Elen ader mass desshalber darwber gemacht nemlich der ader dye sso ynner der genanlten yrer czech weren, vnd solich Blaw geczogen arbeyth czw schmal machten, der ader dy selben von ydem ror (?) so vil es czw schmal ist eyn pfundt wachs, vnd wer solich arbeyth czw kwrcz machte solich swllen von der genanlter czech vmb Eyn pfundt wachs gestrafft werden, Wer es aber nicht blaw geczogen arbeyth, vnd wer swst schlechte leynwath dy do czw schmalle befunden würdt der Ader dy selben dy sölich sträfflich arbeyth machten dy sallen gestrafft werden vmb eyn pfundt wachs.

Item Ab aber sölich sträfflich arbeyth von andern meysteren ausserhalb yrer czech gemacht befunden würdt der ader dy solich strefflich arbeyth gemacht hyetten süllen nach Erkanthnuss darumb von Eynem Rath gestrafft werden.

Item der czehendt Artickel, Ab es sich begeb das fremde leynwath hye erczue gebracht würdt, dy da sträfflich wer, So pit wyr das yr vns czw schucz czw dem wolt lassen seyn, das sölich sträffliche leynwath verfallen wurdt dem Rath.

Aus einem Pergamentblatte ohne Siegel; Unterschrift und Datum im Bistritzer Magistrats-Archiv von W. Wenrich. Seither veröffentlicht von Wittstock im Vereinsarchiv N. F. IV, 91 f.

LXXVIII.

Testament der Ursula Meister Paulin.

1505 (?).

Testamentum huius Dominae Vrsulae sic habet:

Ich Vrsula, Meister Paulin mit wolbedachtem mut, vnd gutter Vernunft meiner güter, lass ich dieses Testament. Zum Ersten. Befeel ich meine seel in die hend des Allmechtigen Gottes, Vnd setze zu erben meiner güter, meine brüder vnd schwestern. Vnd Zum ersten lass ich meinem bruder Herr Fabiano meinen besten tisch vnd das deckbette. Meiner schwegerin Barbara lass ich meinen gestrickten gurtel, den vnverguldten. Vnd bitte sie beide das sie wollen lassen machen vor mich 4 seelbad, vnd aufm predigstul vor mich bitten lassen 5 iar. So sie aber stürben, das nit wurd verhindert. Item Meinem Bruder Nicolao, lass ich fur 3 fl. gewant zu einem rock, vnd meines herren maderin hut: Item meinem bruder Michael den roten schamlot, die hasek bevor. Meiner schwester Agneten den grunen seidel, vnd der besten schloier auch einen. der andere soll der Salome sein. Mehr der Agneten den besten roten silberin gurtel, ein gut bett, 2 phul, 2 leintücher. Vnd sie soll fur mich lassen machen 2 seelbade, vnd vor mich lassen bitten 2 iar zum heiligen creutz. Irer tochter der Barbara lass ich ein kleinen gurtel. Meiner Schwester Salomi, meinen himmelfarben seidel, vnd den Scharlack rock, vnd die besten 2 mentel, vnd den besten gestrickten vbergulten silberin gurtel, vnd die beste Corallin betschnur mit vbergulten steinen, Vnd das beste bett, vnd 2 phul, vnd zwej leintücher, ein weisse Kursche, vnd einen tisch. Item zu der Capellen soll man geben die 200 fl. die der Peter Rebel darzu gelassen hot. vnd ich lasse auch darzu fl. 25. das man die Capell mit steinen vberlegen mag, Vnd lasse auch darzu mein best silberin heftel, vnd 3 marck silber zu einem creutz, Vnd darzu ein guldin stucke zu einer Caseln welches die ander helft ich hab geben in der Capitels hern bruderschaft, zu einem messgewant. Item den grossen weier mit der wisen lasse ich zur Capellen, vnd den weingarten an der burg den ich vom Geiger kauft hab, mit sampt dem andern weingarten oberst halben teil auch do selbs vnd das klein hauss an der Lorintz Fleischerin liegend, sampt dem backhauss vnd den 3 zinsheusern Widerumb auch das dritteil des Rebels haus, vnd die fl. 50 die mein Herr Hans koler darzu hot gelassen soll man zur Capellen geben. Vnd allen die bei irer gewissen sprechen mogen das Ich inen schuldig sei, soll man gnug thun auss meinen gütern. Item. Ich lasse zu der Capeln die man in der Rodna machen solle fl. 50.

Item Meinem schwager Lenart Fenkisch, lasse ich ein blo hasek. Item, der Agneten Pitermans Tochter lasse ich mein gretschin kursche vnd mein bloen harriesen seidel. Item Herr Hans, Pharherr zum obersten Waldorf das maderin futter aus der roter damasket schauben, Vnd 2 mark silber zu einem kelch. Item meinem Capellanem dem Herr Christanno die kleine maderin schaub, vnd fl. 10, vnd ein mark silber zu einem Agnus dej, vnd ein kuf wein. vnd aus der Capelln gelt das darzu gelassen ist soll im bleiben fl. 20, vnd soll die Capell haben so lang er lebt. Item das klein Haus, das der Andres Kurschnerin gewest ist, lasse ich der bruderschaft vnserer lieben frawen des Capitels, vnd so oft sie wird gehalten in der stadt, sollen sie halten lassen 2 messen, Eine vnserer lieben frawen der aufnemung in himel, vnd die andere messe vor die seelen. Vnd sie sollen meinem Capellanen lassen machen ein stublin, vnd ein Kamer, vnd ein halben Keller in dem hauss das sie zum Capitel machen werden. Vnd so die erben der Patronen, die zur Capellen gehören die guter wolten gebrauchen, so sollen sie alle iar dem Capelner geben zu seinem soldt fl. 22. Item das Ander dritteil des Rabels haus lasse ich den schwartzen Nonnen, vnd auch den halben waier, welchs ander halbteil das spital hat. Item auch die wies am Peschintal die ich von der Natosch Mihalen gekauft hab. Auch den weingarten zum Heidendorf, Item auch den Meierhof, vnd wollen sie den behalten, so sollen sie iren vorigen verkaufen. Item lasse ich inen 2 damasket röcke, Ein bloen vnd ein schwartzen, vnd von dreien hembdern nur die perlen goller. Mehr 2 mark silber zu einem kelch, vnd sie sollen meine brüder vnd schwestern in den andern guttern nit hindern. Item zur kirchen zum heiligen Creutz soll man geben fl. 20, vnd den Predigerbrüdern fl. 16, das sie vor meine seel mess halten. Item den zweien Monchen zu Marienkirch das sie Got vor mich bitten lass ich fl. 5, vnd ein legel fisch. Den Nonnen zum Regen fl 4. zu vnserm Spital zum Kirchen gebeü fl. 10 Vnd den armen leuten im spital auch fl. 10 Item den armen siechen auch fl. 5. Item zu der Pharrkirch S. Nicolaj einer ieder bruderschaft fl. 5. so viel irer ist, vnd zu dem gebeü des Turns fl. 50. Vnd zur stadt gebeü fl. 25. Item zu dem h. creutz in die bruderschaft der göldner auch fl. 5. Vnd zu der bruderschaft vnser lieben frawen auch fl. 5. zu S. Lenarts kirch fl. 2. zu S. Catharinen kirch aufm berg fl. 2. Dem Herr Niclas meinem beichtvater lass ich fl. 4. Vnd das man mir in der Pharkirch lesen soll 60 messen, auch fl. 20. Item Meinem diener Christoffen lass ich die alte fuchsin schaube. Meinem dieser Jani Polak fl. 4 vnd ein hasek, ein hembde, hosen, ein hut, ein peltz, ein par stiffel. Dem Tamasch meinem diener soll man auch seinen willen finden. Meiner dienerin Gertrudis lass ich meinen schwartzen seidel, ohn die knöfel, vnd meiner schloger einen vnd ein bet, ein phul, ein leintuch, vnd ein gemein tischtuch. Der Clara meiner schafferin meinen besten schloger vnd die alte kursche, Item den brudern zu Prensdorf fl. 5. Den mönchen zu Zepen fl. 12. Item lass ich zu dreien farten fl. 60. Zu Rom zwo, Eine gegen *) Item lass ich, das man soll groo tücher ausschneiden den armen leuten zu kleidern. Item der h. Michel in der hermenstadt ist mir schuldig fl. 60. daruber ich seine handschrifft hab, davon solle im verlassen sein fl. 10. Aus dem andern soll man den schwartzen Mönchen in der hermenstadt geben fl. 25, vnd den schwartzen Nonnen daselbs fl. 25. Michel Roser zu Clausenburg ist mir schuldig fl. 70. vnd was er wird bekennen bei seiner gewissen das soll man von ihm nemen vnd die helfte den groen Monchen zu Clausenburg geben, vnd den schwartzen Nonnen fl. 10 vnd das vberteil auch den schwartzen Monchen daselbs, Item Meines bruder Niclas seiner grösten tochter ein klein silberin heftel, vnd der anderer kleiner ein perlen borten. Dem Johanni Rebel lass ich die schwartze schaube die zobelen, dafor soll er geben zur tafel zu Marienkirch fl. 12. Item meiner schafferin Barbara, einen bloon alten mantel vnd einen alten schloier vnd ein vnterst hembd. Item dem Herr Andrea Timmel 3 silberin leffel. Item dem Steffan Geiger zu Clausenburg meinen alten rock, vnd ein roten harussen mantel, vnd ein mittelmessiges wagenross. Item die bucher lass ich zur Capellen, das man sie soll anketten an die stüle, Vnd das man den roten damasket soll zu einer Casel machen in die Capelle, Item Martinus Krotsmer vnd Vrban Bomhat sind mir schuldig fl. 10, die soll man geben den brudern zu Prensdorff. Item das bergwerg an der statstürn, lass ich die helft der stadt, ein vierdteil meinen geschwistern, das andere vierdteil steht zu dem hozar Janos, vnd dem Johanni Hecht. Item dem Capitel zu meinem begrebnis, ein müle. Item dem Herr Christof dem Vnger fl. 2. vnd den groen Nonnen zu Marienkirch auch fl. 2. Item Nach dem aus das Testament wird aussgericht, was vbrig bleibt in meinen gütern, das sollen meine geschwistern vntereinander gleich teilen, ausgenomen die Elizabet in dem Closter **) Zu diesem Testament, das auszurichten, erwele ich Herr Fabianum den Richter, Nicolaum meinen bruder vnd Leonhardum Fenckisch meinen schwager, Mit sampt den Ehrwirdigen Herren, Herr Hans, Pharherr zum Obersten Waldorf, vnd Herr Andream Timmel die aussgebung in bestand zu nemen. Gemacht ist dies Testament am freitage der besuchung vnsrer lieben frawen in gegenwertigkeit Herr Niclas meines beichtvaters. Herr Christiani meines Capellanens, Herr Paulj Kursners, gelassenen

---

*) Lücke in der Abschrift.
**) Fehlt in der Abschrift.

Richters, Herr Hieronimj schusters, Niclas Kurschners, Matthias Buchsenmeisters, Benedick Kurschner, Steffan Schneider, Magistro Laurentio Kappner qui hec scripsit.

H. Wittstock aus der 1589 angefertigten Urkundensammlung des Emericus Amicinus, der die Abfassung mit Bestimmtheit ins Jahr 1505 setzt. Jedenfalls vor 1512.

LXXIX.

Mediasch, 26. November 1507.

Im Kronstädter Stadtarchiv „Collectio scriptorum antiquarum" befindet sich ein Schreiben des Johannes Schyrmer an die Kronstädter ddto. „Mydwesch. Am Freitag nach Katharine 1507", dessen Veröffentlichung jedoch bei der noch nicht gelungenen Erwerbung einer verlässlichen Abschrift vor der Hand nicht möglich war.

LXXX.

Kaschau. 1507.

Im Jar des Herrn 1507, des dritten Tags des Monats Augusti, haben der Herr Richter vnd der ganze Rat beschlossen, und dieses Statut gesetzt, dass hinfürbass die Bürgerschaft järlich von einem ehrbaren Rat fleissig gemustert sollo werden, damit sie in den Kriegs Läuften geschickter und bereiter seien. Darnach dass ein jeder seinen Teil auf den Mauern oder Türmen, dahin er verordnet ist, wol versehen, sein Ort befestige, und bessere was zu bessern ist, damit er zur Zeit der Belagerung zum Bereiter laufe, dass nicht der gegenwärtige Feind, wenn dieser dann erst, was abgehet, suchet, und zu machen für hat, unterdess sich stärke u. gewaltig werde, welcher denn schwer zurück weg getrieben werden.

Wahrscheinlich nach derselben Quelle wie Nr. LVII mit nicht festgehaltener Ortographie, Grundvf. 63, bei Schlözer, krit. Sammlungen, 81.

LXXXI.

Aus einem Hermannstädter Rechnungsbuche von 1507.

Item Her Mechel aremprusler Jst geczogen ken der Schesporg dem hab ich gegeben fl. 2.

Item Blos schmidt myt seÿner geselschafft haben gemacht 6 czaozen vnd 4 hawen vnd ij Schrodex dorvon czw lon fl. 2 d. 84.

Item. Mer hat der Sÿechen wagen geffurt Narung auff den Turren prod vnd pachen. ffuren 2 mit 4 pferden vor fl. 1 d. 50.

Item das man her wolffgang Salzperger geschickt hat ken schesparg von der Newerstadt wegen czw furlos der syechen pfert fl. 1. d. 25.

Item. Dem logofet auss dem Blesche lant dem hab ych gegeben off dÿ tepegen dÿ der purgermester genommen an dem tag petri et Pauli fl. 60.

Item Der syechen wagen hat geslept holcz pÿ den kalckoben eyn wach mit 6 equis czw lon fl. 4.

Item. Man hat gekofft von kwrstgÿss Jacob V. Schienen Eyssyn vor d. 35.

Item. Lwsch petter ist gesant worden ken Kochÿpurg mit priffin dÿ her her petter wolffin hat geffurt Czerung fl. 1. 50.

Item Steffan Glockengeysser hat geffurt Her petter wolffin vnd her Hans Heltner czum Bolkwach vnd ein fur pÿ den turrin Czw lon fl. 1 d. 25.

Item Hans Hussaren hat man gegeben vor den kop den man hat gegeben von der kwnigin geburt fl. 46.

Item. Donnerstag nach assumpcionis virginis marie kwnigclichen potten als kyssilyczky der dy potschaff hat pracht der freyden der junger kwnigen ÿr geburt myt sampt seynen gesellin Janusch deack vor weyn prot fleÿsch fysch holcz haber hew vnd was czw den grossen Eren gehert das macht fl. 12 d. 15.

Item. als der kwnix Rychter vnd der gelassen purgermester hans wal vnd her mecht stat Schriber seÿn geczogen czw dem Newen pyscholff czw weyssenpurg so yst gegangen auff dy Reÿss vnd Czerung fl. 13.

Item Imposicio facta feria tercia post festum Exaltacionis Sancte Crucis medio Thumarij pauli ad omnes Saxones in numero fl. 18000.

Item eodem die percepit dictus dominus Paulus a domino Johanne Wall locum Magistri Civium tenente fl. 1200.

Item. Balasch hat geffurt pryff ken Nösen vnd ken mydwisch vnd in dy stÿl vberall Cerung fl. 1 d. 50.

Item. Eynen Eiligen Schriber, der dÿ priff aus hat geschriben als von des freÿen saltcz wegen vnd des Schatzmesters seyn priff vnd des Thursy czw lon fl. 1

W. Wenrich aus dem Original im sächs. Nationalarchiv — unregistrirt. Das Ganze, meist deutsch geschrieben, umfasst einen fingerstarken Folioband.

LXXXII.

Kronstädter Artikel von der Heerschau.

1507.

Im Jar des Herren, des dritten Tags des Monats Augusti, haben der Herr Richter und der ganze Rat beschlossen, und dieses Statut gesetzt, dass hinfürbass die Bürgerschaft järlich von einem ehrbaren Rat fleissig gemustert solle werden, damit sie in den Kriegsläuften geschickter und bereiter seien. Darnach dass ein jeder seinen Teil auf den Mauern oder Türmen, dahin er verordnet ist, wol versehe, sein Ort befestige, und bessere was zu bessern ist, damit er zur Zeit der Belagerung zum Bereiten laufe, dass nicht der gegenwärtige Feind, wenn dieser dann erst was abgehet, suchet, und zu machen für hat, unterdess sich stärke und gewaltig werde, welcher denn schwer zurück mag getrieben werden.

Aus Schlözer, Kritische Untersuchungen zur Geschichte der Deutschen in Siebenbürgen. Göttingen, 1795. 81 f. Die Orthographie ist modernisirt worden, das Original konnte nicht verglichen werden.

LXXXIII.

Bruderschaftsordnung der Schuhknechte zu Kaisd.

1508.

In dem Namen des Herren Amen.

yn den iaren der geburth wnsers Herrn Jhesu christi, als man geschriben Tausent phwnfhwndert wnnd acht iar ysl angephangen worden von den Erberen schuchknechten czu kysdt yn der Capellen auff dem perych auff dess heyligen Crwcz wnd sebastianus eiter eyn brüderschafft, Wnd dy selbige brüderschafft haben angefangen dy erbern gesellen Veltenn mester, Johannes anneter von lasien Georgius ledrer, wnd Jeorgius schuster Mytsampt den anderen allen erberen gesellen des hantwercks dy czu der czeyt czw kysdt sein gewesen myt wolbedachtem mut, vnd eyntrachtigem wyllen wnd dess ysl gewest dy wrsach. Wen dy gesellen haben gar wnczymlich gelebt dass man vyl whels von yn gereth hath zy zych geschempt haben Wnd darumb haben sy von den Erberen Meystern yres hantwercks myt

Namen Stephan schwsters Jörg Räbell, Jacob mester wnd Mathias schuster wnd aller anderen erberen maysteren dess hantwercks yn dem vorgenanten Marck kysdt, wnd czw vor myt dem wyllen des wirdygen herren des pharrers Meyster Peteren, wnnd auch myt der aufnemung des wyrdigen herren des Capelanes yn dem vorgenannten marck kysdt: *)

Czw vormyden manche wnczymlyche sach, wnvorschempter gesellen darwmb eyn ycklicher der do tryth yn dyse brwderschafft der sal mercken wnnd behalten myt fleyss dass hy noch geschryben stet: Hy merck eyn ycklicher schüchknecht auss dyszem büchleyn wass czw vormeyden ader czw halten sey: dass ber dass myt fleyss bewar vnd behuth.

Item dass Erste von czyrung dess elters Item alzo sprechen dy gesellen: dass sy wÿllen den Elter dess heÿligen Crwÿtz wnd sent Sebastian yn der Capellen dem herren wnd yn czw lobe wnd eren, noch yrem vormögnis myt aller czircket halden.

Item darnach von der Lampen.

Och zwllen sy eyn lamp myt öl halden: Alzo dass alweg eyn lycht brwn vor yrem elter.

Item von der Mess dy do schwldygh yst.

Darnach yst der wyrdÿgh her der Capelner schuldygh alle Quatemper eyn mess czw halten wber dem selbigen elter yn den eren der heyligen, den sy den benamen: wnnd dy gesellen seyn schwldich dy mess czw beczalen.

Item von dem Offpher der selbÿgen.

Wnnd dy gesellen seyn schuldych czw opffer czw geen wnnd wer dass nycht thwet ader versümpt der zal geben eyn halb phwnt wax.

Item von lycht eynczwnden.

Och dem dy lycht ader der elter enpholen yst der sal dye lychter enczwnden alle virtag Thwt her dass nycht so sal her eyn halb phwnt wax geben.

Item von der geselschafft.

Item darnoch sprechen dy gesellen dass sy gerren aff wyllen nemen alle gwtte gesellen kleyn wnd groes dy yren rechten wyllen stan wnd dy dass wyllen halten, ob dan eyner wer der do nycht wolde yn dy bruderschafft tretten der sal seyn eyn vorsmeller von allen gesellen wnd keynem nÿcht gwt genug seyn Wnd och sal her myt keynem gemenschafft haben Wer ader aus den gesellen gemeynschafft hath myt ym der zal geben eyn phirtel weyn, wnnd der dass weyss wnd offenbarth dass nycht der

*) In einer Umarbeitung von 1577 folgt: gewalt vnnd macht begeret vnnd erlanget der Gesellen vntugenden abzuschaffen zu straffen.

sal och geben eyn phyrtel weyn Och haben dy meyster yn vorhayssen dass sy keynen wyllen halten wyder der gesellen wyllen *).

Von dem Czwlegen.

Item Eyn yczlyger der do kompt anderswoher wnd nyder syczt czw arbeten, wen dass her gearbet phyrczen tag der yst schwldych eyn wochen lon yn dy bruderschafft ab her den hyn wolt czyen dennoch sal her geben eyn wochen lon thwt her dass nycht zo wyrt her beswert werden.

Von den gesten.

Item Wen eyn newkumner yn den marck kwmpt der zal czw dem vatter gyen da zal man ym wm arbet wartten.

Item wen Eyner von szeynem meyster off stet dem her nycht meer arbeten wyl: der szal czw dem vatter gyen wnnd szal zeyn geczwg myt ym tragen czw dem vatter wnnd treyt her s nycht myt ym zol zal geben her, seyn vyrtel weyn.

Item Wyl her vorbass bey dem Marck bleyben so swllen ym dy gesellen myt dem vatter wm arbeyt wartten.

Item Och zal her der swerster geben eyn halb echtel weyn wen her dass geczwg wyder nymt wnnd thwt her dass nycht sol sal bey eyn phyrtel weyn vorfallen zeyn.

Item von den krancken.

Item Wen dass eyn gesel kranck wyrt wnd ob ess noth gepheth dass man yn zolt berichten szo zal man dess den alt knechten czw wissen thueen, wnnd yr czwen sullen myt bruende kerczen vor dem sacrament wnnd vor dem pryester geen.

Item begerth ach der krancke dass dy gesellen mit gang reysen seyner sullen warten. Also sullen alle nacht yr czwen bey ym szeyn.

Item ab dem krancken czerung gebrecht vnd dass her begerth von den gesellen des sy ym sullen leyen so sullen sy ym leyen off eyn phanth auss der bruderschafft wnd dass phanth sal zeyn czwir besser als gut als das gelt dass man ym dor off leyt.

Item Wer der krancken nicht wart wie is an ym ist der sal geben eyn halb phunt wax.

Item von den dy do sterben merck = Item ab eyn schuchknecht stirbt Jung oder alt so sullen dy gesellen czwsamen kwmen vnd sullen yn bestaden vnd sullen czu oppher gyen vnd wer nicht do wyrt syn der sal eyn halb phunth Wax geben.

Item: by merckt alle myt fleyss off.

Och willen dy gesellen ab eyner auss der bruderschafft an bescheit ellentlich sturb, der seyn frynth nycht erlangen mocht

---

*) Am untern Rand der Seite Zusatz von wenig späterer Hand: Item dy altknecht seyn schwldig bey der selbigen mess dem prister ewrs vnd yn czwbefelhen, alt — brwende kerczen: wnd thwen sy das nycht, s— vorfallen eyn halb phwnth wax.

ader dy, an welche syn gutheben gerechtecligen geerwe kan dass selbige guth yn dy bruderschafft kumen vnd erwen sal anders nicht.

Item von den dy do anderswo sterben. Stirbt eyner anderswo der in der bruderschafft yst bescriben, wnd ys dass her als vil her bescheyt czw der bruderschafft, als eyn phirteil eines gulden, so sal man ym lich czeychen thuen als wer her hy gestorben.

Item von der procession an dem tag des heiligen leychnams wnsers

Item welcher geselle auss der bruderschafft nycht an dem anphang byss czw dem ende ist yn der processio an dess heiligen lichnams tag, wnd mit der bruderen ordencligen auss wnd kumpt mit eyner brennender kerczen wnd eynem gruen krancz off synem höpt czw lob goth wnd czw eren der bruderschafft der sal czw buss geben eyn halb phunth wax. Item von dem czwsamen czw xiiij tagen.

Item Wen dy gesellen zusammen gien, wnd welcher nicht kwmpt, dy wyl dass licht dass man off geklept hat bruet, der sal geben eyn virteyl wax = Is szey den sach dass her sey yn den gescheffiten seynes herren so szal er ys mit eynem anderen gesellen entpiden der yn vor den gesellen entschuldich.

Item yn der samlung der gesellen czw weyn.

Wen dy gesellen gesampt syn czw dem weyn ader wo es sey *), wnd das dy alt knecht eym auss der bruderschafft her sey alt ader Jung eyn dynsparkeit entphehlen, ys sey weyn offtragen ader süst anders wegs, wnd das nicht thuet, ander mercklich mormelt, der sal geben eyn phirteyl weyn.

Item von dem spillen. Wen yr czuen ader mer auss der bruderschafft kegen eyn ander spilen, höcher den eyn halb achtel gemein weyn verlust der geb ein vyrteyl weyn czw buss.

Vnd wer dass weiss wnd nicht bekent och als vil.

Item Welcher der an eym offenbar orth spill ys sey kegen wen ys sey, ader würffel ader karthlen off wirff, wnd gelt, ader anderss genyss dar auss nympt, oder vowörffen off clawbt, dy sullen alle samen czu buss als eyn virteil weyn.

Item Welcher auss der bruderschafft den anderen yn vorewel löfft ader maulbert der is verfallen eim halben eymer weyn. Item welcher ader mit eynem steyn ader süst mit eynem lethlichen gerech yn frevel wirfft, ader eyn messer czicht der ist vorfallen yn dy buss eyn ganczen emer weyn vnd keyn losung.

Hy merck eyn ycklicher gut geselle = Welcher auss der bruderschafft den andren yn czoren liegen strofft, ader ander schelt wort an legt, ader czw sprich, der sal czu buss geben eyn virteil weyn =

---

*) 1577: Wenn die Gesellen beysammen seyn zu dem Gotten, Irischen, saw- vnd kwlen wein, das die altknecht einen dienst auflegen ...

Item wen dy gesellen czw dem weyn syczen ader anderswo, wnd eyner auss den gesellen eyner freyen tochter auss dem becher ader süst auss eynem andren gefess von dem gemeynen weyn trincken hewt ader mit eyner frayen tochter offenbar knest ader yn seynes meysters herbrig furt ader ruft der geb eyn Emer weyns.

Item verdo wndeuth *) den weyn der geb eyn emer weyn czw büss. Item dy den weyn wndayen wnd von trunckschicht ader swechung dess weynss yn dem geschug des nachtes sloffen, Item wnd och dy das wissen wnd nycht bekennen dy alle samen eyn yckliger besunderlig czu büss sullen sy geben eyn virteyl weyn.

Item von den alt knechten wnd von yr buss.

Wen das eyn alt knecht wber tritt yn den vorgenanten geseczen, der sal dy bwss czwispeldich tragen als sy bescriben stelt. Item wen das eyn alt knecht wolde thuen wider recht, dem nwgen die gesellen absczen, vnd an eyn andren an szeyn stal seczen.

Item von der awssrechnung dy alt knecht sollen czu allen Quatempern aussrechnung geben, von dem gelt das sy yn nemen, wnd awssgeben, von wem sy ys genomen ader wem sy es geben haben.

Item Och sullen dy altknecht nicht alleyn vber dy büx **) geen, vnd gelt awss nemen noch yrem willen.

Item wen dy gesellen czu offer gen vnd — legen vnd wirt eyner befunden das her nicht off lecht, wnd spricht er das, das er off gelegt hab der sal eyn halb phunth wax geben.

Item von dem vrtten. Item vrtten yr czwen mit eyn ander also vil das ys wer vber eyn echtel weyn dy geben czu buss eyn virteyl weyn vnd wer das syt wnnd nicht sagt och als vil.

Item von den dy do nicht yn der bruderschafft willen sein = Item die meyster haben vorheyssen den gesellen das sy keynen knecht willen halten der do nicht yn der bruderschafft wer.

Item von der gewalt der gesellen. Item dy bruderschafft hath dy gewalt eyn schalkhafftigen knecht von dem marck czw dreyben.

Hy hath eyn Ende dis gesecz der Erberen
bruderschafft der schuchknecht dy do szeyn
Czw kysdt Itt. etc. 1.5.0.8.

Aus dem Original (6 Pergamentblätter in 4.) in der Schusterzunftlade in Kesd. Teutsch ***).

*) Wer berauscht in die Kirche kommt, soll ein Pfund Wachs, der in die Kirchen andent (sich erbricht) vier Pfund Wachs erlegen. Kleschdorfer Bruderschaftsartikel. Art. 3.

**) 1577: uber die lade gehen.

***) Auf der letzten Seite des Büchleins ist das registrum et ordo et numerus discretorum sociorum artis sutorie in oppido Zaszhist.

LXXXIV.

Einzelne deutsche Aufzeichnungen, Namen etc. von 1508—1526.

1509. Fabianus Eyben. VA. N. F. IV, 73.
Joannes Croner. A. Kurz, Nachlese, 40.
1511. Stephanus Calmusa. Kisder Pfarrerverzeichn.
Jacobus Bolkasch.
Michael brang.
Michael Bolkasch. Schässb. Kirchenarch.
Michael Kolff.
Eustachius Stramer.
um 1511. Kappusch. Ebd.
1512. Simon Zekel. VA. N. F. IV, 150.
Andreas pyather.
Johannes Arnolth.
1516. Valentin Kugler. Ebd. 55.
1517. Johannes Schöbel. Kisder Pfarrverzeichniss.
1518. Wolfgang Forster. VA. N. F. IV.
1519. Chrstianus Borbardinus Kyzer de Enyedino. A. Kurz, Nachlese. 40.
1521. Im Bistritzer Steuerprotokoll: „item dy gancz gifft send Mertes czins der stadt ist fl. 550." VA. IV, 18.
Die Herrn von Bistritz nehmen in die Heerfahrt mit: „grinen piper vnd saffran ... in die erst herffart pro fl. 2 d. 32 item zw ander mall in die herffart pro fl. 2 d. 18." Ebd. 59.
1524. Als Zapolya in Bistritz war, gab man von der Stadt aus: „czv der kuchen des Herrn Wayda 5 (was?) Reis,

---

In anno domini 1509 conscriptum primo Tutore ac patris eorum

Item Jacobus Sutor pater
sew tutor et perceptor
Ipsorum Sociorum: fuit primus
in institutione fraternitatis

Item Casper Zydler de kisdt
huius fraternitatis altknecht

Folgen noch 18 Namen von Gesellen
darunter 10 von Keisd, ein
Görg von Berkwitten . . .

Im Anno domini 1531 In die Vincencij Martyris intitulati sunt discreti artis Sutorie famuli: vt puta (folgen 25 Namen).

1 fl. roszynchen, . . fl. 1. den. 49. . item auff pamphi Laszlo hochczet piper vnd saffran pro fl. 1. den. 0.“ Ebd. IV, 58 ff.

1555.*) Ladislaus Stuff. A. Kurz, Nachlese. 40.
1526.**) Michael Kremer. Schässb. Arch. 460. Georgius genosch.

LXXXV.

Glockeninschrift in Bressdorf.

1513.

ihesus maria . hilf . uns . avs . aller . not . vnd . sant nicolas . hilf heilig mvter . sant ana . selb . dryt . 1 . 5 . 1 . 3.

Vgl. VA. N. F. IV, 220.

LXXXVI.

Verzeichniss der Kornkaulen des Schässburger Dominikanerklosters.

1515.

Item das seint dy kaulen des Cloesters der iuncfrauen Marie czw Sespurg angeschriben an sint Dyonisiess tag noch crist geburth . 1 . 5 15.

Item dem kumerhoff geleich eryber ist eyn by mester andriss des czemermanoz hauss by dem leobelchen vnd ist gefult.

Item dy nest daron kem spitoel vnd ist auch gefolt.

Item by bedecloes scyner oben om veg der vmczelen er yber ist eyn vnd ist gefolt.

Item on eye kaul ist daron ist auch eyn dy hat eyn man gefolt fom sches.

Item geleich dem loden er yber an gorg bidnirss seym

---

*) Dürfte richtiger 1525 sein.

**) Eine ziemliche Anzahl theilweise dieser Zeit angehöriger Namen aus Bistritz, jedoch ohne genauere Jahresangabe, siehe bei Wittstock in Trauschenfels, Magazin. II, 147 f.

hauss ist auch eyn bloess Schneyder vnd theng kysser senth nober.

Item geleich mester broeses seym hauss er yber do seynt czuo am rech, eyn gefolt dy ander ledich henness veuer vnd merthen vagner dy seint nober.

Item blend hanniss seym hauss er iber yst 1 her ist nober vnd mechil schmet.

Item vnden om reg do dy ald fleschbenck hon genant *) ist . 1 .

Item geleich metten ym veg czwissen felten flescherin vnd dem forber ist . 1 . vnd gefolt.

Item van man for der burch er aber kinth geleich dem koffhauss er ymmer do ist . 1 vnd ist schluss hanniss geuest dy veysbeken ist nober **).

Item hynder dem spitoel beren endriss seym hauss der finsteren geleich eryb mitten im veg ist . 1 .

Item In der hilen ginsed filhouerss seym hauss by dem brunnen vnden am veg cristel czigelerss seyner dorsaulen er auffer ist 1.

Aus dem im August 1839 in dem Chorgiebel der Schässburger Pfarrkirche eingemauert gefundenen Original. (Papier mit der Wage als Wasserzeichen.)

LXXXVII.

Meldung eines Ungenannten zum Dienste eines Stadttrompeters in Kronstadt.

Hermannstadt, 5. Mai 1516.

Frenthschafft vnd gunst zams liben herrn ze kronstadt wisset wie ich Nicolaus bittende vnd begerende byn jn dinst der stadt zew eynen trometer vnd das man mir das gewant wollet geben liben weisen herren das ir vorhyn hat gegeben vnd alz wil ich ouk eyn gwden gesellen mit wil pringen vnd gwt trometten kan vnd och mir geben wollet xxxv gwld. off iglich gesellen vnd och das korn dorzw vnd das davor hyn recht ist gewest so er mir dan den dinst zew wollet zagen yn dem selwigen als ich gebeten habe ja libe weisen herrn so wolt ich mich

*) oder genent.
**) undeutlich.

pey euch zew sagen vnd wolde mich generen bey euch liben weissen herrn, darwmbe pitte ich eyn wider antwort zewschreiben jn die hermstadt liben weissen herrn so weis ich mich och dornoch zew richten vnd zew halden damit seit got bevolen marien der hymelkönygyne gegeben yn der stadt hermstadt feria 2a on dem tage Gotbard Anno 1516.

Aussen: An weissen Herrn des rotes yn kron stadt zew kunftig sey diser Briff.

Das Original (Papier) im III. Bd. der nachträglich gesammelten Urkunden im Stadtarchiv, ohne Siegel. Aus Fr. Schnell's Abschrift in der Sammlung des Vereins für siebenbürgische Landeskunde.

LXXXVIII.

Die Stadt Kronstadt pachtet den halben Zwanzigsten von Hans Heller und seinem Bruder für 3300 Gulden.

Kronstadt, 23. April 1516.

Wier hans Schwmer Richter vnd die andern geschwernen des rath zw kronn Bekennen offentlich craft dies prieffs das wier auff schriefftlich verlas vnd gepoett k. Majestät vnsers allergenodigisten Erbherrn dem ersamen vnnd weissen her... hans haller vnd seinen pruedern vnns auf das halb teill aller czuanczigist in Siebenburgen, das wier von seiner Majestät auf halbem teill in ampt vnnd Jwstan halten vnnd pey vnns haben verschrieben pey vnser trew vnnd erbarkeitt Inn den gemelten hans haller vnd seinen pruedern vmb drey taussent trey hundert gulden Solche In den bestimpten hallern trewlichen zw zalenn vnnd auszwrichten auf nechst künfftig Sandt Jorgen tag des Jars 1517 fl. taussent vnnd darnach des gemelten Jars auf Michaelis wider fl. taussent, darnach von des gemelten Sandt Jorgen tag vber ein Jar die vbrigen fl. dreyczehn hundert zw pesser gewiessen vnnd sicherheit wier richter vnnd ratt bemelten geben den bestimpten hallern dissen prieff besiegelt mit vnnserm klein statt sigell, doch setzen wier das zw, das auf die gemelte zeitt der czallung vnns richter vnnd radt iczige vnnd nachkunfftige mag tollicher In der bemelten verschreibung mit dissen prieff vnnd seine craft suchen zw halten die bemelte czalung, geben zw Croen am abent des heylligen mertirers Sancti Jorgen im 1516 Jar.

Das Original (Papier) im III. Bd. der chronologisch geordneten Urkundensammlung im Kronstädter Stadtarchiv. Das ehemals unten befindliche Siegel ist mit dem Papierrand abgeschnitten worden. Aus Fr. Schnell's Abschrift in der Sammlung des Vereins für siebenb. Landeskunde.

LXXXIX.

Quittung des Florentiners Rasson Vontempis über 300 fl. an den Bistritzer Rath.

28. Juni 1518.

Ich Rasson Wontemp kauffman von florencz *) beken mit dissem gegenwertigen schraywen das ych Redlich enphangen vnd eyngenumen hawe van dem Ersamen vnd waysen herrn Wolfgang Forsthrer Richter von Neossen vnd yakob Mille vnd wartosch goldschmid geschworen burger van Neossen fl. dryhundert in Meuncz die si mier beczalt hawen, vnd Mier noch schuldig playwen fl. [illegible] czweyhundert vnd funffvndczwanczig, vnd czu merer vrkund hawe ych Raschan yn gewon dyssen gegenwertigen brieff adj 28. yuny 1518.

(L. S.) Rasson vontempis manu propria.

Wittstock aus dem Original im Bistritzer Stadtarchiv. Seither abgedruckt im VA. N. F. IV, 13.

---

*) Rasson Vontemp hatte Forderungen an die Krone und erhielt dafür Anweisungen an Steuern der Bistritzer, und II Stühle. Vgl. Vereinsarchiv III, 1, 86.

XC.

Artikel der vereinigten Maler, Tischler und Fenstervergläser in Hermannstadt.

1520.

Nün sollen alle Maister Wissen dy do Wellen seyn in der Brüderschafft in Cibinio der obgenanten, der sol komen mit Erberenn leytlenn vand sol pitten mit fleis, das sy yn auffnemen als fer als er frümm vand Erber geporen ist, vand anders nicht verrückt seye vand als fer ob er müg seynner Mesterschafft beweiszen, Item Eyne Moler sol thün seyner Mesterschafft eyn beweisung Noch vnser gewonheit, Das erst stück sol er Molen eyn Maria pild eynner Elenn höch, vand das sol er Molen mit Lasür vnd mit planirtem gold, züm ander mol sol er machen eyn stück glas eynner elenn höch von glaschciben, Mag er beweisen dye czwe stuck, vnd also mag man yn auffnemen, kan er nit mer beweiszen wen glaswerck, Also sol er nic vorpas mit mer annemen czw Molenn, dy beweisung sol gescheehen zw Welichem mester das der Czechmester Wil, ader yn haist etc.

Item wer eynn Týschler ist vand dy begert in dy vorgenante Brüderschafft, der sol auch thün ein Webeyssüng, das erst stück sol seynn yn gefast twach noch der czwir vand leng, das ander ein Spilpret, Mag er bewaisen dy czwa stück, also mag man yn Woll auffnemen in dy Brüderschafft etc. Item wirt er den beweisenn dy vorgenanten stück, das man yn auff nympt, Also sol er niderlegen der czech fýer gülden, vnn Sex pfünt was, Cawen gulden czu stünds vnd dornoch dý andernn cawen, als fer als man ym tag mag erwerbenn von den Czechmaisterenn vand von der Brüderschafft etc.

Item Noch dem dy maister ein gewonheit haben Sich im Jar etlich wol czubesamen irer Notturfft halben, So sol dy besamüngen in eynem Jar bey eynem Moler gescheehen, vand yn dem anderen Jar bey eynem Tyschler etc. Item dy welung der Czechmester czümachen ist also, das dy Moler czwüschen den Tischleren erwelen eyn czechmester, vand dy Tyschler eynnen czwushen denn moleren oder Glasfensterern cza machen etc. Item ob ymant eynes anderns hantwergs befunden würt, der vnser hantwerg treyben würt, als oben geschriben stet, der sol dem gericht angesagt vand do gestrofft werden etc. Item kane aüswelcziger Mester der dreyer obgenanten hantwercker sol sein arbait bye in der Hermanstat feel haben, alleynn in dem Jarmarck. etc Item keynn Mester Sol eynen ledigenn gesellen Stückwerg gebenn czw arbeitenn, also fer, er hab eyen geiwpte Junckfraw, vand sich czwüschen vns setzen wil, bey eynner Bus fýer goldenn etc. Item welcher Mester den der Czechmester gepitten wirt, Auff denn Torren von der Brüderschafft wegen, vand wirt nit geharsamkeyt halten, Also sol er geben eyn pfünt was etc. Item auch Wen der Czechmester vmb gepewt komen czu den Mestern, vnnd kompt nit an Nemlich vrsach, ader hab erlaüb vonn dem czechmester ader von eynem andern Mester in der czech der verbüst ein pfünt was etc. Item welichem Mester des Czechenn kompt, das er czw eyner leych komen sol, vnnd kompt nit dy weyl dy leych ym baws stet, vnd folget dem leychnam noch, vnd ist mit bey ym bis das dy Mess eyn end hab, ader vorprocht wird vnnd den leychmann ham beleth czw seynnem bawss, vorbüst eynn pfünt was etc. Item Auch keynnem pfaffenn, Mönichen, Schuleren, Noch andernn Störeren des hantwergs sol keyn füdernys geschechen Sünder eynnen Illuministenn ist derlaubt czünerhaüffen, Fyer plat gold vnnd czwe lot farb, es sey welycherley dy farb sey, wer das wber tritt, der sol eynnen goldenn czw pns gehen etc. Item dy kramer ader ander hantwerger dy do vorfüren vnser arbett als pfann, ader ander arbat vnsers hantwergs der do befunden wirt vnsers hantwergs, der soliche füdert, der ist verfallen das hantwerg, wen das pringt eyn czustörung der ganczer czech etc. Item Er sey Moler, Glaser ader Tychler der sich so verandert, so das er seynn Mesterschafft ader mesterstwck beweist ader macht, vorbust fyer golden etc. Item welicher Mester der do würt halten czwo werckstat, an czwen enden, vnd wo das wer, verbüst in dy Brüderschafft fyer golden etc. Item auch kann Meister sol dem anderen schaden thün, vnnd sol in seyn arbat nit greiffenn dye her gedynckt hat, der das wber tritt der ist vorfallen fyer golden oder darnoch dy arbet ist etc. Item aüch Welicher Mester der do czewcht aüff dem Land dürch seyner Nerüng ader Notturfft wegenn, vnnd wolt ein arbat dingen, vnnd wolt eynen andorenn beschemen mit solichen worten das er sprechen wolt also, ich kann dy arbat posser machen, ader vorprengen, wonn yrencz eyner im Landt das wer ein beschamnuss der brüderschafft, wenntworüm wir müssen vns bey eynander halden in Eren, Wer das würt thün der sol Niderlegen yeder eynem Mester eyn pfünt was etc. Item auch sol kener den andernn Schmeen, mit worten ader mit wercken, Es sey wo es sey der das würt thün der vorbüst kegen dye Mester eynnen golden etc. Item ob eyn gesell her quam von anderenn Landen vnd kam czu eynem Mester vnd vorhys ym czu dynen der sol ym frey seyn, vnd ob dem gesellen des Mester weis, aber kost nit geül, aber welicherly gepreche das er dem Mester schult wolt geben, vnd pey ym nit pleiben wolt, Also sol keynn Mester den gesellen in acht tagen auff nemen, Bis das man gewar wirt, der worhait, wy er von seynnem herren gescheden ist, wer das nit halden wirt, verbust eyn golden. Item ob yrchen gesell wolt mit seynnem Mester vnnornüfftig leben, vnd das dy Maister derkanten, das dy schult des gesellen wer, also süllen dy Mester yn erberlichen Richten Also das sy ym gepitten fyer wochen czu feyeren, vnnd keyner sol ym arbeit geben in den fyer wochen vnnd wer das übertretten wurt, der ist verfallen der Brüderschafft, eyn golden etc. Item welicher Mester eynnen Jüngen wil dingen der sol yn nit lenger halden vngedinckt, wen fyer wochen, vnnd sol ym nit dingen Es sey den, das yrchen eynn Mester der pey sey, vnnd ob der würt entgenn, so sol der selbig Mester genügthün der Brüderschafft, von des selbigen Jüngen wegen, drey golden vnnd drey pfünt was etc. Item dy ordenüng der Bruderschafft, wegen gottes lob, vnd des hailigen Ewangelisten sant Lucas, bey vnseren geczeytten nit obgenomen ist, vnnd mit guttem willen allesampt lossen singen mit allen Caplann an sant Lucas obent eyn vesper, vnd an dem tag auff dem altar eyn Mess, dorinn thün wir genüg dem herren dem pfarr mit allen seynnen Caplann vnnd alle Mester dy noch vns kommen wir hoffen Si werde es aüch halden etc. Item yder eynem Mester ist gepotten dar pey czu seynn, bey der vesper vnnd bey der Mess vom anfang bis czum end vnnd czu opfer gegangen, wer das nit thut verbüst eyn pfünt was etc. Item ob yndert eyn Mester der ob in den gemelte Statuten übertreten würt, vnd sich der Bus wider seczen wolt, so sol sich der Czechmester nichts darüm kommeren, vnnd sol nemen dy gerechtigkeit der Bruderschafft etc.

Das Original obiger vom Hermannstädter Rath unter dem 8. Juni (proxima sequenti feria sexta post festum divini Corporis Christi) 1520 auf Ansuchen der Magistri Symon Pictor und Georgius Mensator bestätigten Artikel — Pergament, 17'' 9''' breit, 27'' 3''' lang — mit dem an grün-roth-weiss- oder gelber Seidenschnur hängenden grossen Stadtsiegel versehen, befindet sich in der Hermannstädter Tischlerzunftlade; ebendaselbst eine Abschrift des XVII. Jahrhunderts.

Aus einer dem Original entnommenen Abschrift Gustav Seivert's.

XCI.

Die Stadt Bistritz wird über den Martinszins des laufenden Jahres quittirt.

29. December 1520.

Ich Klain Jens dess her Kynigs Rychterm vnnd Kemergraffenn dyener ein der hermestatt bekenn mit dyssem pryeff das ich vonn denn Ersamen vnnd weysen heren von nessen empfangen hab vonn wegenn her martelin ein münncz funffhundert vnnd funffzig guldin vnnd vonn wegün des her feglede michall in münnes achthundert guldin welch summ geltz dye fur bestymtenn heren eenst schuldig gewest vonn seant mertyns eines dyss Jar darumb sag ich solchess summ gelt kwytt vnnd frey ein der statt meynes heren geben am Samtag vor dem newen Jerstag im Jar 1520.

L. S.

Aus dem Original im Bistritzer Stadtarchiv, H. Wittstock im VA. N. F. IV, 3, 79.

XCII.

Wandinschrift in einer Zelle des ehemaligen Dominicanerklosters in Schässburg.

1520 (?).

1520	1	ag	0	Eyn gwtter Man heth . 8 . schweyn
1521	2	f	5	Wnd . 6 . bachen auff dem byn
1522	3	e	4	Wber das heth her . 9 . hammen
1523	4	d	3	Wnd . 7 . brathwirst auff der stangen
1524	5	cb	2	Darczw . 6 . scholderen wnngezerth
1525	6	a	0	Iclige war . 9 . phennig werth
1526	7	g	6	Mer sag ich . 6 . schweynen
1527	8	f	5	Dye . 9 . gulden werth seyn
1528	9	ed	4	Darnach aber . 6 . schweyn
1529	10	c	2	Dye brochten . 6 . ferkeleyn
1530	11	b	1	Eyn gutte fraw heth ein kw . 9 . jar
1531	12	a	0	Dy brachte . 8 . kelber das ist war
1532	13	gf	6	Wber das 6 — — —
1533	14	e	4	Wnd — — heth sy all
1534	15	d	3	— — — . 7 . gense
1535	16	c	2	Wnd . 6 . ente — kostette
1536	17	ba	1	D — — — —
1537	18	g	6	— — — . 6 . —
1538	19	f	5	— — —alle ist . 9 . jar

Mitgetheilt von Fr. Müller im Vereinsarchive N. F. II, 420, hier mit Verbesserungen von Wenrich.

XCIII.

Letztwillige Verfügung des Georg Reyss bezüglich seiner Schulden.

1522.

Am Jar alss man czelt Tausenth funffhunderth vnd 22 Byn ich Girg Reyss beweget worden vnd yngedechtig des czergencklichen wesens vnsers leben Vnd auch auss eygner conscienczs vnd gewyssenheyt hob ich dyse nochgeschriben form vnd schrifftlich beczeygniss meyner schuldt lassen machen vnd beschreyben Auff dos den genugsam ward dorfur gethon von welchem ich solche schuldt empfangen vnd entlehendt hob Auff dos meyn sel durch ynderdruckung, vnd vorschweygung solcher scholdt Auff yener Werlt nicht beschweret wurdt vnd forhynderth der ewigen szeligkeit Doch myt szolcher meynung vnd meynem wyllen dy beczolung geschen sol: doss dysen Personen alss nemlich der vrsula Herr kunczen Michel hydesch dem Johannes kauffmon vnd Johannes Buchfyrer czum ersten genug gethon werd, vnd durch beczolung entricht vnd gefirdert wurden Item den gefunden fl. vnd den silbren leffel den ich koufft vnd wost dos her verstolen werd: do selbst byngegeben wurden: wo hyn sy benympt vnd vorschoffen seyn wos den der ander scholdt antrifft: dos sol man hernoch beczolen Als den klerlicher hyrnach geschriben stet.

Item

DEr Vrsula dy bey mir gewont hoth der byn ich eyn fl. schuldig.

Herr kunczen czu klausenburgk byn ych schuldig eyn fl. 60 den.

Michel hydisch kinigksrichter byn ich schuldig eyn fl.

Joannes dem Kauffmon III fl. fur fyes.

Johannes Buchfyrer auch eyn fl.

DEn gulden den ich gefunden hett vnd nicht wysset wem her czugeheret den saul man vmb gottes wyllen geben.

Item Mer hob ich eynes molss eynen sylbren leffel kaufft vmb iij orth den. der do forstolen word: den hob ich in meyn geschmeyd lassen formachen des selbig gelt: dos sol mon auch vmb gottes wyllen geben.

Dyse obgemelte Personen sollen czum ersten durch beczolung gefyderth werden Auch der fl. vnd des gelt fur den leffel vmb gottes wyllen gegeben werden.

Item ich byn auch schuldig

DEr Michel Polneryn 20 asp.
DEm Pfarrer czum schess xlij fl.
DEm Hennes Waczner xxx *) fl. x.
DEm Peter flescher czu dellendorff iij fl.
Andres Sohyl vom schess fl. 4 cum dimidio.
Schardi lukasch zu sant Elsbeten x fl.
Caspar schnyder viij fl.
DEm Appesdorffer fl 3 et 7 asp.
Thyss styn (?) czu Byrthelm iiij fl.
Hannes sturm fl. 3.
herr Barthmes von schess x fl. duos pillios et manichum devi.
Item Emerico vmkli 12 in auro.
Item Johanni vitess Judici sedis 4.

Vom Umschlag des im August 1859 in dem Giebel der evangel. Pfarrkirche in Schässburg gefundenen Büchleins.

XCIIII.

Inschrift am Chorgestühl der Schässburger Bergkirche.

1523.

Wer . yn . dys . gestul . wil . stan .
und . nit . latein . reden . kan .
der . solt . bleiben . daraus .
das . man . ym . nit . mit . kolben . laus .

Mitgetheilt von Fr. Müller im Vereinsarchiv. N. F. I, 316. Die Jahreszahl ist ergänzt aus dem letzten Felde desselben Gestühles gegen den Altar hin.

XCV.

Privataufzeichnung des Hermannstädter Rathsmannes Georg Hudt, über die Geburt und Taufe seines Sohnes Georg.

1525.

Laus deo 1525. Omb freytteg Noch sentgretil vnd vmb mytten tteg zwysenn der stond 11 vnd 12 so hott mir gott der allmechtyg geben ain son myt namen (von anderer Hand Jörg hüetter). Gott gebe sein leben auff ain guett Endt zu seyner sellen sellkeydt. Nach gottlles herren seynem wyllen.

Vnd des — — yörges seyne pattenn dye yn aus der toff hobens gehebben syndt dye mit nomen kynyg Hans an kynyg von vngernn vnd doczy yanosch des kynygs schatzmeister vnd ttoroczy yakeb komergreff yn gancz sybenn wyrgenn vnd pewrgeny gergell kynygur meyegster hoff meist — — gozyndy nykolosch ain pott des gal — — dogerliicht das syndt seyn patten gott der allemechtyg geb sey leb off ayn guett endtt.

Aufgezeichnet von Georg Hwet d. ä. auf einem Vorblatt eines 1522 in Basel gedruckten Plenariums, mitgetheilt von G. Seivert, die Stadt Hermannstadt, 31.

XCVI.

Schreiben des Rathes von Bistritz an Gabriel Pictor und Vincentius Pellio, Consules der Stadt.

Bistritz, 10. October 1526.

Nach wnserem grues forsichtige Weisse Hern wnd frindt, wisset E. W. wy myr gesundt seyn aus den gnaden gottes, welche gleiche gesundheit von euch alleczeit begern zw hören, wnd myr yn wnseren Kyrchen wnd Klostern wnser gepett zw got thuen, auff das got E. W. krafftt wnd gelück geb den feinnden zw widersten. Nach dem als E. W. hot geschrieben wnd begert gelt, das hetten myr lange gern guthan sunder myr das nicht schnell von der armuth aus haben mussen slemen mo myr aber das zw weg haben pracht, haben myr das eylendt geschickt fl. 9.0.0. wnd myr von der stadt haben genummen aus der Zcentschafftt, wnd etliche seyn schuldig bliben dy do bey euch seyndt, den rechnet also vill ab an yrem Zolt gelt lest Melchior Zeyser ab an seynem Zolt gelt den. 50, Thonich Gebel den. 33 albert disler den. 26 Hans Hutter den 25 Crestel Weber den. 34 Thomas Obel den 14, Endres Colesten den. 25, dem velser den. 16 vnd seyner frauen fl. 1, Meer soll E. W. eynem yden Walachen auff seyn Zolt ab rechnen fl. 1 den. 25 wnd der porckolab als her mit yn dy herfardt ist gezogen so hat her fl. 6 byrschag meyner Herrn gelt bey ym gehadt wndt die selbig bitten myr E. W. wolt ym so vill eyn halten, anderes thuet ym Nicht wentworumb myr das aus dem stat gelt du beym haben behalten, wnd dem Merten von Cronen seynem Bruder haben myr geben fl. 3 das her seyner Frauen korn schickt dy halt auch yn, wnd dem kangisser den. 25 wnd dem kisser Balinth den. 30 wnd andern stat leutten dy do bey E. W. seyn, wnd do Mit was E. W. lib ist, wunschen myr vnd begern euch alles glück, got erspor euch nur gesundt, Aus Nosen am Mithwoch Nach Dionisy Im 1526 Jar.

Richter wnd andere geschworen purger Noesenstat E. W. bruder.

Aussen: Prudentibus et Circumspectis gabrieli pictori et domino Vincencio pellioni consulibus Ciuitatis Bistriciensis amicis et fratribus nobis honorandis.

Aus dem Original — Papierbrief — im Bistritzer Archive. Wenrich.

XCVII.

Meister Gabriel mahnt den Bistritzer Rath (?) zur endlichen Absendung des von dort zu stellenden Kriegsvolkes.

Mühlbach, 27. Juni 1526.

Meynen wylligen dienst wnd gemyett yn allen dyngen etc. vorsichtiger vnd weyser her, nach dem yr weyszheit mir entpfolen hat ausz zw richten, do pyn ich flayssich yanc gewesen, szwnder esz mag nitt anderszs gescheen, dan alleyn ewr weysheit thue das Volck schyken. wberaynez, wem, man will esz haben, Ich will etwan yn czwen ader dray tagen euch nach kommen, vnd denn thue ewr weyszheit nit andersz, So ich kummen werd, will ich ewr weysheit myndlich die maynung sagen, wie esz eyn gestalt hat, wenworwm der Adel schrayt nwr wber wasz die do mit do haym wnsz gesawmpt haben, Szy aber mitt dray wochen geschickt seyn gewesen, Darwmb hab ich pay wnserem genedigen herren nix mögen auszrichten, Allsz dan ewre weiszheit auch myntlich mag versteen, von den czaiger desz prieffs, vnd wber dasz soll ewre weysheit wyssen, das mir auff dem weg ist czw komen eyn krankheit, wnd das ich schwach byn, Darwmb thue ewre weisheit, underen erwelen, die do das volck mögen vorsorgen, wenn ich mag esz nitt auss stheen, gegeben ausz Myllenbach am Sandt Ladislaj tag 1526.

Magister Gabriel etc. m. p.

Aus dem Original (Papier) im Bistritzer Stadtarchiv. H. Wittsteck im Vereinsarchiv, N. F. IV, 3, 84.

XCVIII.

Ein Zeugenverhör der Rodnaer Geschworenen wegen Lenard von der Birkenau.

Rodna, 27. December 1527.

Wnszern gruss mit stettem dinst wndt wnderthan Nambafftige wndt weisze Herren, es ist vor wns kwmen owss unszrenn Mithwonern mit Namdn dimien Hans wnd hot von wnsz begert das mir ym solthn geczewgnes geben von der sachen wegen dy do ist czwisschen ym wndt czwisschen dem lenardt czü der birkenaw, Szo hoben mir dy geczewgen eingenommen bey yrem eidt, nuch rechten des stuls als der er noch stet, der erste geczewg ist.

Capusta Balint wndt bekent bay Seinem Eidt wy das her ist kümen auss dem Heer von klawsenburg mit dem Her thomas kirschner, szo hot er verloren zü dem lenardt ein korellen pelschnür, wnd her hot dy vom lenardt nit auss kynnen bringen, dornoch wber ettlige Zeit szo hot her dy Corellen steyn des lenart seynem kyndt am Hals gefunden, das her dem kynt das hat an gepunden wnd hot sy noch an disem tag.

Der ander der gymplyn knecht Emerich ist hyn gefaren noch wey czu millersdorf wnd ist czü dem lenart yber nacht gelegen Szo ist swnst keyn mensch do gewest alleyn seyn Hawsfolk, Szo ist ym ferloren worden von Seynem Bogen 5 strolen (ader czeen) wnd eyn par Henschen, Szo hot her das fon ym gefodert, also hot der lenardt das mit czorn verlauket darnach ist der knecht wider kumen wndt hot dÿ Henschen gefunden an Seÿnem schisselkorb hengen.

Dÿ dritte person ist Mit Namen Dorothea, bekent paÿ yrem eidt wÿ das czü dem lenart ferloren hot eÿn kÿstparschaus wndt eÿn gancz prodt, das ist geschen zü dem grossen Dinsleg. Darum Namhafftige weÿsze Herren dÿ geczeugen dÿ hoben mir eÿn genomen wnd eÿn bekentnes ewch geschrieben Swnder. was der Her czÿrwos wert bekennen das wert geschgen vor ewr Herschaft, domit seidt got befolen auss der rodna am tag Johannis Noch dem Cristag 1527.

Richter wnd geschworen purger Ewr getraÿ wnderthenigen alle Zeit.

Auswendig am Rande das Sigel.

Aus dem Original — offener Papierbrief — im Bistritzer Archiv. Wenrich.

XCIX.

Georg Reycherstorffer weist den Kronstädter Rath an, Lucas und Hans Benckhner für den durch ihn in Klausenburg erlittenen Schaden aus seinen in Kronstadt befindlichen Gütern zu entschädigen.

Vásárhely, 5. Januar 1528.

Mein fromlliche grues zuvoer fursigtig Ersam Weys besonder lieb heren vnnd Freundt. Ich thue E. W. hiemit ze wissen, dieweyl der Fursigtig weyss herr luce hirser dyser zeit aws Ewern Mitte erwelter Rychter myr glaubwyrdig anczaige hatt, wie das jn vergangenen tag kys Ferrenczs gedachtem herrn luca vnnd herrn johannhen Benckhner von wegen etlicher gueter so Ich demselben kys Ferrenczen bey euch ze kronastatt genommen hatte ob den funffhundert gulden werts guetter zu Clawsenburg endfrembt habe, deshalben mich petlieche ersucht damit jch inenn die austeende gueter so noch bey euch auff dem Rathawse lygenn vnd von zwainczigist dasselbs khumen synd ze ergenczung ires erlittenn schades vollgeen liesse, jnn ansehenn meines guetwilligen zuesagens so jch tue vnd dem Erborn Rathe bey euch vormals gethan hatte, hab ich angessehen jr vleyssig pitt vnnd pegernn vnnd sonderliche E. W. furschreybenn vnd ze vorderst auch bedacht den vnnpilliche schadenn so sy erlitte habenn vnnd jnnen dieselbenn vorbestymbte gueter frey ledig zuegesagt Auff solchs ist meyn begernn an E. W. wollet bemelte guetten auff dem Rathawse on allenn verczuch vnnd jrrung obgedachte Herrn luca vnnd H. Hannsen benckhner zustellen vnnd jn jr gwalt prauchenn lassenn will jch Jnsonderheit vmb E. W. beschulden.

Geben aus wasserhel am sontag vor der heyligenn drewer khenig tag Anno 1529.

Georg Reycherstorfer k. mat.
Secretarius vnnd Orator etc.

Aussen: Den Fursichtigenn Weysenn herrnn Richter vnnd Rathe zw kronstadt Meinenn sonderenn guetenn herrn vnnd freundenn.

Das Original (Papier) im III. Bde. der nachträglich gesammelten Urkunden im Kronstädter Stadtarchive. Das Sigel abgefallen. Aus Schnell's Abschrift in der Sammlung des Vereins für siebenb. Landeskunde.

C.

Der Rath von Hermannstadt an König Ferdinand von Ungarn über die Noth der belagerten Stadt.

Hermannstadt, 29. März 1529.

Sacr. Rom. Hung. et Boh. Mjsti. d. nr. grattosissimo.

Durchleuchtigister khwnig Allergenedigister Herr Vnnser gehorsam vnderteanig dinst bevor. Wir thun E. k. M. ze bissen, das vnnser sach gar vbel stet. Mullenbach hat sich ergeben, vnd in des Janushek gewalth ist dye Festen, Hie vmb dy hermanstat synndt all in seynen Heyndten: alain Hermanstat hat E. k. M. vnd wir synndt mit Trefflichen folkh vnd geschucz belegertt, dye Walachen vnd Ybraym bascha mit gewaltigen geschucz syndt hier alltag gebartiend. Vnnd der Türkysche kaiser mit seiner macht, die stat zubekhriegen vnnd Einzenemen sich vntersteut Als dann E. k. M. aus anndern Brieffen hineln geschikht gar clerlichen versten wirdt. E. M. scholl warlich wissen, das wir schwach an folkh vnnd ander noturfft syndt, darum so pitten wir E. k. M. diemutyklich angeschen gott vnd die Christenheyt, auch vnnser gross mitleydenn Verderben vnd getreyheyt, geruech vnns In diesen letzhten Noten Zohilff khumen mit einer Trefflichen stherkh, Sonnst sey wir mit Hermanstadt gar verloren: dardurch E. M. mit sambt der gantzen Christenhayt unaussprechlichenn vnd vnüberwyndlichen schaden vnnd Verderben Empffahen wyrdt. Wir sind weder gelt noch Brieff von E. M. alain Eylonnd vnnd gebennd Hilff gebarttend, so das E. k. M. pald nit thuen wird, so ist das vnnser lestes schreyben vnnd Vrlab von E. k. M. darnach wys sy E. k. M. zerichten, E. k. M. khumb pald zehilff, wier wellen dy weil vnns aufhalten wie byr khonnen. Aber bey der Warheit die goz selberis sohol E. k. M. bissenlanng mügen wir vnns nit Erhalten. damit Eylend Hilff vnnd beystand. Cibinii 29. Martii 1529

E. k. M.

Getrewen Burgermeister
Richter vnnd Rath d. stat Hermanstat.

Das Original im k. k. geheimen Haus-, Hof- und Staatsarchiv in Wien. S. Joh. K. Schuller „Das k. k. geh. Haus-, Hof- Staatsarchiv in Wien, als Quelle sieb. Fürstengeschichte." Hermannstadt, 1850. pag. 4.

CI.

Marcus Pemfflinger an König Ferdinand von Ungarn über den schlimmen Stand der österreichischen Sache in Siebenbürgen.

Hermannstadt, 29. April 1529.

Ser. rex et domine
domine clementissime.

Post fidem et fidelitatem. Ich thuo E. k. M. Zubissen das wir yeczund in den grösiszten vnd letzten Noten syndt vnnd gleich yecz Erfordert E. M. Zesagen vnd versprechen, so vnns E. M. Zohilff wil khumen, vnd Nye also sehr als veczund, als dann E. M. aus andern Brieffen, vnnd diesem gegenbertigen Barthus poten versten wird mündlich, Darumb fliech Ich E. k. M. durch dy marter gottes willen, khumb vns Eilennd zuhilff sonst sey wir mit dem land verlorenn. Vnd so vns E. M. helffen will so geschech es pald. Got sey klagt das wir E. k. M. mit vnnsern Leib vnd guetern so treylich gedynlt haben. Vnd E. M. vnns als verlaszt vnnd No in das vyerd Jar vnns khein Hilff thuet. Erkhenns der almechtig got. Ich hab pisher mit mein guetern vnd leib mit tod vnd pluet vergiessen vieler meiner diener E. M. gedient willichlichen. Nu gibt es dy czeyt das ich mein leben vor E. M. auch muesz dargeben. So es got also haben wil. E. k. M. verges meiner Treuen dienst nit, vnnd hab mein Son vnd meine Brueder dy Pemfflinger genediklich bevolhen. Cibinii 29. April 1529.

E. k. M.

fid. servitor

Marcus Pemfflinger.

Das Original im k. k. geheimen Haus-, Hof- und Staatsarchiv. Joh. K. Schuller a. a. O. 14.

CII.

Marcus Pemfflinger an seinen Bruder Stephan in Ofen über die Noth der Stadt Hermannstadt und seine persönliche Lage.

Hermannstadt, 22. October 1529.

Freuntlicher lieber Brueder, mein gruesz bruederlich lieb zuuor. Ich weis nit wie es vmb enkh sleet Sonder wir sein in dem letzten Verderben. Also ob kön. M. vnsz disen winter vnd palt nit volkh schiken wirdt So sein wir vnd das gantz landt verdorben vnd mit vil mer zerung vnd pluct vergiessen wierdt er muessen das land erobern ob sein M. anders zubringen wierdt muegen. So aber sein M. pald Volkh schiken wierdt So pleibt das land dem kunig vnd wier auch genesen. Darumb will k. M. das land haben so thue er pald dartzu Anders ist es zergangen vnd du wirst mich nit mer sehen. Weil so ich mich mit ainem landt mocht ablosen So werden sy es nit thuen sonder mich schendlich totten So will ich es neben der getreyheit kön. M. redlich sterben als in dy hend der Verraytter khummen So er mich begnad dartzue. Ich khan dir jetz nit mer schreiben sonder diser mein Diner Farkos Jorg wierd dich aller sachen berichten, dem glaub vnd lasz dir In bevolhen sein vnd ob im Zerung werdt abgeen so lasz in nit Ich hab nu nit mer als das leben das ander gult vnd guet ist als dahin, Got sey gelobt Hansyko ist noch frisch. Dat. Cibinii 22. Octobris 1529.

Marx Pemfflinger

dein brueder.

Das Original im k. k. geheimen Haus-, Haus- und Staatsarchiv in Wien. J. K. Schuller a. a. O. 9.

CIII.

Benedict Merkgreb an Marcus Pemfflinger über das Elend und die Bedrängniss Hermannstadt.

27. April 1534.

Magn. d. Marco Pemfflinger Judici regio civitatis Cib. etc.

Gnediger herr vand pesonderer Freundt
vnd allerlipster her gefatter —

(Nach Pemfflinger's Wunsch habe auch er die Hermannstädter zur Ausdauer ermahnt. Man sei geneigt) „sonder alleyn vnss werd yn kurczer Zeit, nach so manchem verheissentlichen geholffen, oder durch got den almechtigen oder durch k. M. so ist es vnmöglich das wir weiter pleiben mögen . . . . also das solcher noth der speiss halben, das volk, trefflich leut vnd hantwerker, ewr heusser lassenn liegenn vnd mer als das Fyerteyl bynweg von der stat geczogen ist, auff das es hungers halber nicht verderb vnd vergeh. Man soll E. G. warlich glaubenn das trefflich leut mit sampt weibern und kyndern sich hinauss in walt wagen vm hulcz auf dem rücken zu tragen das selbig zu brechen vnd zu verkeuffen . . . .“

Benedictus Merkgreb
mitpürger vnd Geschworner der stat hermanstat.

Das Original im k. k. geheimen Haus-, Hof- und Staatsarchiv. J. K. Schuller a. a. O. 7.

CIV.

Bruchstückweise Uebersetzung und Erklärung von Perikopen.

Um 1536.

Fol. 1.

In festo visitacionis Marie... Ewangelium Luce 1 ...

Maria stwnd off, wnd gÿng off das gebÿrch cum festinacione in dÿ stat Jude id est Jude sive Jerusalem wnd trad aber gÿng en, das es sÿ qwam en das husz Zucharie, wnd grwst Elizabet, wnd es geschach, Als Elizabet den grwsz Marie h^wrt, Exultavit infans in utero ejus, Et repleta est Elizabet spiritu sancto, Et exclamavit voce magna, et dixit Benedicta tu inter mulieres, et benedictus fructus ventris tui. Vnd wo er komp myr das, das dy mvtter meynes herren czw myr kymt Ecce, Da ich dy stem deynes grwez hort en meynen oren, Exultavit in gaudio infans in vtero meo, wnd selich bistu dy do geloubt host, wen et wyd erfolt, was dyr gesot ist worden, Et ait Maria, Magnificat anima mea dominum, Et exultavit, meyn gest erfrayt in got meynem heylant.

Fol. 19.

Sermo super missus est. Ewangelium Luce. 1. capi. 1. scribit, das der engel des herren erscheyn dem Zacherie, wndt stwndt czw der rechter syten am alter, vndt als Zacharias en sag erschrackt er, vnd es kam en eyn forcht an, der engel sprach czw ym; nit furcht dich, Zacharia, wen dyn gebeet ist erhört, wnd dyn fraw Elizabeth wyrt dyr en son geberen, des namen, saltu heyssen Johannes, Erit magnus coram domino, vinum et siceram non bibet, wnd wyrt noch en mutterlyb erfolt werden mit dem heyligen geyst.

In 1°, 1°. Missus est, wart der engel Gabriel gesant von god, en eyn stat, Galilee: dy heist Nasaret, czw eyner jwncfrawen, dy vertreyt ader verloubt was eynem man, mit namen Joseph, von de domo David, wnd der namen der Jwncfrawen heyst Maria, Et ingressus angelus ad eam, dixit Ave gracia plena dominus tecum, benedicta tu inter mulieres et benedictus fructus ventris tui. Que cum audisset, turbata est erschrackt sich, wber syn wort, Et cogitabat qualis esset ista Salutacio, Et ait angelus ei Ne timeas Maria invenisti graciam apud dominum, concipies in vtero et paries filium, wnd salt seynen namen heissen ader nennen Jhesus, hic (der) magnus, et filius altissimi vocabitur, wndt got der her wyrt ym geen, den stwl synes vaters Davidt wnd wyrt regeren (kynig syn) en dem hws Jacob ewygliche, Da sprach Maria czw dem Engel Wy mach das geschehen (ader wy sal das czw gan) syntemal Ich von keynem man weys, ader keynen man erkennen, Der Engel antwort wndt sprach czw yr, Der heylich geist, wyrt kon wber dich, wnd dy kraft des hochsten dich wmo (?) wberschedem wnd darwm, das heylich, dat was dyr wyrt geboren werden, vocabitur filius dei wyrt gottes son, geheissen werden, Et ecce Elizabet cognata tua, Et ipsa concepit filium in senectute sua, wnd get nw en dat sext monet, illi, que vocatur sterilis, wen bay got es wort (dat es) keyn dyng wnmoglich. Dixit autem Maria. Ecce ancilla domini fiat mihi secundum verbum tuum.

Fol. 37.

Dominica quarta Adventus. Epistola Ad Phil. IIII.
„exsperat id est schwÿmpt, omnem sensum“.

Fol. 48. b.

Sermo de innocentibus .... Ewangelium in die circumcisionis, Luce 11.
In der zeÿt, dw dÿ ocht tag erfwlt wrden off das, das kÿnt beschnÿden sol werden, do wart seÿn nomen gehessen, Jhesus, Als er genant wort, von dem Engel ee das er enfangen wart ÿn seÿner mwter lÿb.

Fol. 54.

Dominica. III. post Epiphaniam. Ewangelium Mat. VIII.
In 1° t° Als Ihesus absteig von dem berg, secute sunt eum turbe multe, Et ecce leprosus veniens adoravit eum dicens Domine si vis potes me mundare, Et extendens strecht Ihesus Manum tetigit eum dicens, volo: mundare wert gereÿnicht, wnd balt was er reÿn von der wszeczÿkeÿt, wndt Jhesus sprach czw ÿm vide nemini dixeris, sed vade ostende te sacerdoti Et offer munus tuum (?) quod precepit Moÿses in testimonium illis, leuitens: xiiij.
Cum introisset (was ÿngegangen) Capharnaum, Accessit ad eum Centurio rogans eum et dicens, Domine puer meus iacet in Domo paraliticus et male torquetur Et ait illi Jhesus Ego veniam et curabo eum, do antwort Centurio vndt sprach, domine non sum dignus vt intres (engest) sub tectum meum sed tantum dic verbo, Et sanabitur puer meus Nam et ego homo sum sub potestate constitutus habens sub me milites, et dico huic vade et vadit et alio veni et venit, et servo meo fac hoc et facit Do Jhesus dat hwrt, dw vorwndert er sich, vud sprach czw den dÿ ÿm nochfulchden, Amen dico vobis non inveni tantam fidem in Israel, dico autem vobis quod multi ab oriente von offgang et occidente venient et recumbent cum Abraam et Isaac et Jacob in regno celorum filij autem regni das sÿn dÿ Juden Eÿcientur in tenebras exteriores, Ibi erit fletus et stridor dencium, Et dixit Jhesus Centurioni, vade, et sicut credidisti fiat tibi, Et sanatus est puer ex ista hora, wnd der knecht ist gesund worden in der selbigen stwnden, mos erat das dÿ Juden ÿr knecht heÿssen kÿnder.

Fol. 55. b.

„dem gab er gellich ÿr.“

Fol. 36.

Dominica. V. post Epiphanias. Mat. VIII . . .

In 1° l', Steig Jesus off ÿn eÿn clein scheff vnd sÿn jwnger folgte ÿm na, wnd nÿmpt war, et wart eÿn grose bewegung ader wngestemekÿt ÿn dem meer, also das, dat scheeff bedesckt met den wellen ader met den wellen des meers, Ipse vero dormiebat: Et accesserunt et suscitauerunt eum discipuli ejus dicentes Domine salva nos perimus, Et dixit eis; quid timidi estis modicae fidei ÿr kleyngelebegen Tunc surgens imperavit ventis et mari, wnd das meer bedreÿt: wart gancz stoel porro homines mirati sunt dicentes qualis est hic dat ÿm der went gehwrsem sÿn.

Fol. 61. b.

In purificacione Marie. Ewangelium Luce II.

Dw dÿ doch der Renÿgung Marie noch dem gesecz Moÿsi wrden erfolt, So brochten sÿ en hen Jerusalem, off das sÿ en dor stellten, ader off offerden dem herren, wÿ es dan geschrÿben steet ÿm gesecz des herren Exod. 34. Alles kneblegen das czwm ÿrsten dÿ mwtter brecht id est das czwm ÿrsten wÿrt geboren, sal got geheÿlicht heÿssen, wnd das sÿ geben des offer, na dem das es geschriben es, ÿn dem gesecz des herren, Leuit. XII: Eÿn par wrtel dwen, ader czwo lwng thwen, (hostia hec pauperum erat) precepit dominus vt agnum quisquis pro filio et filia offerat, qui agnum non poterat vt supra Wnd nÿmpt war eÿn mensch was czw Jerusalem, mÿt nomen Sÿmeon wnd der selbich was frwm, gerecht, wnd goczfertig, wndt wort den trost Israel das ist christum, wnd der heÿlig geist was en ÿm, wnd ÿm was en antwert worden, von dem spiritu sancto, Er sol den tod nÿt sehen, Nw erleÿe, er heet darvor hÿn den Christ des herren gesehen, wnd quam wez anreÿwng engebwng oder vormonung des geist en den tempel, wnd dw dÿ elder das kÿnd jhesum ÿn den tempel brochten, das sÿ vor en deden, noch der gewanet des gesecz, Do nam er en off seyn armen, vnd gebenedaÿt got, wnd sprach, herr, nw losz doÿnen dÿner em frÿden faren, wÿ dw geret host, wen meyn ogen han deÿn heÿl gesehen, das dw bered host, vor allem Folk, das leecht czw erlichtwng der heeden, wnd czw prÿsz ader czw gloria deÿnes folks Israel.

Fol. 65. b.

Dominica L^ae Ewangelium Luce XVIII.

Jhesus nam met ÿm, ader czw ÿm dÿ czwelff, vnd sprach czw en, Ecce Mÿr gon off ader stÿgen off keen Jerusalem, wnd alles was do geschrÿwen es dwrch dÿ propheten, von dem sôn des menschen, wÿrt verent werden, Wen er wÿrt wberantwert gegen ader vorroden werdon den heÿden wnd wÿrt vorspöt, wnd gegesselt, geschmet wnd vorspawen werden, Wnd na dem, wen sÿ en werden han gegesselt, So werden sÿ en tödon, wm drÿten tag, wÿrt er wÿder offerstön Wnd sÿ, vornamen ader vorswnden der wort keins, Wnd dat wort, was en vorbergen, wnd westen nit, was dat gerct was, Et quia rudes erant procedit ad miraculum, Factum est cum appropinquaret Jericho id est dw er nå baÿ Jericho qwam, sasz en elender am weg, wnd bedelt, Dw er hŵrt das folk beÿ ÿm, ader vor ÿm hÿn gön, frocht er vndt forst was dat weer. So verkÿndigtt sÿ ÿm, Jhesus von Nazaret gÿng vor ÿm, wndt er rŵff, vnd sprach, Jhesu dw son dauid erberm dÿch mÿner, Dÿ ader vor en gÿngen, bedraÿden en, er söl schwÿgen, Swnder fÿl mÿ kreesz er, Dw son dauid erbarm dich mÿner, Jhesus stwnd steel wnd hÿszen czw ÿm füren, Do sÿ en nå bÿ en brachten frocht er en, vnd sprach, was weltw, das ich dÿr thwen sal, her antwert, her das ich wÿder sehen mocht. Jhesus sprach, sech, Dey *) geloff hat dich behollfwen wnd geswndt gemacht, wnd balt sach er.

Fol. 68.

Dominica pasche ewangelium Marc. vltimo id est XVI.. Dw der Sabbath, das ist, dw dÿ osterlich fyer vergangen was, Maria Magdalena, wnd Maria Jacobi, wnd Salome koffen speczerlaÿ, ader edle salff off das sÿ qwemen, wnd salfften Jhesum, wnd an dem anderen tag der oster fÿer, gar frŵ, qwamen sÿ czw dem gröff, orto iam sole, et dicebant ad invicem, Quis revoluet nobis lapidem, ab hostio monumenti, Et respicientes, sagen hÿn, Et viderunt revolutum lapidem, erat quippe magnus valde Wnd sÿ gÿngen hÿn, en das greff, wnd sagen en jwngleck seczen a dextris, der do hat eyn wÿs kleyt an, wnd sÿ erschracken, wnd er sprach czw en, Nolite expauescere, Jhesum queritis Nazarenum, surrexit, non est hic, Ecce locus vbi posuerunt eum, Sed ite dicite discipulis eius et petro, quia precedit vos in galileam Ibi eum videbitis sicut dixit vobis.

Fol. 68. b.

Feria 2ª pasce, Ewangelium, In der czÿt, czweyn von den Jwngeren Jhesu, gÿngen an dem tag, en eÿn castel, das was Lx fwrlwng von Jerusalem, wnd heÿs, Emaus, wnd sÿ retten czw zwmen, von allen dingen, dÿ do gescheÿt waren, Wnd es geschach dw sÿ retten, wnd czwessen en frochten, Jhesus necket

---

*) Eine spätere Hand hat diese sprachlich so interessante mundartliche Form des Nösner Dialektes in Deyn geändert.

en czw, wnd gÿng mÿt ÿm, Ader ÿr ogen wrden en enthaldet, das sÿ en nÿt erkantten, wnd er sprach czw en, was sÿn det vor wort, dÿ ÿr czw zwen reet, wnadert, wnd sÿt trwrich, wnd eÿner antwert wnd heÿs Cleophas wnd sprach czw ÿm, Dw bist eeleÿn eyn pÿlgerm czw Jerusalem, wnd hest nÿt erkant, was dor en gescheÿt es, en dysen tagen, Czw welchem en sprach, was es das, sÿ sprachen, von Jhesu, von Nazaret, der do wös en man, eÿn prophet, geweldich en werchen, wnd en wortten, vor gůt, wnd allem volck, wnd wÿ en dÿ obersten der presten, wnd awa fÿrsten, han gegeen, en vorlernes des todes, wnd han en gecrwczÿcht, swnder hatten gehofft, wen heer wrt erlosen Israel, Wnd aw wber das alles gar, es hůt der dret tag, das dat gescheÿt es, Swnder etligen frawen, wa waeren, han wns erschreck, dÿ do woren vor dem tag czw dem groff, wnd fwnden sÿnen lÿff nÿt, wnd qwamen wnd sprachen, dat sÿ eeh der engel gesicht hetten geseÿn, wnd etligen czwyssen wns gÿngen hÿn, czw dem groff, wnd fwnden als dÿ gesöt hetten, swnder en han sÿ nÿt fwnden, wnd er sprach czw en, O ÿr thwres wnd langsemes herczen czw gelewen, Mwst nÿt christus also lÿden, wnd also en sÿn glorie gon, wnd hwb an von Moÿses wnd allen prophetten, wnd besoheÿt sÿ en aller schrifft, dÿ von ÿm was, wnd sÿ neckten czw dem Castel, do sÿ hÿn gÿngen wnd er bewist sich fÿrder czw gön, wnd sÿ czwwgen en, vnd sprochen, blÿff bey vns, wen et es owendt, wnd der tag ist geneckt, wnd er gÿng ennen mÿt ÿn, wnd es geschach do essen, Er nam das brwd, wnd gesent dat, wnd brach das, wnd reechten, wnd ÿr ogen wrden en off gedon, wnd sÿ erkantten en, wnd er verso wang von yren ogen, wnd sÿ sprochen czw zwnen, was nÿt wnser hercz hÿnsÿch, en wns, dw her reet off dem weg, wnd schlws wns off dÿ schrÿfft, wnde sÿ stwnden off ÿn der selbiger stwnden, wnd *) gÿngen ken Jerusalem, wnd fwnden dÿ eelff beÿ enander, wnd dÿ bÿ en waren, wnd sprachen, Surrexit dominus vere et apparuit Symoni, wnd sÿ sagten was geschen was off dem weg, wnd wÿ sÿ en erkant hatten an dem breshen des brodt **).

Fol. 70.

Feeria Ter' pasche ewangelium.

In t' t' Jhesus stwndt, ÿn dÿ myttelt seÿner Jwnger, vnd sprach czw en, der frÿdt seÿ mith ich, Ego sum, feercht ich nÿt, Swnder sÿ wrden betrÿbt, wnd erschrackt, vnd sÿ menten sÿ seyen en geist, Wnd er sprach czw en, Dwrch wees wegen sÿt ÿr bedreÿft, Ader dwrch wes we stÿgen dÿ gedanken offen ÿr herczen, Seÿt meÿn hendt, wnd meyn fwss, wen ich bÿn es selben, Reÿrtt an, wnd sehet, wen der geest hat nit flesz, noch gebeÿn ader knochen, als ÿr mich sehet han, wnd dw er das geret, do czecht er en hendt, wnd fwsz, Swnder dw sÿ noch nit geloffen, wnd ver freÿden sÿch vorwenderten do sprach er, hatt ÿr ettzet kÿ czw essen, wnd sÿ brochten ÿm en steeck gebrôden fÿsch, wnd en rossen honich Wnd do er vor en gâs, so nam er dÿ bres'm, wnd gaff sÿ en, wnd sprach, das sÿn dÿ wort, dÿ ich geteet han czw ich, do ich noch beÿ ich was, wen es, es, mût alle dÿnck czw erfellen, dÿ geschriben seÿn, en dem gesecz Moÿsi wnd en den propheten, wnd psalmen von mÿr, Do det er en off dÿ seen, das sÿ verstwnden, vnd sprach czv en wen es alse geschriben, wnd also mwst Christus lÿden, vnd erston von dem tod, am dritten tag, vnd gepredich wrden ÿn seÿnem namen bwss vnd ellesung, der swnden ÿm allem folck.

Fol. 75.

De omnibus sanctis Ewangelium. Mat. V. Anno. Christi 31 . . „regnu id. est von dem rich" . . .

In 1. K. Videns Jhesus turbas (folck) Ascendit in montem vndt saczt sich, wnd syn jwnger traden czw ÿm, vnd er deet off syeen mwndt: wndt lÿrt seÿ, wnd sprach, Beati pauperes spiritu (dÿ gestlich arem sÿn) quoniam ipsorum est regnum celorum . . . Selich sÿd ÿr wen ich dÿ menschen schmeen wnd forfolgen, wnd reden allerleÿ wbels wnd arges, wider, menolentes, so sÿ dar en legen, von meynent wegen,

Gaudete et exultate, quod merces vestra copiosa est in celis, das ist, es wyrt ewch wol em hÿmel belont werden.

Fol. 80. b.

De Exaltatione sancte crucis, ewangelium Joh. XII.

Do quam eÿn stÿm von hÿmel, Ego glorificam et iterum glorificam, wnd wil en wyder (ader emol) prÿcssen Do sprach das folk, das dw beÿ stwnd, wnd czw hôrt, Es dwnert, Dy anderen sprochen Et reed en engel, met ym, Jhesus antwert wnd sprach, Dysze stÿm es nit von meynent wegen gescheÿt, swnder von ÿrent wellen . . .
ÿczwnder geet das gericht wber dÿ werlt, Nw wÿrt der fÿrst dÿszer werlt wegestôssen werden, Et ego, Wnd ich, Si exaltatus fuero a terra omnia traham so wÿl ich sÿ alle czw mÿr czehen, Hoc autem dicebat significans, czw bedeÿden, welches thws er wrd sterben. Do antwert ÿm das folk, Nos audiuimus ex lege, quia Christus manebit in eternum, (ewÿclich), Et quomodo tu dicis Des menschen son, mwsz erhaben werden Quis est iste filius

hominis, Do sprach Jhesus czw en, Das licht es noch en kleyn czȳt en ich, Ambulate dum lucem habetis ne tenebrae vos comprehendant Et qui ambulat in tenebris nescit quo vadit, credite in lucem, vt filȳ lucis sitis.

Fol. 81. b.

De vno confessore, ewangelium Marc. XIII.

Videte: sehet czw: vigilate et orate wen ȳr west nit, wen es, czȳt es, glich als eȳn mensch der wberland czweh (profectus est) wnd leȳs (reliquit) seȳn hws, et dedit seruis suis potestatem mocht vniuscuiusque operis, eȳnem ȳglichen sȳn werck wnd gebwdt dem dȳr wechter, ader thȳrhwtter er sol wachen, Vigilate ergo Nescitis enim quando dominus domus veniet, Sero, am owent, ader czw mitternacht aber czw der hanekrôt, ader des morges, ne cum venerit repente, off das er nit schneel kwm, wnd fegud*) ich schloffen, Quod (dat) autem vobis dico, omnibus (allen) dico, vigilate.

Fol. 84.

„Scutum fidei, in quo possitis omnia tela (gelept sȳn vor veneno peccati (?) inimici extinquere"

„wen wo der gelobew ist, do bewist er sich, wnd bricht awsz, dwrch dȳ werk wnd libt wen wo dy werk wnd dȳ libt nit awszbri'chen do ist der geloff nit recht, do helft das ewangelium noch nit wnd Christus ist noch nit recht erkannt,"

Fol. 87.

De vno martyre. . . .

Wel mȳr ȳmant nô fulgen abneget semet ipsum, et tollat crucem suam et sequatur me, Qui voluerit animam suam (seȳn leben) saluam facere, behalden, perdet eam. Et qui perdiderit animam suam propter me inueniet eam, Was helfft den menschen seew dȳ gancz werlt gewȳn, wnd ne'm doch schodden an sȳner sȳlen, ader was kan der mensch gegen do mit er syn sȳl wȳder lôse, filius hominis . . . .
sunt quidam de hic stan, qui non gustabunt mortem bȳs das sȳ seen kwn, filium hominis in regno suo.

---

*) Das g ist Zusatz derselben Hand.

Fol. 87. b.

Dominica VI. post pascha ewangelium Joh. XV.

Wen der tröster kwn wÿrt welchen dem ich ewch werden senden von dem vatter: den geist der warheit, der von dem vatter ausget . . . .

Fol. 88.

Hec locutus sum vobis, vt non scandalisemini (ergert). Absque sinagogis facient vos: (sÿ werden ich en den ban werffen) . . .

Fol. 88. b.

Scilicet venlet hora id est tempus, das der, der ich tötten wÿrt, wÿrt menen gedenken, oder halden er thw got en dÿenst, den durch

Textus: Swnder das han ich czw ewch gerett off das, wen ÿr czÿt kwn wÿrt, das ÿr des endechtig seÿt, oder, dar an gedÿnckt das ichs, euch gesagt han:

Fol. 90.

(De Sancto Philippo et Jacobo) . . .

„Si quo minus (wo oder das nicht wer)“

„Et si abiero (ee das ich gën)“

Fol. 91.

„Wnd so ÿr etwes wert den vatter bÿtten on meÿnem namen, hoc faciam.

Fol. 91. b.

Dominica 2ª post pascha Ewangelium Joh. X . . .

Amen amen dico vobis, Qui non intrat per hostium in ovile ovium sed ascendit aliunde, ille fur est et latro (moerder) Qui autem intrat per hostium, der ist eÿn hÿrt der schäff, wnd dÿ schäff hören seÿn; Ego sum hostium ovium, Si quis Se ÿmant dwrch mich engeedt, der wÿrt selich werden, wnd wÿrt weÿd fenden.

Ego sum pastor bonus . . . .

Mercenarius autem fugit, quia mercenarius est, wnd et gehört en nit von den schoffen . . .

Fol. 92.

„wnd er acht der schaff nit"
„wÿ mich mey vatter kent: wnd ich kenne den vatter"
„herfwren"

Fol. 93. b.

Dominica Rogacionum: ewangelium Joh. 16.

Mulier cum parit tristiciam habet (engst) quia venit hora eius, Wen sÿ ader das kÿnt gebert hat, so gdinck sÿ nit mÿ an dÿ engst, propter gaudium quia natus est homo in mundum, Et vos nunc quidem tristiciam habetis, wnd ich wÿl ewch wÿder schen et gaudebit cor vestrum .... So ÿr den vatter etwas wert bitten ÿn meÿnem nameh so wÿrt ers ich geen ...., Solchs hab ich czw ewch dwrch sprechwort geret.

Fol. 94.

Sonder dÿ stwnd, dÿ czÿt kÿnt, das ich nit mÿ dwrch sprechwort ader dwrch glichnüser met ich werden reden, Sonder offembor, dat es, fraÿ herws ich, werden verkwndigen, von meynen vatter.

In ipso die in nomine meo petetis, wnd ich sage ewch nit, das ich den vatter ver ewch bitten wÿl.

Ipse enim pater amat vos, qualiter vos me amastis, wnd hat geloufft, das ich von gůt ausgegangen bÿn.

Exivi a patre et veni in mundum, Item relinquo mundum, et vado ad patrem, Do sprochwn dÿ jwnger czw ÿm, Ecce nunc palam loqueris, Nw redstw fraÿ herws wnd redest offembůr, et nullum proverbium dicis (wnd sagest keÿn Sprichwort) Nunc scimus quia scis omnia, Et est opus tibi (vnd dw bedorffest nit das dich ÿmant frog, Darwm geleben mÿr das dw von gůt wsgegangen bist).

Fol. 95.

Dominica III. . . Luc. XV Ewangelium.

. . . . Welch mensch es czwcasen ich, der hwndert schâff hât, wnd so er der ent vôrlÿst, der nit lôsz dÿ 99 ÿn der wüstig, wnd geed hÿn noe dem verlornen, bÿsz das ers fÿnt, wnd wen ers fwnden hât, so lecht ers off sÿn ochsselen, mit fraÿden (gaudens) wnd wen er heÿm kÿmpt, convocat amicos et vicinos, dicens illis, congratulamini mihi, quia inveni ovem meam, que perierat, das vorloren was, Dico vobis So wÿrd och fraÿd em hÿmel sÿn, wber eÿnen swnder, der bůss tedt, wen wber 99 gerechten, dÿ der bwsz nit bedÿrffen, Ader welch wÿb ader fraw ist dў czeen grosschen ader czeen phennig hat, Et si perdiderit vnam, nonne accendit lucernam id est eyn licht: Et euertit (keret) das hwsz, wnd sucht mit flўs bўs das sў en fўnd Et cum innenerit conuocat amicas et vicinas . . . .

Fol. 96.

Dominica IIII. Ewangelium Luc. VI. Mat. VII. Marc. 4 . . . Seўt bormherczўch, als yr valter och bermherczўch es, Nit richt, so wert ўr nit gericht, vordampt nit, so wert ўr nit vordampt, vorgeb, so wўrt ich vorgeen, Gebt, so wўrt ich gegen. Ein fol mos, engedrockt, geruehl ader gerüttelt wnd eўn wberflessich mōs, wўrt en ўren schws gegen werden, *) . . . wnd er socht en eyn glichnes Moch och eyn blўnder, Kўm blenden den weg czegen ader wўsen, werden sў nit alle bet en eyn grwff fallen. Der jwnger ist nit wber den mester . . . . halt stel bruder . . . . wnd besech dan . . . .

Fol. 96. b.

Dominica. IIII. Ewangelium Luc. V. Anno 31.

Alle dў do moncherlaў kranken hatten, brochten sў czw ihesu, wndt er locht off en ўgligen den hendt, wnd macht sў gesward. Als dat folck wberfell: wnd sich drangd czw ihesu, czw horen dat wort gottes, wnd er stand, bey dem Sўe Genezaret, wnd sach czwee scheff am sў sten, dў fesser waren wegestigen, wnd waschen ўr garner wnd er steech ader tratt en der scheoff eўnt welches was Sўmonis, wnd bast en, das her en wenich vom wber fwrt, wnd er sazt sich wnd lyert das folck was dem schўff, wnd als er off gehwrt czw redden, sprach er czw petro, faar en dў hўedt, das es, ўn dў dўffl, wnd werfft, laxate, ўr garner was das ўr en zwg thuet . . . Swnder off dў wort . . . vnd ўr garen czwrees . . . Ich byn eўn sindiger mensch wen en was eyn erschrecknes an kwn, wnd alle dў, dў met ўm waren, en dem feschczwg den sў met en ander doden, Des glichen Jacobum wnd Johannem, dў sўen Zebedei, qui erant socў Sўmonis, Et ait ad Sўmonem Ihesus, Noli timere, Ex hoc id est post hoc tempus, wўrstw menschen pheen, wnd sў fwrtten dў scheff an dў e'rit das ist an det wber, wnd fwlchten ўn nach.

*) Wir geben im Folgenden den zwischen die deutsche Uebersetzung gestellten lateinischen Text nur ausnahmsweise mit.

Fol. 97.

Dominica. V. post penthecostes Ewangelium: Math. V.

Nit we'nt ader gedenckd Das sey kwn off czw lösen das gesecz, ader dy prophelen. Ich byn nit kwn off czw lösen, swander czw erfellen, Amen amen dico vobis, donec bys das hymel wnd ert czwgeet, eyn bochstab, oder eyn spiost, wyrt nit vorgon, bys alle ding gesche'n, wnd darwm, welcher off lyset, eyn gebot, von dysen klensten Geboderen, wnd lyrt also dy menschen, der wyrt der klenst genant werden en dem rich der, wer ader dat thwen wyrt wnd so lyeren, der wyrt grosz genant werden em rich der hymel.

Fol. 98.

Dominica VI. . . .

. . Hat yr gehört, das gesecd es den alden Dw salt nit tötten, wer ader tot, Reus erit judicio . . . Reus erit (schuldich) . . . fatue id est thwer . . . Vade prius (gang czwm ersten) reconciliari fratri tuo, wnd dan kwm, wnd offer dyn offer.

Fol. 98. b.

Dominica VI. Anno Christi 32. Mat XV. *) . . .

Czw der czyt, dw fyl folks was mit ihesu wnd hetten nicht czw essen, Ryff ihesus syn junger czw ym, wnt sprach Misereor super turbam, quia ecce jam triduo sustinent id est mecum manent me exspectant: wen sy han nw dray tag bay myr geharren, wnd bey myr blyben, wnd han nichts czw essen Wnd es das ich sy wngessen von myr heym lassen goen so werden sy off neen off dem weg, dat ist, Sy werden erschmochten wnd erhengeren, ... Et responderunt ei discipuli sui, wo er noch ymans dys sedegen mit brôt en der wstnwng, Et interrogat eos, quot panes habetis, Qui dixerunt: Septem, wnd er gebwt dem folk das sy sich legertten, aber nyder saczten off dy eert, Et accipiens VII panes, gracias agens, fregit, brach sy, wnd gab sy synen jwngeren, das sy dem folk vorlechten et apposuerunt turbe. Et habebant pisciculos paucos, et ipsos benedixit, et iussit apponi, Et manducarunt et saturati sunt wnd klwfften dy wberbrocken syben korff, wnd yr waren, dy do gessen, bey fyer thusent, vnd er lys sy von ym.

Fol. 99. b.

Dominica. VIII. Ewangelium sextum, 9f. . . .

Sehet ich für dÿ czw ich kwn en schaffs kleederen, zwnder czwenich sÿnt si grecke'n ader rÿssame wolffe. An ÿren frichten wert ÿr sÿ erkennen, Moch man och wÿnaeren klwffen oder lesern von den dernen, oder fÿgen von den destlen . . . excidetur abgehawen . . .

Fol. C. b.

Dominica VIII. post penthecostes . . . Luc. XVI. . . .

Et was eÿn richer man, der hat en schaffer, der wort ÿm beklot, als heet er ÿm scÿn gwt wm brocht, aber dwrch brocht. Et vocat illum et ait illi, Quid andiui de te: redde racionem villicacionis tue wen dw kanst nit lenger schaffer geseÿn, aber eÿn offhalder des hwsz gescÿn . . . wnd er rÿff czw ÿm alle schwldiger sÿnes herren . . . . centum choros (malder) tritici . . . . hwshalder . . . . wen dÿ kÿnder dÿsser werlt sÿn klÿger wen dÿ kÿnder des lechts, en ÿrem geschlecht . . .

Fol. CI. b.

Dominica IX. post penthecostes . . . .

als ihesus czw neckt, dat es, als er nō, quam, czw, ken Jerusalem, so sach er dÿ stat an, wnd schrÿ' aber wÿ'ut wber sÿ wnd sprach, Quia si cognouisses et tu, tellicet fleres, wnd nemlich an dyszem tag, der do dÿng es (tua) After an dÿnem hwdigen tag, der dÿr czwm frÿden dÿent, swnder nw es vor dÿnen ogen vorborgen, wen dÿ tag, aber dÿ czÿt wÿrt wber dich kwn dat dich dÿn fient werden em geen vallo werden dich wm geen (belegeren), wnd wberal wmengesten . . . das ist das dw net hast erkant dÿ czÿt do dw en beswcht bes . . . . latro: der morder . . .

Fol. CII. b.

Dominica X. post penthecostes. Luc. XVIII. . . .

. . . es gÿngen czwÿn menschen hÿn offen den tÿmpel . . czw bedten eyner sÿn pharisaer, der ander eyn offembar sÿnder, der phariseÿer, stwnd, wnd beet beÿ ÿm selbs, also: Ich danck dÿr got, das ich nit bÿn wÿ ander leut ader menschen, Rewwer wngerechten, eebrecher, als och dÿszer offembaer swnder, Ich fast czwyr en der wachen, wnd geen den czenden, von alle dem, dat ich han. Wnd der offembůr swnder stwnd von ferne, vnd wol och sÿn ogen nit off heben, kem hÿmel, swnder er schlug an sÿn brost, wnd sprach, Got seÿ mÿr swnder genedich . . .

Fol. C9.

Dominica XI. post penthecostes.
coinquinat (verwnrenicht).
Adulteria, ebrecheray.
Fornicationes, hwreray.
homicidia, morderay.
Dyberay, Schalkeit.
lest, wucewcht, lestrunk.
hoffert, torheyt.
ea sunt que inquinant.

Ewangelium, Wnd er standt off, wnd gyng von dannen, dat es, er gyng was von den enden Tyri, wn quam dwrch Sydonem bey dat Galilaes meer, inter medios fines Decapoleos (mettel dy grynes der X steed) vnd sy brochten czw ym, en doffwen, wnd stwmmen, wnd beden en, dat her dy hant off en leacht, wnd er nam en von dem folk besunder, wnd lys ym dy fynger yn dy oren wnd er spwczt off dy erd, vnd ewert an syn czwng wnd sag off keen hymmel, sewfczt (ingemuit) wnd sprach czw ym, Ephata: das ist, thw dich off, wnd also balt, theden sich off syn oren, wnd dat bandt syner czwngen, das wort loss, wnd reedt recht, wnd er vorbwt en, sy seulen dat nymanden sagen, ye my er dat vorbwdt, ye myt sy dat wsbretten, wnd sprachen Omnia bene fecit, surdos fecit audire et mutos loqui.

Fol. C9.

Dominica XIII.
„que vos videtis (dat yr sehet)“ . . .
„quid faciam (was mws ich thwen)“ . . .
„dy czwgen en was wnd schlwgen en, vnd gyngen darvon, wnd lissen en halff tot laen“.
„vin (strůs)“.
„similiter (desselbenglichen) . . . wnd dw er en sag . . . gyng wnd trat ym czw . . . wnd droch surch wber en . . . protulit (czwch er wsz) rediero (wyder kyren) . . . welcher dwnckt dich, der czwessen dysen dreen, der neest sey gewest, dem der do czwessen dy rower wnd merder gefalle was“.

Fol. CXIII.

Dominica XV. ewangelium, Mat. VI.
yr solt ich nit schecz samlen off erden, do sy der Rost vnd dy matten vorczeret, wnd dy diff wegrawen, wnd verstelen, Swnder. Samelt ich schecz ym hymel, do sy wedder rost, noch maden verczeren, fressen, czw knagen wnd do dy diff nit wegrawen, noch verstellen wen wo yr schecz ist, do ist och yr hercz.

Nemo potest duobus dominis seruire, ader wÿrt eÿnen hassen, wnd den anderen liben, oder wÿrt eÿnen halden, wnd den anderen vorochten . . . sorcht nit vor yr leben, was yr essen, wnd trÿncken wert, och nit vor den lichnam, körpper, was ÿr anlegen, ader anczeÿn swlt ader ankleden wert, Es nit das leben mÿ wen dÿ spÿs, Ader der lichnam mÿ wen dÿ kledwng, Respicite volatilia sÿ seen nit, sÿ ernen nit, sÿ samlen och nit en dÿ schÿren, wnd ÿr hÿmleszervatter spÿst sÿ wnd ernert sÿ sÿt ÿr dan nit fÿl mÿ, wen sÿ, wer es ader czwessen ich, cogitans, der do moch sÿner lengden ader grÿsten en eel czugesetzen (dat es) czwgegen q. d. n. Werwm sorcht ÿr dan vor dÿ kledwng, schawt dÿ lilgen off dem feelt, wÿ sÿ wassen. Non laborant aeque nent (ochnen sÿ nit) Ich sach ich, das och Salomon ÿn aller sÿner gloria. nit beklet gewest es, sicut unum ex istis So aber got das grees off dem felt also klet das doch hwt steet, wnd morgen en den owen wyrt geworffen, quanto magis vos. O yr kleyn gelebigen, Darwm sÿl ÿr nit sorgen, vnd sprechen was werden mÿr essen, ader was werden mÿr trÿnken, womit werden mÿr was kleden, hec enim omnia gentes inquirunt (nå swichem alle trachten dÿ heeden) Scit enim pater vester, quia hÿs omnibus indigetis (das ÿr dÿs gar bedÿrff, Querite, tracht am yrsten, nå dem rich gottes wnd nach sÿner gerechtikÿt . . . So wÿrt ich das alles gar czwfallen, aber czwkun wnd gegen werden.

Fol. CXIIII. sqq.

Dominica. XVIII. ewangelium, Mat. 22.

do dÿ phariseer horten das Ihesus den Saduceer den mwndt ader das mawl vorstopt hat, besamelten sÿ sich, wnd traden czw Jhesu, wnd eÿner czwessen en (legis doctor) eÿn schrÿfftgelÿrder verswcht en (temptans) vnd sprach: Magister welches es das grôst ader vornemlichst . . gebot em gesecz Jhesus sprach czw ÿm, Dw solt lÿben got dÿnen herren awsz (von) ganczem herczen von ganczer seelen, von ganczem gemwt, Das ist das vornemst, wnd das grôst gebot, Das ander ist dem glich, dw salt deÿnen nesten lÿben als dich selbest. En dÿsen czween geboden he'n, das gancz gesecz, wnd dÿ propheten Do nw dÿ phariseer beÿ en ander waren, fracht sÿ Jhesus wnd sprach . . Wÿ dwnck ich von Christo, wes son es heer, sÿ sprachen Dawÿds, Er sprach czw en, wÿ nent en Dauid em geist en herren, do er sprecht : . Got hat gesat czw meÿnem Herren, secz dich czw meÿner rechten, bÿs das ich secz deÿn feent czw eÿnem stwl mÿner fwes So nw Dauid, en herren nent, wÿ es er dan sÿn sôn, wnd trosten ach nÿmant von dem tag fort mÿ gefragen.

Fol. CXV. b.

Dominica. XVI. ewangelium Luc. VII.

Ibat Jhesus in ciuitatem, que vocatur Nayn et ibant cum illo discipuli eius, et turba copiosa vil folk Als er ader an dŷ porcz ader an das dor der stat quam, ecce, do wort eŷn dwiter erhws gedroa der do was eŷn eniger son seŷner mwtter wnd sŷ was en wŷtfen, wnd fŷl folk der stat gŷng met ŷr, wnd dw sŷ der her sag so erbormdt er sich wber sŷ wnd sprach, Noli flere, Et accessit et tetigit loculum, hŷ autem qui portabant steterunt, et ait, Adolescens tibi dico, surge et resedit, wnd der tôide recht sich off, et cepit loqui, wnd er gab en sŷner mwtter, wnd sŷ quam alle gar eŷn forcht an, et magnificabant deum, et dicebant, quia dominus visitavit plebem suam.

Fol. C. 16.

Dominica XVII. Ewangelium Luc. XIIII.

. . . . wnd sŷ hŷlden off ŷn . . . curare (czw helen) . . . wnd er begriff en ader nam en czw ŷm wnd heelt (dat es) er macht en geswndt wnd lŷes en gon, et respondens, dixit ad illos, welcher es czwessen ich, dem sŷn ox, ader ezel en den bronnen (puteum) feelt, wnd er en nit also balt erws czŷch an dem Sabbath . . . . Do er morkt, wŷ erwelden dŷ oberst stelt, dat es, an ŷczermbsten ort czw sŷczen, wnd sprach czw en, wen dw von ŷmanden wŷrs geladen czwr hochczŷt, so secz dich nit an das ŷrst ort (dat es) dat oberst, das nit en ŷrliger wene dw bist, von ŷm geloden saŷ, et veniens qui te et illum invitavit, dicat tibi . . wich diszem, wnd mwst dan schandheitikŷt nouissimum tenere locum, . . . ascende (reck) superius et tunc erit tibi gloria, vor den alle dŷ czw thŷsch sŷczen . . .

Fol. C. 16. b.

Dominica. XIX. . . ,
„introeamus (foren) in eos.“

Fol. C. 17.

Dominica. XIX. ewangelium Mat. IX.

. . Ascendens (trat) ihesus in nauiculam transfretauit et venit in ciuitatem suam (Nazaret) et ecce offerebant ei paraliticum (do brochten sŷ czw ŷm eŷn wassers.) iacentem in lecto Da ihesus ŷren geloben sag, dixit paralitico, son saŷ getrost, deŷn swnden sŷn dŷr vorgen, Et ecce quidam de scribis dixerunt intra se, hic blasphemat, diser lestert got Do ihesus sag ŷr gedancken, dixit: worwm gedŷnckt ŷr so wbel ader so arg's en ŷren herozeren . . . potestatem (mocht) . . . glorificauerunt deum, der sulchen macht den menschen gegen hat.

Fol. 118. b.

Ewangelium Mat. 22. . . .

. . . Iterum (ader emol) . . invitatis (den geesten) . . prandium (mol) . . . altilia (tölich, ader mast fch) . . . kwmp czor hochczyt Illi autem neglexerunt (sy vorechten das) wn gyngen hyn eyner en syn dorff, der an seyn gescheffl reliqui vero tenuerunt servos eius, vnd schme'dten sy, et occiderunt . . . wnd schenkt ws syn heer, wm brocht dyse morderwm, wnd enczendt an yr stat, Tunc ait servis suis Dy hochczyt ist bereit, sed qui invitati erant, non fuerunt digni (dy gest wareus nit wert) . . . . Darwm got off dy strosen . . . . wnd dy tysch wrden alle vol, Intrauit autem rex, off das er seech dy gest, dy czw tysch sassen wnd sach da eyn menschen, der hat keyn hochzyt kleet an, Et ait illi, Amice, wy bistw czen gegangen wnd host doch keyn hochzyt klaet an, wnd er verstuwet, Tunc dixit rex ministris, bend ym, hant wnd fwez, wnd werfft en, en das ysserste fynsternes, ibi erit fletus . . .

Fol. 123.

„wyrcklich effectiue."

Fol. 125. b. sqq.

Dominica. XXIII. post penthecostes. Ewangelium, Mat. 6. Joh. 4. Anno Christi 31.

. . . Erat quidam regalus, des syn son kranck lag yn Capharnaum, Dysen . . . hwrt, dat Jhesus kwam von Judea en Galileam, Abyt ad eum et rogauit eum Descenderet (kmen ?) et sanaret (helff) seynem son (sanaret) wen er hwff an czw sterben, Dixit Jhesus ad eum, wen yr neyt czuchen, wnd wnderwerk seyt, non creditis, Der kwnig sprach czw ym domine descende priusquam moriatur (styrbt) filius meus, Dixit ei Jhesus, vade filius tuus vivit Der mensch geloff dem wort, das Jhesus czw ym reedt, wnd gyng hyn Eo descendente wnd en dem, das er ereber gyng begeden ym syn knecht, wnd verkwndicht ym, wnd sprachen, filius tuus viuit, Do frocht er von en dy stwnd, yn besser was worden, Et dixerunt ei, quia heri hora septima reliquit eum febris. Cognouit pater Do merckt der vatter, quia illa hora erat, in qua dixit ei Jhesus . . . mit seynem ganczen haws.

Fol. 128. b.

Dominica. XXIIII. Mat. XVIII. Anno Christi. 32.

. . Dat petrus trat czw Jhesu, vndt sprach czw ỹm, heer wỹ offt, swez ich meỹnem brwder vergeben, so er wỹder mich swndicht, geswchdet sỹben mol, Jhesus sprach czw ỹm, ich sach dỹr nicht sỹbenmol, swnder sỹbenczỹch mal, sỹben mâl; . . . . . Cum autem non haberet vnde redderet (beczolt) iussit eum dominus eius venundari, en, wnd sỹn fraw wnd sỹn kỹnder, wnd alles was er heet, et reddi vnd beczolen, Do fỹol der knecht nỹder wnd bat, dicens, her haff gedolt met mỹr, ich wel dỹrs alles beczolen, Misertus dominus serui illius, wnd lỹs en los wnd dỹ scholt vorlis ỹm, Do gỹng der selbich knecht hỹn wez: wnd fant eỹnen sỹner met knecht ader dỹner, der was ỹm hwndert fennỹck schwldig, wnd er greff en an, wnd wrcht en, vnd sprach, beczol, was dw mỹr schwldich bist, Do fyel syn met knecht nỹder, wnd bat en wnd sprach, hoff gedolt met mỹr, et omnia reddam tibi, Er wel aber nit, swnder er gỹng hỹn, wnd werff en, en eyn gefỹngnes, bes dat er beczalt was er schwldig was, Dw sỹn met knecht swiges sagen so wrden sỹ sỹr bedrỹfft, wnd kamen, et narrauerunt domino omnia que facta fuerant. Dw ryff en sỹn heer vor sich, wnd sprach czw ỹm, serue nequam Dw schalk, Alle scholt han ich dỹr vorlossen, quoniam rogasti me, Solstw dich den och nit erbarmen wber dỹnen met knecht, Sicut et ego tui misertus sum wnd sỹn her wart czornich, wnd gaff en den wberger gen ader peỹnigeren, bỹs dat er beczelt alles wat er schwldig was, Also wỹrt ich meỹn hỹmlisser vatter och thwen, so ỹr nit vorget von herczen, en ỹglich sỹnem brwder.

Fol. 128. b.

De corpore Christi, Ewangelium Joh. VI. . . .

. . . wer von dỹsem brot essen wỹrt, de wỹrt leben en ewỹkỹt, Et panis quem ego dabo caro mea est, welches ich gen werden, vor das leben der werlt, Do zanckten sich dỹ Jwnger czwỹszen ander wnd sprachen, wỹ kan dỹszer wns seỹn flesz czw essen gegeen, Jhesus sprach czw en . . . .

Fol. 129.

. . . wỹ mich gesant hat, der lebnig vatter et ego vivo propter patrem wm des vatters willen.

Et qui manducat me, derselbich ipse viuet propter me . . .

. . . descendit kwn ist . . . in eternum en ewikỹt.

Fol. 130. b. sqq.

De Sanctis petro et paulo Apostolis. Ewangelium Mat. XVI. . . .

Da quam Jhesus ÿn dÿ genet der stat Cesarea Philippi, wnd frocht sÿn Junger, wnd sprach, wen sprechen dÿ lẘt, ader das folk, der do saÿ des menschen sôn id est virginis filius, sÿ sprochen, Etligen sagen, Dw seÿst Johennes der deffer, dÿ anderen, dw seÿst Elias, Etligen, dw seÿst Hieremias, ader eener waz den propheten. Jhesus sprach czw en, ween sag ÿr, der ich bÿn, Da antwertt Simon Petrus, wnd sprach, Dw bes Christus, eÿn sôn des lebnigen gottes, Jhesus antwort, wnd sprach czw ÿm, Selich bistw Sÿmon, Jonas sôn, flesch wndt blwdt, hat ÿr dat nit offenbort, swnder meÿn vatter, der do es en dem hymlen, wnd ich sôen dÿr, Dw bist Petrus wnd off dÿszen steen, wel ich bawen m'ÿn kÿrch, dat es, meÿn gemeÿn wnd dÿ porczen der hellen, werden dÿ nit môchen wberweldigen . . . wnd ich wel dÿr geen dÿ schlessel des hÿmmelrichs, Alles was dw benden wÿrs off erden, das wÿrt gebwnden syn em hÿmel, wnd alles wastw wÿrs offlÿssen off erden, wÿrt off gelẘst sÿn en hÿmmel.

Fol. 132.

In Festo. S. Marie Magdelene, ewangelium Luc. VII. Mat. XXVI, Marc. XIIII, Joh. XI. Anno etatis Christi 33 . . . seÿd der mensch ist eÿn fresser, wnd eÿn wÿnsewffer. . . .

En etliger glisner bat ihesum, off das er met ÿm esse, wnd er gÿn hÿn en das hwsz des phariseÿers, wnd saczt sich czw tÿsz, wnd schawt, eÿn fraw was en der stat, dÿ was en Swnderen, do dÿ vornam (cognouit) dat ihesus was czw tÿs gesessen, ÿn dat hws des phariseÿers broch sÿ en bÿes, mit salb, wnd trati henden czw sÿnen fwssen, wnd hwff an mit ÿren czeeren sÿn fwsz czw neczen, wnd met dem hâr ÿres hefts, dÿ czw drÿchen, wnd kost sÿn fẘs, wnd salff sÿ, met salb
videns autem phariseus qui vocauerat eum, ait intra se dicens, hic si esset propheta, so west er, wer wnd welche fraw dat es, dÿ en wnrÿert, quia peccatrix est, Et respondens Jhesus, dixit ad illum Symon habeo tibi aliquid dicere, At ille ait, Magister dic Et hat eÿn wercher *) czwÿn scheldiger, eÿner was schwldig fwnff hwndert phennig der ander fwffczich, dw sÿ ader nit hatten czw beczolen, so schenckt ers beden, das ist, er verles bedên dÿ scholt, So her, quis ergo eum plus diligit, wer libten am mesten, czwissen den czweÿen, Sÿmon antwert wnd sprach: Estimo

*) Das r ist nicht sicher.

dem er am mesten aber ßsten geschinck hatt. Er sprach czw ym, Recte iudicasti.

Et conuersus ad mulierem dixit Symoni, Vides hanc mulierem, Ich byn kwn en dyn hwsz, dw host myr nit waszer gegen czw mynen fwszen hec autem lachrimis rigauit (genecat) pedes meos et capillis tersit. Dw host myr keynen kos gegen, dys ader, synt sy er en kwn es, hat sy nit abgelossen myn fws czw kessen, dw host myn heeff nit mit salb gesalff, sy hat aber mit (l) fws, mit salb gesalff, Des halben sag ich dyr, yr syn vyl swnden vergen, wen sy hat fyl gelibt, wem ader wenich vergen wyrt, der libt wenig, wnd er sprach czw yr, dyr syn dyn swnden vergen, do hwben an, dy mit ym am lys sassen, wnd sprachen bey en selbest Wer er dyser der och dy swnden vergibt, Dixit autem ad mulierem, fides tua te saluam fecit, Gang hyn mit fryden.

Fol. 134.

De S. Jacobo, Ewangelium Mat. 20. Mar. X. Luc. 22. Anno Christi 33 . . . . .

Do tratt czw ihesu dy mwtter der kynder zebedei, met yren synen, feyl vor en nyder (adorans) wnd bat etwes von ym, wnd er sprach czw yr, was weltw, ader was begerstw, wnd sy antwert, lasz dys czwyn, myn syn, siczen yn dynem rich, eynen czw dynen rechten, wnd den anderen czw dyner lecken Respondens autem ihesus dixit, Nescitis quid petatis, potestis bibere calicem, quem ego bibiturus sum, Dicunt ei, possumus (yo wol), ait ille Mynen kelch werdt yr czwor (quidem) dryncken swnder czw seczen, czw myner rechter wnd lyncker hant, es nit myner macht aber gewalt czw geen Swnder, den et bereet es von mynem vatter.

Fol. 135.

De S. Laurencio, Ewangelium Joh. XII.

Nisi Es sey den granum frumenti cadens in terram mortuum fuerit, ipsum solum manet (so bliff es eleyn) si autem mortuum fuerit multum fructum affert, wer syn syl id est vitam, lib hat der wyrt dat verleyszen, wnd wer syn leben off dyser werlt hast, der behwd ader behalt das czwm ybige leben, wer myr dyne wyl, der folch myr nå, wnd wo ich byn da sal myn dyner och syn.

Fol. 139.

In festo Assumpcionis virginis Marie . . .

. . Gyng Jhesus yn eyn Castel scilicet Bethaniam, wnd sy frew mit nomen Martha, dy namen en off, en yr hwsz, wnd sy het en schwester, dŷ heiss Maria das was Magdalena dŷ saess sich czw den fŵssen des herren, ader sâs beŷ sŷnen fwssen, wnd hwrt sŷn wort (dat es sŷ hŵrt sŷner redt czw) Swader Martha macht ŷr fŷl czw schaffen, ŷm czw dŷnen, wnd sŷ stwnd, wnd sprach, heer, frogstw dw nit das nâ, das mich mŷn schwester leet alleŷn dŷnen, Sag ŷr, vt me adiuvet Id est dat sŷ et ech angriff, wnd Ihesus antwert ŷr wnd sprach, Martha, Marta dw sorchst wnd bedrŷfftst ader bekemmers dich, vnd vorstmŷs dich mit fŷllen dŷngen. Nur eins es nôt Maria optimam partem elegit...

Fol. 140. b. sqq.

De S. Bartholomeo, ewangelium Luc. 22.

... Er nam das bredt, wnd sôt danck wnd brachs, wnd gaff et en, wnd sprach, dat es mŷn lichnâm, der vor ich gegen wŷrt, das twet czw mŷnem gedechnes, Na dem das sŷ czw owent hatten gessen, nâm er den kelch, vndt, dat es der kelch des naen testament (in sanguine meo) ŷn meŷnem bewt, das vor ich vergossen wŷrt, Doch sehet dŷ hant mŷnes verr'ttars es met mŷr am thŷsch wnd sŷ hwben an czw fragen czwessen en, welcher doch wer inter eos, der das thwen wŷrt.

... Et erhwff sŷch czwesten en eŷn czangkereŷ, wnesŷkŷt, czŷtroch, aber eŷn krich der wort.

Welcher wnder en (dat es) czwŷssen en gehalden ŵrt, das er we'r der grôst, Dixit autem eis, Reges gentium dominantur eorum, dŷ gewaldige kŷnick heerszen, et qui potestatem habent super eos, benefici vocantur dŷ heet man genedige herren, vos autem non sic ŷr ader nit also, swader der det grôst es czwessen ich, sal sŷn wŷ der klenst, ader wŷ der iwnst, Et qui praecessor, wnd der vornemst als der dŷner. Den welcher ist der grôst der czw tisch siczt, ader der do dŷnt .. Es et nit also, das dŷ der czw tisch sitzt Ego autem in medio vestrum sum sicut qui ministrat, vos autem estis qui permansistis (geharret hat, mŷner) mecum, in temptacionibus meis ... wnd ich wel ich dat rich bereden (dat es) beschethen, als mŷr meŷn vatter beret hât, Dat ŷr essen wnd trŷncken swlt, an mŷnem tisch ŷn meynem rich.

Fol. 143.

In die Mathei, ewangelium Mat. 9. Luc. V. ...

Do Jhesus von dannen gŷng, sach er en menschen seczen in telonio, der hŷs Matheus, vnd sprach ŷm Sequere me, Et surgens secutus est eum, Et factum est Dw er czw tisch sas em hŵs, Ecce multi publicani et peccatores veniebant, wnd sassen tŷsch mit Ihesu vnd sŷnen Jungeren, Do das dŷ phariseŷr sagen, sprachen sŷ czw sŷnen Jungeren Quare cum publicanis et peccatoribus manducat magister vester, dw dat Jhesus hŵrt, se sprach er czw en, Dÿ gewwnden dÿrffen des årcz nit, swnder dÿ krancken Gôt hÿn, lite, discite, was das seÿ, quid est, Misericordiam volo et non sacrificium, Ich han eyn wolgefallen an der bormherczÿkit, wnd nit am offer . . . .

Fol. 145.

. . „penetralibus id est schloffkwmeren" . . . .

Fol. 162.

De Dedicacione, Ewangelium Luc. 19 . . .

Gÿng (er czoch hÿn) Jhesus awsz, wnd gÿng dwrch, Jericho. Et ecce, da was eyn man genant Zacheus, der was en oberster der offenbor swnder, wnd was rich, wnd begert Jhesum czw sehen, wer er weer, wnd kwndt nit vor dem folk, wen er was kleÿn, wnd der persôn, wnd er lÿeff vor hÿn wnd steech off en welden fÿgen bům, off das er en schawh, vt videret eum, quia inde erat transiturus, wnd als Jhesus kwam an dÿ selbich stât, suspiciens Jhesus, vidit illum, et dixit ad eum, Zachee festinans descende, quia hodie oportet me in domo tua manere, wnd er steech schneel eraber wnd nam en off met freÿden. Do sÿ das sagen, so mwrmelten sÿ alle gar, dicentes, quia ad hominem peccatorem diuertisset, id est wer engegangen. Stans autem Zacheus dixit ad Jhesum Ecce: domine, dÿ helfft mÿner gůtter gen ich den armen, wnd so ich ÿmanden han betrogen das geb ich fÿr spaldich wÿder. Ait Jhesus ad eum, quia hodie salus huic domui factum est, eo sÿntesmol, quia et ipse sit filius Abrae, venit enim filius hominis quaerere et salvum facere quod perierat.

Fol. 163. b. sqq.

Dominica penultima, Ewangelium Mat. 9. Marc. V. Luc. VIII.

. . . . „tÿbicines lechkleger" . .

Fol. 166.

De vno Confessore. evangelium Mat. 25.

. . . eÿn mensch wandert aber czw wber feelt vocauit seruos suos et tradidit illis bona sua et vni dedit quinque talenta. Alÿ duo, alÿ vero vnum, vnicuique secundum propriam virtutem (vermwgen) et profectus est statim (czwch hat e'wech) Do gÿng der hÿn der fwnff fwnd enfangen hat, wnd handelt met denselbigen, wnd gewan ander fwnff funt (centner) Similiter qui duo acceperat lucratus est alia duo. Qui autem vnum acceperat abÿsens fodit in terram, et abscondit pecuniam domini sui, post multum vero temporis venit dominus seruorum illorum wnd heÿlt rechenschafft met en, Et accedens . . . . . . Eÿ dw frumer wnd getraer knecht, dw bist wber wenich getraÿ gewest, Ich wel dich wber fÿel seczen, gang en ÿn dÿnes herren fraÿdt . . . .

Fol. 182. b. sqq.

De vna virgine, Ewangelium, Mat. 25.

. . . . malus (boes) . . . . cum ebriosis trawnkenen . . . . wÿrt ÿm seÿnen lon geen mit den verdampden . . . .

. . . . . Simile est regnum celorum virginibus, dÿ ÿr lampen namen exierunt obuiam (engegen) sponso et sponsae, swnder sed quinque fatue: namen ÿr lampen, wnd namen nit ôl met en, swnder dÿ klwgen namen ôl en ÿr gefesser (sic oleum nutrit lumen in lampade, Scilicet opera bona, sew opus bonum spÿst de gelawben) met sampt ÿren lampen. Do nw der brÿdgem vorczoch seÿn czwkwnfft, so wrden sÿ alle schleffrich, wnd entschlffen, czw mytternecht wort eÿn geschree, Ecce sponsus venit, exite obuiam ei . . . . . responderunt prudentes dicentes, nit also, off das nit wns wnd ioh gebreech. Ite ad vendentes et emite vobis: Dum irent, als sÿ hÿn gÿngen czw kôffen, venit sponsus . . . .

Fol. 183. b.

De Martiribus, ewangelium Luc. VI.

Es geschach, czw er eiliger czÿt, das Jhesus steech off en porch, czw beden, wnd er bleff dÿ nocht wber em gebet czw gôt, wnd da es tag wort, rwff er sÿn jwnger, wndt erwelt ÿr czwelff, dÿ er nant Apostlen.

. . . Descendens ihesus de monte, wnd trat aber stûndt off en placz, dat es off en flach feelt, et turba discipulorum eius, et multitudo copiosa plebis von allem jwdiszen gelengdt wnd Jerusalem, Et maritima et tyri et Sÿdonis (in corde maris site sunt) vt audirent eum, wnd wÿrden geswndt gemacht, von ÿren krangheden, et qui vexabantur a spiritibus, curabantur, Et omnis turba querebat eum tangere . . . . er hwff sÿn ogen off wber sÿn jwnger, wnd sprach, Selich sÿt ÿr armen . . . . oderint (hassen) . . . . exprobrauerint, schelden, et eÿecerint nomen vestrum id est verwerffen, tanquam malum, als en bwszhafftigen, von menschen sÿns halben. Gaudete in illa die, et exultate. Ecce enim merces vestra multa (gros) est in celis.

Fol. 184. b: sqq.

De Martiribus .... Ewangelium, Mat. XXIIII.

... Jhesus gyng hyn von dem tympel wnd syn jwnger traden czw ym, das sy ym czechden dat gebaÿ des tympels .... Jhesus sprach czw en, vor war, vor war sach ich ewch, Es wyrt bÿ, nit eyn steen off dem anderen blÿwen.

Wnd als er off dem öl perg sas, traden czw ym seÿn jwnger, beswnder, wnd sprachen, Dic nobis wen wyrt das alles gür gescheÿn, wnd welt wyrt syn dat czechen dÿner czwkwnfft, wndt der werrelt ent, Jhesus antwert, wnd sprach czw en, Videte, das ich nit ÿmant verfůr Multi enim venient in nomine meo, dicentes ego sum Christus, et multos seducent, Ir wert hören kriech et opiniones id est wort wnd re'den von krigen videte ne turbemini id est erschrackt nit, das mwsz czw ÿrsten gescheÿn, swader, et es noch nit dat en, wen eÿn folk wyrt off stan wÿder das ander, wnd eÿn kwnigrich wÿder das ander, wndt werden syn pestilencz et fames, dwr czÿt, wnd ertpÿwng, Et hec omnia sunt inicia (wnfang) dolorum schmerczen vnd nöt, Dan werden sÿ ich wberantwerden ader geen in tribulacionem, et occident vos, wnd ÿr weert gehast vnd genÿden werden, von allen, meÿnes namen wellen, Tunc scandalizabunt .... sÿ werden sich hassen czwessen en ander, ... wnd wÿl dÿ bosheÿt wndt wngerechtikÿt wÿrd wberhant neÿn, so wÿrt dÿ libe en fÿllen menschen erkalden ....

Fol. 186.

De vno Confessore Sermo .. Luc. XII.

..... vnd seÿt glich den menschen, dÿ do wortten off ÿren herren, quando reuertatur, id est wan er wÿder kwn wÿrt, von der hochczeÿt, off das, wen heer kÿmpt wnd anklept, das sÿ ÿm balt off thwn, Selich sÿnd dÿ knecht, dÿ der her, so her kůmpt, feengd wachen, Amen dico vobis, quod precinget se id est wÿrt sich off schůrczen wnd wÿrt sÿ czw thÿsch seczen ... vigilia, wachen ..... mach ich seck dÿ nicht voraltten (schäcz dÿ nÿmer ab nem ÿm hÿmel ....

Fol. 193.

De virginibus. Ewangelium, Mat. 13. ....

Das hÿmel rich es glich em vorborgenen schacz ÿm acker, welchen en mensch phandt wnd vorbarch en, wnd ge'ng hÿn, von frewden wegen, wnd vorkofft alles was her hat, wnd kofft den acker.

Aber emol es das hÿmel rich glich em koffman der gůtt

perle'n swcht, dw heer heet fwnden en edel ....., ... gyng er hyn wnd vorkofft alles was er hat, wnd kofft dyselbige.

Iterum, Ader emol er glich das hymelrich ... ..., das en das meer wyrtt geworwen ader gelossen, da myt allerlay geschlecht der fysz wyrtt besampt, ader gefangen, wan es ader fol es werden, so ... sy ... ... das ... wnd ... wnd lesen czw samen dy gwden ... fyr ... ... dy bysen dy werffen sy hyn, Also wyrtt ... seyn an dem ... der werlt, ... strydor ... . Da sprach er, Darwm en eglicher ..., der czwm hymmel rich gelyrtt ... ... hwszvatter, der ... ... herforbrengd ... wnd alt wer.

Fol. 194.

De dedicacione, Epistola: Apoc. XXI.

. . . . Ich sach dy heylige stat, das new Jerusalem . . . . ipse deus id est eer selbest . . . . . neque luctus id est noch leet, neque clamor id est noch ... kreyss, neque dolor id est noch schmerczen wyrt vorlass syn . . . .

Fol. CC. b. sqq.

Dominica LXX^{ae}, ewangelium secundum Mat. XX. . . . .

. . . der glich am morgen wegyng — — *) . . . dw er nw eyns — — — wm eyn fennyk: aber grossen, czw. em tag — — wndt gyng wsz bora 3^{a} . . — — . . . . Ich wel — — cht es: Wnd sy gyngen hyn, . . . — — . . . . .

„venientes autem (als nw qwamen) . . . wnd dw sy . . . . dy — — ader ... des tags, wnd dy. — — ... en, wnd sprach, Amice — — . . . Nym das — — dysen lesten geen glich wy dyr — — ader gewalt czw twen, was ich wil — — dat ich so gwt byn . . . .

Fol. CCI. b. sqq.

— — Luc. VIII. Mat. XIII.

— — folk czw samen qwam, ynd ytten von — — Do sprach er dwrch eyn glichnes — — seeman, aber eyn ackerman, czw seen — — en dem das er seel, feyl etliger langst — — rt vortreden, wnd dy fogel des hym — — ndt etliger feyl off den steen, wnd do — — rdorrt er, wenn er hat nit fych- ti — — r feyl myttes wnder dy derren — — azen myt off, wnd ersteckten es, vnd — — yn gwt landt, ader gwt erdt, wnd — — hwndertfeldich frucht, Dw er — — ... er, wer oren

*) Das Manuscript von hier an durch Mottenfrass verdorben.

hat czw hören der — — uger frochten en, was das vor eyn — — antwert vnd sprach: Ich es gegen — — hymlikeyt, des richs gottes: Swnder den anderen . . — — sy es schön sehen, das sy nit s — — horen, wnd nit vorston, Wnd d — — sâm es dat wort gottis, der ader — — dat syn dy et hören, Dar nach — — nynt das wort von yren berczeren — — gelowen, wnd zeelich werden. D — — feyl, syn dy, wen sy das wort — — sy das wort myt frayden off — — wen off en czyt gelewen sy, wnd — — ligwng fallе sy öff, Der ader cz — — syn dey, so sy dat wort gottes hor — — wnder der sorchfeldykyt, ader — — gwtter, wolost des lichnams — — nit fricht . . — — . . Der — — feyl das syn dy, dy dat wo — — den das en eynem gwtten herc — — in der gedolt . . .

Papierhandschrift — 3 nicht paginirte und 303 (66 ist überzählt) paginirte Blätter — in 4, in der Mediascher Gymnasialbibliothek Nr. 2399/2, 1862 durch Dr. G. D. Teutsch entdeckt, dem der Verfasser die Erlaubniss der Benützung für die vorliegende Sammlung dankt. Sie enthält Sonn- und Festtagsevangelien (auch einige Episteln) im Wesentlichen nach der Vulgata, mit eingestreuten Uebersetzungsversuchen ins Deutsche, dann Dispositionen zu Predigten darüber; von den letztern auch einige ausgeführt und hin und wieder deutsche Erklärungen gebend. Im Deutschen ringt die Schriftsprache der Zeit mit dem siebenb.-sächsischen Idiom; letzteres hat vorwiegend den Typus des Nösner Dialectes. Der Verfasser scheint nach einer Notiz auf Bl. 122. b. „fuit in Alba Ecclesia 1536" der Pfarrer Martin Wendler († 1537) in Weisskirchen bei Bistritz zu sein. (Sein Vorgänger von 1523, Michael, war Doctor.) Auf dem Vorklebblatt ist „Hwncz Andreasz in Solmes" (vielleicht als Besitzer) genannt.

CV.

Ralsder Flurnamen.

1538.

Lymberg.
bev der ydnern mor.
Schreyven.
in der zvyln auf dem Rehn.
vor den Bircken.
auf der Aspen-Rennen.

Vyden-mor.
auf der Roren Lymberg.
Dyvebelt.
Stephenberg.
Dyven Veingarten.
Dyven loch.
Dyven felt.
zwischen den Büchlen bey dem †.
unterverts der Brider Mor.
in dem Hüllchen.
unter Dyven Brucken.

Aus dem Original im Keisder Marktsarchiv.

CVI.

Goldschmidtzunftartikel.

1539.

Myr purgermaster Richter vnnd Radtgeschworne purger der stadt Hermanstadt vnd der syben vnd czwayer stüell der Saxenn von Sybenbürgen Cronstat vnnd Nösenn, thuen zu wissen allenn vnnd yklichen so kegenwertigen prieff lesen ader hören werden, das myr zu guet vnd Wolfaren gemeynes nucz des gaaczen lanndts mit gemeynem wyllen vnd reyffem radt aller deutscher angefangen vnnd vollendet haben eyn ordnungh ader rechtfertigunng der statuta ader gemech aller zechen der hantwerker merertheyls vnd mit eyntracht gentzlichen verworffen vnnd abgestellet alle bösse vndüchtige ader vnnütze statuta oder Gemech so yn allen czechen vormals byss auff kegenwertige czeyt erwachsenn seyen vnd auss denselbigen dy guette vnnd nützlichste vnferrucklich zu halten angenommnn, auch hyemit bestettiget vnnd bekrefftiget willen habenn, vnnd Nemlich yn der Goltschmitczech als hernach vogkt.

Zum Ersten welcher yn dy czech auffgenomen will werden ssoll eelich geporn vnnd frumm seyn. Es sey Master, leerlung ader gesell, vnd ein leerling soll eyngedingt werden nach czech gewonheyt vnd soll geben bay das eyngedyng yn dy czech fl. 4 vnd 4 Pffunnd wachs, vnd das mall mitsampt dem master vnd dyenen gantzer 4 iar, vnd vor dem eyndyngen ssoll er sich bay dem leermaster 4 wochen vorsuchen vnd nicht mer. Das sso eyn master eynen leerlungen vnfurdyngt bey ym helt uber 4 wochen der soll das leergelt yn dy czech vor den leeriungen geben vnd dy Master sollen auch keynen leeriungen worweyssen ssunder auffnemen, vnd leeren an genugsam vrssach pey straff eyner mark Sylber. So aber eynem leeriungen der Master styrbt, ee das er ausgedynct, dem soll man eyn andern Master geben, auff das er das hantbwerk aussdyne, vnd lerne volkomenlich, vnd der leerlung soll frey sseynn eynen Master czu erwellen der do frey ist eynen leeringen czu haltenn.

ITTEM. Welcher genugssamer gesel Master wyll werdenn, der soll vorbyn das Masterstuck bey den czechmastern beweysen vnd wen er darnach dy czech begrusst ssol sy ym ja zugesagt werden vnd ssol yn dy czech geben fl. 10 vnnd 4 pfunt wachs vnd das mall, Vnd soll zu dem ersten einpythen nyderlegen fl. 1 ader fl. 2. vnd die andern mitt der zeyt. So aber eyner es woll vermocht vnd sych nicht yn dy czech wolt richten, dem ssol man die Arbeyt nyderlegen also lang bis er den Mastern yn den willen kompt. Darnach alspald eyn Master der zechyn den willen kompt, als ynn gemelt ist, es sey mit Worten ader mit werken, Der soll frey seyn ein leriungen vnd auch gesellen auffzunemen vnnd halten nach sseynem vormügen füdernus on all vorpunntnuss der czech. Sonder wber zwen Gesellen soll er nicht halten aussgenomen er hab denn königlich arbeyt.

ITTEM. Eynes Masters Fraw ssun ader Tochter haben ganntz czech vnnd geben nichts yn dy czech alleyn 4 pffunt wachs vnd das mol, vnd welch Master ader Masterin yren kyndern dye zech nachhalten will ssol alle Jar yn dy czech geben eyn pffund Wachs, thoet man das nicht ssol darumb das kynnd dy czech nicht verloren haben. Sonder darnach wenn es yn die (?) czech will kommen, Dasselb wachs auf eyn mall gar betzalen. Wer aber die tzech gerren auflassen will ist frey.

ITTEM. Welch Master den tzechmastern nicht gehorssam wyrt sseyn yn allen czymlichen ssachen die tzech nach loblicher gewonheytt betreffent, vorbuest als offt yn dye tzech 3 pffunt Wachs. Welch master aber den andern über tzurndt ader lugenstrafft ist vorfallen yn dÿ tzech fl. 1. ader Schleg, pluet vnnd gewalt soll nymandts rychten, on wissen vnd wÿllen des gerychts, bey straff eyner Mark Sylber. Sonder es soll auch nymans darneben vorpotten seyn, sseyn anligen ader beschwornuss den Herren vom radt tzu klagenn ader antzusagen. Wer das thut vnnd vorhyndert ist verfallen dem Radt eyn Mark Sylber.

Item. Eyn yglich Master ssoll sseyn aygen czeychen in der tzech abmalenn lassen, auf das ein yglicher seyn czeychen in der tzech habe, vnnd es soll auch keyn Master keyn Arbeyt ausslassen geen sy sey kleyn ader gross ssy sey seyn ader eynem andern allein er ssoll ssayn aygen czaychen daran haben vnter straff czwayer mark Sylber dem Gericht vnnd der tzech fl. 1.

Item das Sylber soll man prennen recht vnd nicht falsch.

Welcher Master anders befunden wirt als oft soll er vorfallen seyn czu puess eyn Mark Sylber halb dem Gericht halb der Zech. Es soll auch keyn master eynem frembden ausserhalb der tzech Sylber noch Müntz brennen (allein aus nachgeben der zechmeyster) bei Straff fl. 1. der tzeche vnd soll seinen zeychen darauf schlagenn, vnn so offt er annders befunden wyrd, soll die Straf von ym genommen werden. Vnnd keyn Master ssoll auch annders das Sylber vorarbeytten denn dy Mark feyn Sylber auf 15 loth. Nach königlicher maiestet nachgebung. Wer anders thut ssol vorfallen seyn dem gerycht czehen mark Sylber. Mer soll auch kayn Master ader Gesell ausserhalb ader yn der czech kyrchengutter ader ander vordacht Sylber kauffen, denn er soll es vorhyn dem Gerycht anssagen. Wer das aber heymlich kaufft ader vorpraucht ssoll vorfallen sseyn dem gerycht das hawbt. Ittem welch Master ader Gesell vorgult arbeyt hellen wyrd Soll tzu pues vorfallen seyn ein Mark Sylber halb dem Gericht halb der zech. Mer ssoll auch keyn Master ader Gesell Messyng vorgulden, wer das thut ist dem Gericht verfallen das hawbt. Dergleichen auch sollen ssy kayn kupper vorguldeu, ssonder eyn tzeychen daran lassen auff dass man es kennen mag dass es kupper sey. Ittem Welchem Master golt wyrd cyngeben zum vorarbeitten der soll es in der gestalt wye es ym cyngeben ist worden treulich wider ausgeben vnnd soll nemen von ssolcher arbeyt cynen bequemen lon, vnnd keyn Master soll auch golt vorarbeytten vnter 18 grad, bey des hantwerks eeren. Mer keyn Master ader Gesell soll auch keyn glas in gollt fassen pey obgenanter peen vnnd straff des hantwerks eeren. Ittem keyn Master soll tzwayerlay sschwer gewicht haben. Sonder cynerley vnd gerecht vnd soll auch keyn gesetz haben vmb den lon der arbeyt wy er arbeytten soll, ssonder er soll sych vorgleychen myt den leutten den er arbeyt wy er kan an all vorpundtnuss der czech, vnter Straf eyner Mark Sylber dem Gericht. Ittem kayn Master ader Gesell soll vorschwempth oder streflich arbeyt machen, bey verlyrung der sselbiger vnd keyn master soll auch mit kaynem Gesellen auff Gesellschafft arbeyten, welcher do befunden wyrt ssoll als offt vorfallen seyn yn dy czech eyn Mark Sylber. Ittem kayn Master soll dem anderen sseyn Gesind abwendig machen, ader durch lon ader durch anders. Wer das tuet vorpusst yn dy czech eyn Mark Sylber. Welch master ader dem andern dy arbeyt abwendig macht der yst vorfallen yn dy czech den lon dersselben arbeytt. Ittem Wen eyn czechmaster yn allen obgeschribenen Artickelen streflich befonden wyrt, den ssoll man czwyffach straffenn, Sonder ssunst alle andere czymliche straffen yn der czech ssollen sseyn nach dem vorffallenn. So aber eyn Master eyn gesellen nicht haben will, der ssoll es ym 14 tag vorhyn anssagen vnd des gleychen auch eyn gessell, eynem master, sso er bay der statt dyenen wyll vnnd der Master do der gessell hyn kompt, ssoll den anderen master schuldig sseyn czu fragenn, wie er von ym gescheyden ist.

Item keyn andere statut, ader gemech ssollen ssy weytter yn der czech nicht machen ader beschlyessen, an dy vorgeschribene, an willen vnnd wissenn der herren vom Radt, wer andersch thut, ssoll vorfallen sseyn dem radt czwaueczig mark Sylber.

Darumb zu merer ssycherheyt vnnd wrkunt aller obgeschribener artikell, myr ynnen dyssenn vnsseren prieff, mit vnsserem klaynen landt Sygell vorffertiget vnnd bekrefftiget, gegeben willenn haben. Datum jn der hermanstat, am tag Jacobi Apostoli Im Jar des herren geburt ader Menschwerdung, Tausent fünffhundert, vnnd Newnvnddreyssig.

Nach einer dem in der Hermannstädter Goldschmiedzunftlade befindlichen Original entnommenen Abschrift Gustav Seivert's.

CVII.

Statut von Hermannstadt,

1. Januar 1541.

Statuta oder Ordnung der Königlichen Stadt Hermannstadt, durch Nahmhafftig Weiss heren Purgermaster, Richter und gantzen Stadt und auch die Hundertman der erlycher Gemeyn genandter königlicher Stadt Hermanstat eyntrechtyklichen beschlossen vnd auch vnverrucklich zu halten angenommen. Geschehen in der Hermanstat ym gemeinen Radtschluss, am Tag der Beschneydungk des Herrn.

Im Jar 1541.

Hernach volgenn dy gemeyne Statuta, oder Gemäch vnd Ordnungk der königlicher Statt Hermannstatt durch ein erbaren Radt vnd die ganze Gemeyn, eyntrechtiklichen beschlossen.

1. Item. Zum Ersten sintemahlen der Talmasch mit sampt seiner Zugehörung vormals der Statt vnd den sycben Stühlen gewessen ist, sondern yn vorgangeuen ungenadenn Im Jar 1535 durch den Künig Hanss ist eingenommen worden, vnd dem Stefan Mayladt Wayda geben, so hat die Statt Hermanstat Den genanten Talmasch, mit sampt seyner zugeherungk vom genannten Stefan Mayladt Wayda widerumb müssen kauffen, Im Jar 1539 pro flor. 2000 darum so genannter Talmasch jetzunder al-

lein der Statt eigen gekauft Gut ist. So hat der Herr Königsrichter daselbst keinen andern Zugang noch gewalt, nicht zu nemenn alleyn die Schaffmautt vnd Schwein Maut vnd die Byrsag haben sie beide miteynander.

Sonder den gemeinen Zinss vnd die Myll vnd die Asper Pfennig sol der Her Purgermaster der Stat jährlichenn verechnen als andere Ding vnd gekaufft Erb der Statt.

2 Weitter sollen sy beyde daselb nytt greiffen. Ein Herr Purgermaster in der Hermanstadt hat seynen yerlichen Lon, oder Zugangk von der Stadt vnd von den syben Stülen der Saxenn alle yar 100 fl. 20 den.

Mer hat der Herr Purgermaster alle Jar von den Dörffern Reussen, Sythwe, Bolkacs, Gross-Prosdorff vnd Kleyn Prosdorff von einem yeklichen Dorff in sonderheitt die yargerechtigkeyt als nemlych eyn koff Weyn, ein malder Korenn vnd eyn malder haber vnd von eynem yeden Mann eyn Hunn.

Und in denselbigen Dörffern hat der Herr Purgermaster ein frei Gericht über lebendigen vnd Totten vnd die Byrsagen daselb zu nemen.

Mer hat der herr Purgermaster zu Stellerdorf yerlichen dy Schaff Maull vnd schweyn maut vnd dy Byrsagen daselbst.

Weitter hat er nicht zu greiffen.

3. Des Herrn Königsrichters vnd Stuhlrichters Ambt, vnd zugangk ist der das der Herr Königsrichter nimbt das zweytteyl von der Klag vnd schon pfennigen vnd Byrschagen vnd der herr Stuhlrichter das dryttey l.

Mer des gleychen dy Schaff mautt vnd dy Schweyn maut von Vesta, Maychen, Zakadat vnd Fryk von den Walachenn.

Mer so dy herrn dy Richter ethwann gutt leutt mit Byrsagen beschweren würden so sollen Herr Purgermaster mit sampt dem ganczen Ratt mit Recht darczu seen.

Mer wenn dy Herrn Richter ethwan eyn Sach mit Recht beschen vnd verthellenn vnd dyselbige Sach weytter vor den ganczen Ratt geczogen wird, so sollen dy Herren dy Rychter ym Radthauss den Herren vom Radt das Urtheyl ansagen vnd darnach aussen tretten vnd entweychenn.

Weytter sollen sy peyde Herren Richter nicht greyffen.

4. Die Herren dy purger, dy nach den Gnaden Gottes yerlichen erwelet werden, sollen von der Stadt yerlichen vor yre Sorg habenn myttelnander yn einer Summa fl. 80.

Und hinfort mit dem Sedler czinss nychts zu schaffen haben, sondern denen selben dem Herrn Purgermaster eynweren vnd der herr Purgermaster sol denselben der Statt yerlichen verrechnen.

Mer die Herren des ganczen Radts sollen ynne wohnen fray syczenn sonder alle andere Hauser dy sy habenn sollen sy verczynsenn, nach Marckzahlung der Statt.

Weitter sollen sy nicht greyffenn.

5. Welcher wider der Statt fraytumb wird handelnn auch *) seynem eygenen Willen es sei Stattmann oder Frembder oder der do will; der soll mit nichts mer czalen, als mit seinem Haubt.

6. Dem Koyen **) soll man yerlich eynen Lon gebenn als einem andern Thorhyetter fl. 26 vnd nytt mer auch keynen andern Lon vnd auch keyn Korren, aus der Statt Myllenn.

7. Wenn dy Kasten yn den Statt Myllen voll seyn, so soll man aussheylen vnd weder der herr Hann noch die Mylner sollen keyn Koff yn den Mylen halten, sondern eyn yklicher soll das Korren nach der aufiheylungk dahin vorscheffen do es hingehört.

Aus dem Original veröffentlicht von G. Seivert, die Stadt Hermannstadt. 38 f.

CVIII.

Aus einem Briefe Lorenz Zäkel's an einen Hofmann König Ferdinand's über die siebenbürgischen Landtagsverhandlungen.

1543.

. . . „Vnnd nachdem die Landtschaft sich beschwerdt, da sie zu Jula Feyerwahr bei einander gewessen, wo die Zins hinkommen, so man vorhin geben, hatt man beschlossen, endlich, das man auss dem Adel, aus den Siebenburgenn, den teutschen vnnd aus den Zeckeln tas aus jeder Parthey vier man welen, die der kunigin Ratt sein sollen, darauf hatt man geweldt Peter Haller Burgermeister aus der Hermannstatt, den Ratt Hanns aus der Hermannstatt, auss der Schessburg den Hedles Michel Burgermeister aus der Kronnstatt Hanns Fux Richter. Darnach hat man begertt, das die Alle so man aus den dreien Nationen Erweldt der Kunigin und dem Jungen Konig schweren sollen. Aber Peter Haller Burgermeister aus der Hermannstadt als Er das verstanden hatt Er nit schweren wollen, vnnd zeigt sollichs an der gantzen Landschafft, den teutschen in Sibenburgen, darnach

*) Wohl: nach!

**) Coltor, Steuersammler.

dem Munich, darzu dem Obristen Adel, den vor eim Jar als Er der Petter Haller Burgermeister mit sampt dem Adel und Sekeln hie zu Wiena bei der K. M. gewessen der Zeit geschworen vnad Er versprochen an Statt der Lanndts vnnd geschworn, Derhalben Er werdt der Kunig Hannsin noch Irem Son nit schwern."

Das Orig. im k. k. geh. H. H. und Staatsarchiv.
J. K. Schaller a. a. O. 21.

CIX.

Berechnung der von Kronstadt für die Universität der Sachsen gemachten Ausgaben vom Jahre 1545.

Vermerkt was anczupringen ist in der Hermestadt vor allen Herren Deutschen.

Am Dinstag vor dem Jarstag ist herr Peter Schnayder in dy Hermestat, vnd von dannen mit den herren Deutschen czu K. Mat. geschikt worden, czerunk, lon, mit sampt den Knecht fl. 14 den. 42.

Am Fraitag nach Vincenty haben mir einen Sper in Thyrkay geschikt aus anfangender Ped des W. herren Purger Maysters aus der Hermestat im, ein Ross, czerunk vnd Lon H. fl. 13 den. 50.

Mer seiner frawen in seiner abwesen fl. 1.

Am Mitwoch nach Jnuocauit widerum einen Sper ein Ross gekaufft vnd czaerunk gegeben, vnd yn Spueray ken Schylten geschikt H vnder eins fl. 7 den. 62.

Am Mitwoch vor Laetare ist ein Sperken Constantinopel geschikt sein czeruuk vnd lon fl. 16 den. 40.

Sunabent vor Georgy, das Man des Aga Chausses sein diener, die vom herren Schacz Maister sein komen, yber das Gepirg pis in die Borza hot gefuert fl. 2. den. 58.

Mer dem Aga Chausson einen Kochy geschenkt, gestet mit Zylen vnd anderen gered fl. 8 den. 60.

Einem Sper in dy Molda bey Dylia geschikt czu erfaren, ob dy Thyrken ein Pruk dahin machen oder nicht, czerunk vnd Lon fl. 4 den. 52.

Am Pfingstag ist herr Peter Schnayder geschikt worden in die Landes sprüch kem doe ? bretz, sein czerung fl. 22 den. 16.

It ausgewest 28 tag, sein lon fl. 7.

Hot 9 Ross am Kwtschy gehot 9 tag. Nur pis in die Hermstat vnderheim lon fl. 1 den. 80.

Hot 2 Knecht gehot 28 tag, yr lon fl. 4 den. 48.

Vor den Kwtschy pis in die Hermstat den. 50.

Montag nach Pfingsten ist Byka Emre vnd Aly Chaus — — czu vns kumen, vnd haben einen prief procht vom Thyrkischen Kayser, der da gepeut, das man kainen Deutschen in Sybenpürgen des Gilli seines Tods halben vnd auch seiner gieter halben annehmen oder geschedigen sol. Den selben Thyrkischen driof haben mir dem herren Schaczmeister geschikt. Darum haben mir den Byka Emre gegeben 1 vergult Kopschel, vnd dem Aly Chaus ein Silberin Pecherle, Mer einen Kutschwagen, tuet vnter ein fl. 54 den. 25.

Auf Matthyas Logofotten aus der Molda vnd Tatul Logofotten aus Bleschen Land, die da aus Fogarsa fray sein worden vnd czu vns kummen, vnd bey vns 14 ganczer Wochen aus Befelch des herren Schacz Maisters gehalten, ist aufgangen auf Klaidung vnd Narung vnd andere ding, die mir yn mitheben geteilt, in einer suma fl. 145.

Auf andere Sper, die mir in Blesch landt vnd yn Thyrkay auch noch haben, ist pis auf dise czait verlon fl. 16 asper 45. vnd etliche sein auch noch nicht heim kummen.

Auf die Potschaften, die yber czaydes walt kummen vnd yber das Gepirg in Blesch Land geczogen sein, als Nemlich Byka Emre, Mutnoky Layos, Der polnysch Bod Nikolaus Chykonsky: vnd wider czum andern mol Byka Emre vnd der herr Vicarius, mit sampt den Thyrken, die mir haben lossen fieren yber das Gepirg in die Therwys, auch eczliche pis in den Bukorest, vnd widerumb in dem heraussor kummen yber Czaydes walt, haben mir verlont oder czu Lon ausgeben fl. 49 den. 25.

Haben auch Man gegeben, die dy wegen des polnischen Bodes gefuert vnd im gepirg auf Kynnings Stain haben gehalten, das sy nicht van sein fallen.

00 Mer hot Wolkendorffer ausgegeben auf die fuer in Blesch Landt auf die Boten fl. 5.

fl. 363 den. 52.

Aus dem Original, einem Papierbogen, im sächs. Nationalarchiv Coll. post. Nr. 1307, veröffentlicht in H. Schmidt, siebenb. Quartalschrift, 1860, 635 f.

CX.

Artikel der Bistritzer Schlosserzunft.

11. November 1547.

Der Bistritzer Rath bestätigt unter dem 11. November 1547 die folgenden Artikel „lingua istius patrie Saxonicali scriptos“:

Item. So einer meister will werden, vnd will das er yn die czech genomen werd, der soll aus eelichem standt geporren sein, soll das mit gepurt prieffen beczeugenn.

item. So ein meister den anderen in der czech lwgen strafft, er soll der czech verfallen czwaӱ phund wachs, so aber einer den anderen, mit scheld ader mit schmee wortten schmehet yn ader auswendigk der czech, der soll sein straff nicht wissen. So einer sein hand austreck den anderen mit den barren czw rauffen, ader gewer czwckt ym czoren, der soll gestrafft werden vmb einen floren. Item so ein meister dem anderen das gesindt entspent, ader abhendicht macht, der soll gestrafft werdenn vmb einen florenn.

item. So eyn meister an vrsach des anderen meister arbeit tadelt ader vernicht, der soll gestrafft werden, vmb so vill als die arbeitt werdt isth, vnd so ein meister seyn arbeitt felscht, vnd die arbeitt wirdt befunden: So soll solche arbeitt genomen werden, der felscher darczu soll gestrafft werden vmb czwaӱ phundt wachs.

item kein meister soll gemacht oder gelött schlüssell feell haben, noch auff den mark lossen tragen vnter der straff eines floren. kein meister nach kein knecht, soll ein schlos auff schliessen, so der hauswyrt ader die haussfrawe nicht do heym ist: vnter der straff des handwercks: kein meister ader knecht: soll einen schlüessel machen, nach eynem abgeformptem schlüessell yn wachs ader andere materien vntter verlörnӱsz der rechten handt.

item kein meister soll mehr den einen gesellen halden. allein andere meister wöllen nicht gesiendt halten. vnd so des handwercks gesellen czw kumen gewandertt so soll man yhn wmb arbeitt warten. das erst paӱ den alten meisteren, vnd also noch der ordnungk. Ein iglich meister soll sein handwerck, yn seiner eigener werkstadt arbeitten. Ein iczlich meister, soll solche arbeitt machen, die er am pesten gelert hott, wird er strefflich pefunden, soll er gestrafft werden vmb 4 phundt wachs. So ein czech genosz styrbt, so söllen alle meister czum begrebnusz kumen, der das versewmet, soll verfallen sein czwaӱ phundt wachs.

Item kein vngerischer knab soll yn die czech ader auff die leer iar genomen werden. So einer das handwerck lernen will, der soll lernen vnd dienen vier ganczer iar, soll geben yn die czech floren dray müncz, den meisteren ein mollczeit, vnd so das mollczeit verendet ist, soll der leer knab vnd sein meister mit einander niederlegen d ✝ vj vnd so der leerknab, die leer Jar hott auszgedient: soll er mitt prieffen vorsichert sein, das er redlich gedienet hab.

item So ein schlosser gesell, yn den ehestand sich seczen vnd meister werden will: der soll gepurt prieff haben, vnd soll die meister noch löblicher gewonheit pegrüszen (?) er soll dray maister stuck machen ader czway; noch dem die meister ym aufflegen, so er die meister stück gemacht hot, mag er fray sein czw arbeitenn solcher soll yn die czech geben floren 8 in müncz, vnd das meister moll: Eyn Junger meister, ewan ein iar herumb kümpt, soll keinen leer knaben — vnd so lang er diesen stucken, der czech nicht genug tut: soll er auch keinen gesellen halten, item kein gesell ader knecht, soll schliesseisen peÿ ym tragen.

Item Eines meister sun, ader tochter, so yn die czech kumen szoll, vnd meister werden soll, der soll geben, yn die czech fflor. 1 vnd soll die meister stuck machen, vnd das meister moll geben.

Item kein meister soll sein arbeit geben czw verkauffen anderen handwerckerenn, weder yn der Stad, weder auff anderenn Jarmercken, als nemlich, Strigel: sporenn stegreiff, den satleren, ader rymeren, ader schlösser den tyschleren, sollen auch nicht peynander feel haben vntter der straff eines floren. Frembde söllen desgleichen, schlosser arbeitt nicht herczw brengen, allein am frayen Jarmerck.

Item So ein gesell ein vortrautte prawt hott ewan er die meister stuck macht nach der czechen gerechtigkeit, soll er verfallen sein ffl. vj czw einer pwaszs.

Wittstock aus dem Orig. Perg. mit hängendem Sigel, im Bistritzer Magistratsarchiv.

CXI.

Bruchstück einer Grundbesitzbeschreibung eines Kronstädters.

1548.

Laus deo m 154⁽⁸⁾ Jar.

vormercket was der herr vor Landt auff den drey felden hatt vnd volgtt.

Erstlich auff dem obersten feld.

Auff der Ruesbach stenn 3 Erdoroh die herr Luces Hirscherinn batt einen darczwischen.

. . . .

sechen breck.
Munchen brunnen.
Hinder der burg.
olvichs brenchen.
Auff honchperger weg.
Im langen forlengk.
ken der papiermüll.
widebach.
Auff kilchalven gior.
Bey dem gespreng.

Beigebunden einer Ausgabe der Chron. Regni Hung. v. Thwroz. Fol. in der Batthyan. Bibl. Ll. Z. 4. III, 11. Die Jahrzahl dürfte 1548 zu lesen sein. Die Ziffer 8, in dieser Gestalt allerdings sehr selten, erscheint ganz so in einem Hermannstädter Rathsprotokoll vom 1528 nach Eder's handschriftlichen Bemerkungen zu Schwandtner's Introductio in artem diplomaticam. 1790, p. 63. In der Kronstädter Gymnasialbibliothek. LVII, 4.

CXII.

Erste deutsche Aufzeichnungen im ältesten Protokoll der sächsischen Nationsuniversität (Artikelbuch).

1552—1555.

1552. 10 Januarii.
„Mit den herren vom Laundt, soll vereedet werden, weill die pffarrhern gemeinklich vberall die pfarrhöff nicht bawen, vnd gar wenig lassen zum. baw, wo die abscheiden, off das beschlussen sollen werden, wie die pffarhöff wie sie abscheiden, sollen gelussen werden."

1554 ad festum Beati Georgij Martiris.
Erste vollständig deutsche Protokollsaufnahme in einer Verhandlung zwischen den Erben des Doctor Sebastian Baussner gegen die „Herren Burgermeister Richter vnd Radt zur Hermanstadt vnnd siebem stüelen" in Geldangelegenheiten, ohne alle Idotismen. „Nach verhörter klag vnnd antwortt haben bemelte Richter durch Recht erkand der Bucharion

Kleger, sol beweren, das dem Doctor Sebastian, die besöldung nicht heraus geben, sei, die weil er lebt, vnnd was vnnd wie fil anstendig were, diese bewernis sollen sie auff Catherine stellen."

1555. Oculi.

Erstes ganz deutsches Sitzungsprotokoll.

CXIII.

Anordnung des Hermannstädter Rathes bezüglich der Besetzung der Basteien der Stadt.

11. September 1558.

Statt Ordnung wie vnd wohin ein jedes toill sich halten soll.

In die Posthay bei dem Sag thor, ist herr Michel berman vnd Simon Myles zu haub Leuten vnd die ganzer Schneider Zeche zu Inen erwelet worden.

In die Posthay für dem Burgerthor, ist piter heltener vnd Jörg Ryssener zu hauptleuten erwelt vnd die Schuster Zeche soll bey Innen sein.

In die Posthay bey dem heltner thor ist Herr Casper Guest vnd kyren long zu hauptleuten erwelet, vnd die Fleischer Zeche, vnd die Sadler, die seeler sollen bei Innen sein vnd die Sadler vnd seeler Ire Zeche meyster sollen auch neben Innen hauptleute sein.

In die Posthay bey heydenberg, ist Gasper goltschmidt, lassel Schmidt, Endres weber erwelt, die sollen daselb hauptleute sein, samt iren dreyen Zechen.

In die Posthay vor dem Dyrchen ist her Greger wall Mathes Rapollt zu hauptleuten erwelet, sammpt den Kopfleuten sollen sie allda sein.

In die gemauert posthay ist herr Zyrwes Wydner vnd der jung peter Haller zu hauptleuten erwelet, bey denen sollen auch die Kopfleute sein vnd die ausserhalb der Zechen sein, die Kannengysser vnd töpper.

Bey Elzebüter thor sollen dy Kyrsner Meyster sein.

(Aus dem Original (Papier) im sächs. Nationsarchiv Nr. 746. G. Seivert, die Stadt Hermannstadt. 43.)

CXIV.

Instruction des Bistritzer Rathes für seinen am königlichen Hofe befindlichen Abgeordneten.

Um 1560.

Memoriale

In wnserer Supplication sein begriffen diese artikel.

Der Erst ist der czerung halben, welche die lanczknecht verczert vnd schuldig sein plleben vnd wiewoll kwnigliche Maiestet dem Her petro Haller pefollen hat, der Stadt vor tausent czwayhundert gulden salcz zw geben, so ist das nicht geschehen. Iczt wider dem was lasslo pefollen ist worden. der will das salcz nicht geben, allein mir geben ym die verschreibungen der lanczknecht, diese Verschreibung prieff haben mir dem Her vincencio geben kwniglicher Maiestet zw wberantwortten.

Der ander artikel. Ist von wegen der czerung vnd kost, was mir auff Bethlehen geben haben, auss pefell vnd gebot der Wayden tut fl. 1279 den. 0.

Der dritt Artikel ist von wegen der czerungk, so der Wayden vnd des Bochgay Jörgs folk gethan hott, etwan schyr czway Jar send iczt allein vom Herbst an czw beben gerechnet ist worden. tut fl. 2422 den. 79.

Der fiertt artikel ist von wegen der Burgo vnd Weyskyrch, das kwniglicher Maiestet prieff nichts geacht wyrdt, Sunder die War megye Hispanen, den czynss nemen, vnd wo man den czinss nicht gibt, das sie rauben, so doch diese Dörfer yren czinss geben müssen, als die andern Dörfer geben, darumb alhie schicken myr kwniglicher Maiestet prieff auff Burgo vnd Weÿskyrch mitt, auff das grösser Beystand vnd krafft gegeben werde.

Der fünfft artikel ist, das der Bethlehemy Jörg das dorf terpen angefangen hott, will auch Wermesch anfahen. Diese czway Dorffer sein nicht die eleinsten vnd haben von alders heer zur Stad gehört. Derhalben schicken myr einen prieff, den zw bestetigen, welcher inhalt, das der kwnigk kein macht hott ein Dorff von der Stadt wegk zw geben oder ymancz zw conferiren, Alhie soll ein prieff vnss genommen werden, welcher prieff die Donacion des Bethlehemy Jörgs zwrück schlage.

Der sechst artikell. von wegen des czwanczigst, das kwniglich Maiestet solchs der Stadt schenken vnd geben wöll, vnd nicht frembden, welche den der stadt bekümernuss machen vnd albie muss angezeiget werden, das cleiner nucz darauss kompt vnd iczt nichts. so die strassen ist versperrt.

Mehr . . soll euer Weÿsheit kwniglicher Maiestet suppliren von wegen der Nachparschafft, das die edle leut den kwnigs Dorffern das brochfeld nicht fray geben sunder stecz das viehe eintreiben vnd schaczen. Auch also mitt der fysscherey, das sie das Wasser verbietten vnd den wnserrn die gerner vnd czilln nemen vnd alhie schicken mir einen prieff mit, auff die fysscherey vnd eine abschrifft, auff brach gegen brach.

Nu folgen hernoch die Inhaltung königlicher Briefe, welcher Abschrift mir mit schicken. *)

Der erste Brief ist, das die edle leut nicht kraft vnd Macht haben Hispanen zu setzen in der Stadt oder in die Dörfer.

Der andere ist das die Radna mit sampt dem grund zu der Stadt gegeben vnd eingeleibet ist worden zu ewigen Zeiten etc.

Der dritte. das kein könig Macht hat die Stadt weg zu schenken thut er aber das so soll die Stadt mit gewapneter Hand auf sein, on Verlörniss königlicher Gnaden.

Der vierte. das niemand in königlicher Maiestat Gegenwärtigkeit, oder vor die Wayda oder Warmegye geladen soll werden, sonder ein jeder soll vor seinen Richter vnd Rath geledigt werden vnd also die Appellation vor die Universität der Sachsen zu der Hermanstadt der von dannen zum König oder vor seinen Rath das ist den Tharnik Mester.

Der fünfte, das die edle leut ihre Jobagyen, wo sie ihnen zahlen was recht ist frei sollen lassen ziehen.

Der sechste ist ein Bestättigung prieff, auff die Radna vnd auf den ganzen Grund vnd zu diesem prieff sind verfasst etlige prieff des Königs Mathe vnd des Convents.

Der siebente lautt auch, das die edle leut, die Jobagyen nicht mit Gewalt beim nemen sollen.

etc. Von wegen des grossen Beschwernuss, mit welchem die Wayda die arme stadt vnd Dörffer beladen, als mit furren mit andern Reisen so sie an uns begehren vnd mir solche bitt nicht versagen können noch getörstigh sein Auff das königlich Maiestat ein gemein Gebot gnädiglich verleihen woll etc etc.

W. Wenrich aus dem Bistritzer Archiv.

---

*) Von hier an wurde die Orthographie des Originals vom Abschreiber weniger genau beachtet.

CXV.

Hieronimus Ostermayer's Grabschrift.

1561.

Anno MCLXI.

Ist gestorben H. Hier. Ostermayer,
Geboren zu Markt Gross Scheyer.
War Organist in Stadt allhier,
Hat nie trunken Wein, und Bier,
War Gelehrt, fromb, und guth,
Nun er im Himmel siegen thut.

Randglosse zu einem Exemplare der Ostermayer'schen Chronik. Graf Jos. Kémeny. Deutsche Fundgruben zur Geschichte Siebenbürgens. 1839 I, 5.

CXVI.

Inventar des Kronstädter Rüstzeuges.

1562.

In den Oster fewertagen haben Mein (scil. meine Herrn) die Statt Mawren, türn vnd thor rüstungen auff die 4 vierteil geteilt vnd besichtiget, vnnd wie volget auffmerken lassen.

Corpus fahet an aus der Weber Postay biss an den Saler Eck.

In der Leyne Weber Postay sein gefunden vnd plieben 12 Prager Pixen, 13 hoken Pixen, 10 Beren spies, 7 helleparth. Auff 7 Person harnisch, 6 pantzer, wenig kugeln, 1 fasken gut pulver, vnnd sonst vntüchtiges.

Kesler thurn

3 Prager.

Das öberst thor.

Harnisch 14 Panzer 17 krägen 7
Prager hoken 9 Andre hocken 18
kurtz stuker 2 handror 20 Türken 11
hellepart 8 1 senle (?) pulver unnd kuglen im Thurn am kornhaus.

Catharine.

Depner thurn.

1 hoken 6 handrur wenig puluer.

Der Schmydt thurn.

1 hoken 1 handrur sein 6 person in 2 thürnen.

Der Wayspek thurn.

2 lichte hocken.

Irger thurn.

4 schlecht hoken.

Petri.

Rymer postay.

bocken pixen 31 handrör 5
puluer 1½ Centner.

Closter Thor.

hocken pixen 33 Prager 18 gehen 14 ab
handrör 7 puluer fesken 4

In der betthen.

Hacken pixen 6 Prager 1
Bloss beich 2 betthen 3
Mörscher 1 gros Lenink 1
1 gws fan 1 ryr bocken
1 Stray mit 7 pixen 2 czangen

Schlosser thurn.

12 hacken pixen

Schwerthfeger thurn.

8 hoken 2 hellepart.

Sadler thurn.

5 hoken.

Im thor portica.

22 Prager 50 hoken
48 handrör.

Ledrer postay.

7 Prager 23 haken
8 Handrör.

Schreder thurn.

1 Prager 3 hocken.

Portica.

Der Goltschmyd postay.

10 Prager 16 hoken
3 falkenetel.

Pylczmacher thurn.

3 hocken wenig puluer.

Bydtner thurn.

10 hoken wenig puluer.

Drexler thurn.

6 hoken.

Fleischer 2 thurn.

12 hoken.

Bogner thurn.

4 hoken.

Fr. Schnell aus einem Allodialbuch im Kronstädter Stadtarchiv für die Sammlung des Vereins für siebenb. Landeskunde.

CXVII.

Bienensegen.

Um 1570.

Maria stund auf eim sehr hohen berg sie sach einen suarm bienen kommen phliegen sie hub auf ihre gebenedeyte hand: sie werbot in da czuband, wersprach im alle hilen, wnd die heim werschlossen, sie saczt im dar, ein fas das sent Joseph hat gemacht in das solt ehr phlügen wnd sich seines lebens da genügen. In Nomine patris filii et spiritus sancti Amen.

Am Deckel des der Schässburger Gymnasialbibliothek (Nr. 245 in 4) gehörigen Buches Disputatio de Deo. Claudiopoli, 1570. in Schriftzügen des XVI. Jahrhunderts; mitgetheilt von G. D. Teutsch im Vereinsarchiv. N. F. III, 29.

CXVIII.

Artikel der Mühlbächer Schusterzunft.

Hermannstadt, 6. Juni 1572.

Wir Bürgermeister Richter vnnd Rat der Stadt Hermanstadt, vnnd der siben vnnd zwayer Stül, der Saxen von Sibenburgen, Cronstat vnnd Nössen, allen vnnd yedlichen so gegenwerdigen Brieff lösen oder hören werden, das wir zu guet, vnnd wolfarn gemeines Nutz, des gantzen Lanndts, mit gemeinem willen, vnnd Rayffen Rat, aller Teutscher angefangen, vnnd vollendt haben, ein ordnungk, oder Rechtfertigung, der Statuta, oder gemech aller Zech der Hanntwerchher merer theils, vnnd mit eindracht genncz-lichen verworffen, vnnd abgestellt, alle böse vnnucze oder vn-duchtige Statuta oder gemech, so in aller zechen, vormals, biss auff kegenwertige Zeit erwachsen sein, vnnd auss denselben die gmetten vnnd Nuczlichsten vnuerrucklich zuerhalten angenommen, vnnd auch hiemit bestetigt vnnd bekrefftigt wöllen haben, vnnd fürnemblich in der Zech oder Brueaderschafft der Schuester der stadt Mullembach vnnd des ganczen Lanndts, als hernach volgt.

Item zum ersten, welcher in die Zech auffgenumen will werden, soll eelich geporn vnnd frum sein, es sey Maister, ge-sell, oder Leeriung, vnnd ein Leeriung soll eingedingt werden, nach Zech gewonheit, vnnd soll in die Zech niderlegen 6. fl. 4. pfunt wachs, vnnd nicht weniger dienen alls 5. gannczer jar, vnnd gibt das mal mit sampt dem Maister. So aber einem Leer-iungen der Maister stirbt, ee das er aussgedienet hat, dem soll man ein andern Maister geben, auff das er das Hanntwerckh lernne, vnd die übrige Zeit aussdiene biss zu dem Enndt, vnnd so auch ein Schuechkhnecht gewandert kumpt, er sey wer er wöll, soll zu dem vatter geen, derselb soll im Arbeit schaffen, vnnd ver-sorgen, nach hanntwerckhsgewonnheit. 2. Item wellch gesell sein Maisterstuckh beweysen will, der soll zugelassen vnnd gefüdert werden, an allen diennst, oder straff, so er genuegsam ist, vnnd so ein gesell aber sich verluben wurdt, oder zu der ehe sich seczen, ee das er das Maisterstuck genugsam bewisen, verpuesst in die Zeche fl. 4. den. 0. 3. Item welcher Maister will werden, vnnd sich in die Zech richten, der gibt in die Zech 4. fl. vnnd zu der Loe Müllen 2. fl., vnnd fur das mal 1 fl. vnnd auch fur die stell in der Löwen fl. 1. Sunder zum ersten einbietten soll er auffs wenigst Niderlegen 1. fl. vnnd die andern zallen mit der Zeit. So aber einer es woll vermöcht, vnnd sich in die Zech zu rich-ten widersperrig wolt sein, dem soll man das Hanntwerckh nyder-legen, alss lanng bis er den Maistern in den willen kumpt, Es sey mit worten oder mit werckhen, als yecz gemelt ist, der soll frey sein, ein Leerlungen, auch einen gesellen, auffzunemen nach seinem vermugen, so er sy füdern mag on alles verhuntnuss der Zech. 4. Item eines Maisters Frau, Sun oder Tochter, haben gannez Zech, vnnd geben nichtsmer in die Zech dan 1 fl. 8 den. vnnd fur die stat in der Löwen 1. fl. vnnd welch Maister, oder Mai-sterin iren khindern die Zech nach halten will, Soll alle Jar ge-ben in die Zech ein pfunt wachs, thuet man das nicht, Soll dar-umb das khindt die Zech nicht verloren haben, Sunder darnach wenn es in die Zech begert, dasselb auff einmal zu zallen, wer aber die Zech gern auflassen will, der ist frey. 5. Item welcher Maister den Zechmeistern in allen zimlichen sachen die Zech betreffent, nach Zech gewonheit nicht gehorsam ist, verbuest als offt in die Zech ein pfundt wachs: vnnd welch Maister dem andern vbel zu redt, oder Lugenstrafft, der verbuest in die Zech 4. pfunt wachs. Aber schleg vnnd bluet, vnnd gewalt, Soll niemants Richten, on wissen vnnd willen des gerichts, vnter straff einer marckh Silber. 6. Item Es soll auch niemants verpotten sein, sein anligen oder beschwernuss den Herrn vom Rat zuklagen, oder anzusagen, wer das hindert soll verfallen sein dem Radt ein marck Silber. 7. Item man soll auch Schaumeister bestellen vnnd halten, die alle wochen einmal die arbeit oder das geschuech in allen werckhstetten beschauen, ob es gerecht aussgearbeit sey oder nicht, vnnd die schuester die da Ledder wurchen sollen kein fell khauffen, oder verarbeiten, das den Kirschnern oder Yrgern zuestehet, welcher in dem befunden wirt durch die Schaumeister, der Ledrer, soll dem gericht angesagt werden, vnnd der richter soll es nemen. 8. Item welch Maister Leder khauffen will von den Lederen, der soll frey sein zu khauffen, on allen verbott der Zech, hie vnnd anderstwo. 9. Item es soll kein gesetz in der Zech sein, wie das geschuech gegeben soll werden, Sunder ein yeder Maister soll frey sein, sich mit den Leutten zuuergleichen, wie er kan, oder mag, an alles verbott der Zech, Sunder theuer soll man die arbeit nicht geben, dan als hernach volgt, bey straff einer marckh Silbers. Item vier par kniestiffel sollen geben werden vmb 1. fl. Item ein gross par scheffen *) stiffel soll geben werden vmb 28 den. Item ein bar niderschuechen mit zwen sohlen soll geben werden den. 14. Item ein bar frauenschuechen mit zwen sohlen, sollen geben werden vmb 16. den. Item wer sunst hökön Styffel, vnnd annder geyssen verdingt arbeit will haben, der verstehe sich mit dem Maister wie er kan oder mag. 10. Item kein ander Statuta, oder gemech, sollen sy weyter in der Zech nicht machen, oder beschliessen, on die obgeschribne, on wissen vnnd willen der Herrn vom Radt, wer anderst thuet, soll verfallen sein, den Herrn vom Radt, zwanczig marckh Silber. Darumb zu merrer vrkhunt vnnd sicherheit aller obgeschribner Artickhl wir den Schuestern zu Millenbach disen vnsern Brieff mit vnnserm khleinen Lanndsigill verfertigt vnnd bekhrefftigt geben haben. Datum in der Hermanstadt den 6. tag Junj. Im Jar Tausent fünffhundert zway vnnd Sibenczigisten.

Lecta et Correcta per Michaelem Siglerum
iuratum notarium Reipublicae Cibiniensis.

---

*) Schäfend heisst in Hermannstadt der Gefängnissinspektor und Commandant der Diener; es gab zwei: der alte und junge.

Aus dem Orig. — Perg. 18" hoch 15" breit — an dessen unterem umgebogenem Rand an grünrother Seidenschnur in gelbem Wachs auf rothem gedrückt das sigillum minus hängt (Aufschrift: Sutorum Zassebusiensium) in der Lade der Mühlbächer Schusterzunft.

CXIX.

Zwei Rathsgeschworne von Nösen quittiren ihren Antheil am Cementgewinn an den Rath von Hermannstadt.

Hermannstadt, 3. *Mai* 1572.

Wir Joannes Gra, vnd Colman ledrer, radtgeschworne mitburger der stadt Nösen, bekennen hiemitt offentlich, das wir, den heutigen tag, dato dieses briffs, von einem Ehrsamen Weisen radt in der Hermannstadt, am cementgewinn, was auff der Herrn von Nösen, ir gebürendes teill gefallen gewesen, Dukata Hundertvier vnd vierzig; ieden pro fl. 1 den. 56 gerechnet; facit fl. 224 den. 64. Item feinsilber M. 15 iede Marck pro fl. 8 den. 50 facit 127 fl. 50 den. Item in kleiner muncz fl. 7 den. 22 zu vnsern Henden entpfangen haben. Vber welche Dukata 144, item M. 15 feinsilbers, vnd kleine müncz fl. 7 den. 22 wir an statt der Herrn von Nösen, einen Ersamen Weisen radt in der Hermannstadt, hiemit offentlich quittirn. In vrkundt vnd krafft dieses vnserer quitenczbrieffs, mit vnsern gebreuchlichen insigelln verfertigt, vnd bekrefftigt. Datum in der Hermannstadt, den 3 tag May. Im 1572 Jar.

L. S. L. S.

Aus dem im sächs. Nationalarchiv Nr. 1374 aufbewahrten Original H. Wittstock im Vereinsarchiv, N. F. IV, S. 135 f.

CXX.

Urtheil der sächsischen Nationsuniversität in einem Processe zwischen Mühlbach und Pien.

Hermannstadt, 26. April 1574.

Erstlich dass die In causam attracti die Walachen gefenklich angenomen, vnnd die Actores erkegen den Honnen sampt den geschwornen gefenklich behalten, solches fon keinen teil nit solt gescheen sein, vnnd der Vrsachen halben eins kegen das andre gesucht, solle auch kein teil dem andern was ferfallen haben, Weitter Dieweil der Honn sampt den andern Jnctis ettlige sachen, mit vn — ligem gefenknis, vnnd anndrem gehandelt, vnder dem rechten, welches sie nit hetten thun sollen, nach sie macht gehabt. Derhalben sollen sie mit ettligen erbaren Personen aus dem Dorff, czu Millembach erscheinen, vnnd vmb ferczeÿungh bitten, Ein Ersam Rath auch innen christlig ferczeÿungh leisten soll. Damit aber ernachmals aus gleichen vrsachen nit mehr solche caufällige mishandlungen erfolgen haben mir solches czu ferhütten, für billig, vnnd nottwendig erkantt, Das mir ausdrücklich hierin seczen, Worin die Incti macht haben ettwa straffen auffczulegen, in dem so ihr Halbteil der Wolachischer Pien belangt, ohngeacht, das solches ihrem forichten brieff, so ihn im Jar 1483 fon einer lobsamen Vniversität etc. gegeben, darnach auch fon vns im 1572 Jar fernewrt — — irt ist. Mir solches aus befundenem rath vnnd nottwendigen vrsachen hierin einseczen, vnnd specificiren wollen, Nemlich das sie in keynen so des gerichts Millembach Iurisdiction belangt sich nit einlassen sollen, als da sein Hauptsachen, dieberey, mordt, ehbruch, brunst, vnnd desgleichen, noch sonnst czu straffen, was vber einen gulden betrifft, was aber sonst ausserhalb den, ihre einkomungh vnnd nucz ihres halbteils der Wolachisch Pien belangt, mügen sie nach innhalt ihres gedachten brieffs, drüber lautend, one hindernis leben, vnnd sich daran halten, Bey disem vnnsrem ennd Vrtell beide teil mit Danksagung one weitters Appeliren content blieben sein, Welchem mir czu grösserm czeugnis, vnnd ihrer gerechtigkeitt fürderungh, mir disen sentenzbrieff vnder vnnsrem kleinen landsigil auffgericht vnnd ausgeben haben. Datum Cibinij in congregatione nostre Vigesima sexta Aprilis, Anno domini MDLXXIIII.

Lecta et data per manus Jo. Re. S.
Notarij prouincial.

Aus dem Orig. (Papier) in der Piener Dorflade. Das unten aufgedrückte Sigel vorhanden. Die Streitsache ist folgender: In einem Hattertstreit zwischen Pien und Mühlbach hat die Universität Commissäre geschickt; diese werden in ihrem Vorgehen durch einen fürstlichen Brief sistirt bis zur Entscheidung eines Incidenzstreites, welcher dadurch herbeigeführt worden ist, das „die Jocil. ihren Vnderthanen, so auff ihrem halben teil der Walachisch Pien wonen etlichs ob des gerichts zu Millembach erkentnis vnnd nachgeben, den lammer eins wegen, inns gefenknis eingezogen, dieselbe auff des gerichts Ermanungh nit ausgelassen noch der gemelt Hewn, Iocansam attracius, auff des Ers. Weisen Raths ruffen in die Statt kommen wollen, sondren bis auff den vierten tag die gefangene behalten, Item ein andren Walachen, so der actorn vnderthan gewest, auch gefangen . . denselben auch on der Actorn wissen frey gelassen“, darauf haben die Mühlbächer den Hannen und 8 Personen der Altschaft in Mühlbach gefangen und 7 Tage behalten etc. etc.

CXXI.

Artikel der (Mühlbächer ?) Schusterzunft.

Hermannstadt, 26. November 1587.

Wir Bürgermeister Richter vnd geschworne Eltesten der Städe Hermanstadt, Schespurg, Cronen, Meggies vnd Nösen, Auch der Syben vnd zweyer Stüel, der Saxen Uniuersitet in Sybenbürgen, thüen zw Kündt hiemit allermennigklich vnd insonderheit einem iedenn wem es gebürth, Das nach dem wir an heüt dato, in der Hermanstadt gemeine thedig sachen zw verhörenn, versamlet gewesenn, sein für vns erschienen die Ersame Weise Vincentius Feyertag, Lang Jacob vnd Geörg Leöff Czechmeister der löblichenn Schüester czechenn in der Hermanstadt in ihrer selbst eignen vnd der ganzer Schwester czechen benanter Hermanstadt, vnd der anderer Städe Schüestern, Namenn vnd personn vnd habenn angezeigt wie das die Ripler in dem löblichen Schüester handtwerck, in den Dörffern, der Syeben vnd czweyer Stüel hin vnd wider auch in Hermanstäder Stuel, vnd in Märckten, da nicht czech gehalten wird sehr überhandt genommen hetten vnd dieweill sie das Handtwerck nicht genügsam gelernet, machten sie vntüchtige arbeit, vnd verkaufften dieselben den leütten, welches nicht nur allein den Kaufferen, so solche arbeitt von ihnnen kaufften, schedlig were Sondern auch den Schüestern in der Hermanstadt, und in andern freyen Städten wonenden, so in der Erbarer czechen seasen zw einem mercklichen schadenn, vnd verderbean gerrichet. Vnd die veill auch Polnische Königkliche Maiestaet durch ein Privilegial Brieff vergönnet hette, den freyenn Saxischen Städten so innerhalb der Saxischen Vniuersitet Jurisdiction gelegen weren, vnd frey Zechen hielten, das sie solten die Ripler ausztreiben: Item die so ihr handtwerck röddlig in der Zechen gelernet hetten, vnd in dörffern vnd Mercken da nicht Zech gehaltenn wirdt arbeitten, zwingen sollen, das sie in die Städte zihen soltenn vnd daselbst vnter den löblichen Zechorddnungen ihr Handtwerck arbeitten: Wo sie aber nicht folgenn wolten Das man ihnnen als dan das Handtwerck legen solte. So begerten sie auch von vns, das wir ihnnen der Löblichen Schwöster Zeche in der Hermanstadt in diesem fall die störer vnd Rüpler ausz zwtreiben. vnd ihnnen das Handtwerck zwlegen, zw beystandt, nach königl. Maiestet gnedigstem vergönnend beyständig sein wollen: Nach dem wir nun derhalben benenter Ersamer Herrn der Schwöster Zechmeister Klag verhöret, vnd dieselbige für byllig erkant haben, auch dieweill Poln. Königk. Maiestät, vnd der Saxen Vniversitet vber solch Zech freytumb, wie bemelt, schütz vnd schirm zu halten vergönnet, vnd nachgeben, vnd befolhen hat. So haben wir auff benenter Schüster herrn anbringen vnd billige bitt, zw recht erkant, vnd beschlossen, das die obgedachte Herrn Schwster Zeche in der Hermanstadt oder ihre gesanten vnd vollmochtige leütte, so sie in dieser sachen gebraüchen würden vnd iemanden in Hermanstäder Stüell, oder innerhalb der Syben vnd zweyer Stüell Jurisdiction befunden würden der solchem Königk. Maiestät gebott oder der erbarer Löblichen Schüster Zechen gemeinem freythumb zwwider were, stören vnd budlen würde so solten sie vollkomene macht haben ihnnen all ihr handtwercksgerecdt sampt dem Schuesterwerck zwnemen vnd ihnnen das Handtwerck gantz vnd gar zwlegen: Welches das Zweytheil den Schuester Herrn vnd das Dritheill dem Gericht zwgestalt vnd gegeben soll werden ohnecallen vorzuch. Welche aber das Handtwerck rödlig gelernet hetten zw zwingen, das sie sich in die freye Städte machen, sich rödlich in die freye Zechen einrichten vnd also ihr handtwerck daselbst frey arbeitten solten: Wo nicht das ihnnen auch das Handtwerck in den Dörffern vnd Märckten, da nicht Zech gehalten wirtt, gelegt solte werden. Welchen vnsern beschluss wir den obgenanten Ersamen herrn der Schüester Zechen in der Hermanstadt hiemitt diesem vnserm offnen Brieff, mit vnserm hie vnten auffgedruckten Mindern Land Sygill verfertiget vnd bekrefftiget ausgeben haben zw förderung ihrer gerechtigkeitt: Vnd nach verlesung dieses Prieffs, den Zeygern widerumb zw handen stellen bey straff der Vniuersitet. Geschehen in der Hermanstadt in vnserer general versamlung, den sechs vnd zwentzigsten Tag des Monats Nouemb. Anno Dni. Ainteusent Fünffhundert Syben vnd Achtzig.

Aus dem Originaltransumt Sigism. Báthory's „Datum in Ciuitate nostra Alba Julia vigesimo quarta die Mensis Maij, A. D. Millesimo Quingentesimo octogesimo octavo" — Perg. 17½" hoch 24" breit — in der Lade der Mühlbächer Taschenmacherzunft.

CXXII.

Die sächsische Universität bestimmt über den Ankauf der Felle für die Kürschner, Handschuhmacher, Lederer und Schusterzünfte.

Hermannstadt, 1. December 1588.

Wir Bürgermeistere, Richtere vnd Rhattgeschworene Eltesten der Städte, vnd Syeben vnd tzwayer Stüell der Sechsischer Vniuersitet in Sybenbürgen etc. Fügen tzw ewigem gedechtnus hiemitt, iedermenniglich wenn es gebürth, anzeigendt: das nach dem Wir vnserer alter gewonheitt nach ann vnserem gewönligen Termino Profesto Beatae Catharinae Virginis Gemeine nothwendige Sachen tzw entschichtenn in der Hermanstadt versamlet gewesenn Sinnd die Erbern Stanislaus Kirschner Georgius Dalerth in der Hermanstadt, vnd Pitter Hundertbüchler, vnd Paulus Keyser zw Cronen, an eynem, vnd die Ehrbarn Meister der Hentschenmacher tzech auch in der Hermannstadt wonhafftige am andern theill beyder seitten inn ihrem eignen vnd aller anderer ihrer mittbrüder vnd Zechgenossenn Namen vnd persoen für vns erschienen vnnd fürbracht: Wie das ihre löblige czech von alter her mittsonderlig vnd gewissenn freythumben Artikeln vnd praerogatiuis begabet vnd befreyet wehre nach welchenn den die Erbarn Meister eühres Handtwercks von andern Meistern anderer Handtwerck, sich vnterscheidentlich gehalten vnd inwendich demselben ihrem Handell vnd wandell gefüerth Sonderlig aber in dem das ihnen gnügsam vnd aussträcklich specificiert wehre Welcherley fehl das sie die Kirschner, vnd die Hentdschemacher freythumb vnd vollmacht habenn zw kauffen Solche freythumb vnd Artikell, nach dem sie immer von anfang hehr continue ohne vnterlass fest vnd steiff gehaltenn, Violierten vnd widerstrebeten itziger tzeitt dieselben die Erbare Meister der Hendtschemacher Zech, welche in präiudicium ihrer Libertatum vnd Prärogatiuarum solche fehll als Scherling vnd Jüng geiss oder Ziegen feell, so den Kirschneren ebunmeessig mit schier vnsägligen, vnd denn Kirschneren vnträglichem Kauff steigerung einkauffeten, vnd ihnen damitt öffentligenn schadenn, neben der Artickell Violation zwfügetten, Begereten von vns, inn ihrem langewierigen freythumbes, gewonheitt vnd Ordnüng zwerhalten werden, vnd solchen vnrath abzwschaffen: Auff welches die Ehrbarn Meister der Hentschenmacher Zech antwortten, das ihre Ehrbarn Zech ebener weyse mitt gewissen satzungenn vnd Artikeln begnadet wehre, nach welchem ihnnen verhanget vnd nachgeben, das sie geiss feel, Schirling vnd was nicht haar hat, ohne irges iemandes widersprüch kauffen mögenn vnd verarbeitten: Begereten ihnen solche satzung vnd freythumb Inviolabiliter auch hernach mals zwhaltenn, vnd den kauff solcher feelh ihnnen zw verhengenn: Vber welches ihr anbringenn sie auch von beydenn Parten ihre Literalia Instrumenta producieretten, aus welchem den gnügsam abzwnemen vnd zwerkennen, das den Ehrbaren Meisteren der Hendtschemacher Zeech die Geissfeel Schirling vnd was nicht haar habe verhenget wehren zwkauffen. Dieweil aber das wortt (Schirling) so in beyder parten Prieff eingesetzt an vnterscheidentlich vnd nicht ausstrücklich aussgesetzet vnd specificiert ist, vnd auch sonsten czwischen den Ehrbaren Meistern der Läderer vnd Schüster Zeech vom kauff vnd verarbeitung mancherley feel daher gross zwitracht vnd vneinnigkeitt eingelauffen: So haben wir für gütt vnd billig angesehen auch dieselbe Ehrbare Meister in vnser kegenwertigkeitt zwfoderen, damitt alsso zwischen dem kauff vnd verarbeittung der feel ettwas gewisser vnd vnterscheidliges geordnett möge werden: Derhalben die Ehrbarn Blasius Homlscher, Georgius Liew vnd Martinus Hellman der Schüster an eynem, vnd Johannes Lütsch vnd Matthias Rotth der Lederer zechenn dieser Stadt Elteste, am andern theill, beyder seitten in ihrer eigner vnd aller anderer Meister ihrers Handtwercks Namen vnd Person, für vns erschinende, auch anbracht haben den vnrath vnd mercklighen schaden der Meister des Schüster Handtwercks, das die Erbarn meister der Lädrer Zechen, zeittlig vnd offt solche feehl die ihnnen nicht zwgehöreten, Schügen daraus zwmachen gantz vnd gar vntüchtig, vnd den Meisteren der Kirschnern oder Hendtschenmacher zech vill mehr als ihnen den Lederern dienstlich erachtet würden einmengetten: Begeretten derhalben von allen parten, hierein von vns, ettwas gewisses vnd vnterscheidliges zw stifften vnd zwbeschliessen, Vnd die weil ein Löblig Vniuersitet von langwieriger zeitt her biss auff kegenwertigkeitt der Ehrbarer Zechen, inn den Stedten vnd freyen Marcken angestifftet, immer Patroni, Inspectores, schützer vnd schirmer gewesen, haben wir solche vnordnung, vnrath, vnd schaden zwvermeiden, auch den zwitracht, vnd vneinnigkeitt, So sich daber zwischenn ihnnen erreget, abzwschaffenn, aus pflicht vnd anforderung vnseres ampts Ordnung vnd satzung im kauff vnd verarbeittung solcher feel, aus einhelligem Rath vnd Stifftung zwischen ihnnen geordnet, vnd beschlossen, das die Meister der Kirschner zech mögen zw ihrem handtwerck einkauffen, die Lammer Jung geiss oder ziegen felh, welche nemlich von Georgy aus ein gantz Jahr über gefallen vnd nür einmall geschoren sindt: Die Hendtschemacher aber die winterfellige oder Schelmische fehl, welche nemlich von den Schaffen, mitt welcherley namen sie gedeüttet mögen werden, ohne vnterscheidt der grossheit oder kleinheitt: vnd die anderthalb hündert Lamb felh, welche ihnen lauth ihres zech prieff Jährlich einzwkauffen vergönnet: Die Lädrer vnd Schüster mögen einkauffen die grosse vnd grobhauttige fehl, welche nemlig zwemal geschoren sindt vnd nü in das andere Jahr gehen: Die Jährling aber welche nemlich nü ein Jahr alt sindt, sollen den Lädrern Schüstern vnd Hentschenmachern ohne vnterscheidt zwstehen, doch das die Hentschemacher, die grobeste fehl den Lädrern vnd Schüstern mehr folgenn lassenn: Die Lädrer aber vnd Schüster den Hentschenmachern die mindern Geiss fehl: Vnd damitt solche satzungn mögen desto fügliger ins werck kommen, vnd inuiolabiliter dürch iegliche partt gehaltenn, ist solcher process darein beschlossenn, das wen ein zimlige grosse vnczall vnd menge solcher felh ausswettzig inn die Städe oder freyer Märcke ein komptt, soll ieglige partt von der ander gewarnett vnd angefodert werdenn durch eynen oder zwen Meister allda zwerscheinen, da den iegliger Meister die ihme zw geignet fehl aus werfen, für sich nemen, vnd wie er auff das beste ken vnd mag der zechen zw gütt kauffen mögen: vnd soll auch ein partt ihm fall, so sie die ander verdenket, das Gerichts amptt vnd gewalt des selben orths anfodern vnd begeren damitt haussuchen, vnd die ihme nicht zwstehende fehl auch aus den Byden zwnemen, welcher drittheil einem Ehrsamenn Gericht, das 2 theil aber der hawssüchender partt, zwstehendig sein soll, gnügsame gewaltt vnd vollmacht habenn: Die Schüster mögen aber der Läderer ihre arbeitt auch mitt Richters gewaltt beschawenn, vnd im fall, so sie die oben geschribene satzünge übertretten, vnd ihnnen nicht gebührende fehl ausgearbeittet ebener weise nemen vnd theilen, vnd nichts desto minder, Wen er die ausgearbeittete felh vom Läderer kauffett, vollmacht haben, solche felh eynem Ehrsamen Ratth desselbenn orth für zwtragenn, vnd sollen die Ladrer acht gehen das sie gütte gewürchte felh so sich gnügsam färben, mögetenn verkauffen, den sonst wirdt das fehl durch das färbenn vnnütz, wegen vnfleiss des Lädrers wird er auff erkentnüss eines Ersamen gericht des selben orths gestraffet, Zu welchem sie: Zech ordnung nach, gemeinem nütz zw gütt schawmelster zwhalten schöldig, vnd verpflicht sein) Welche Artikulos vnd puncta Iegilcher Zechen Meistern von itzt an hernachmals fest vnd steiff behaltenn, Jegliger was in derin vergünnet zw kauffen keynerley weise nicht vberschreitten oder eyner dem andern heimlich oder öffentlich in den kauff der ihrnen zwgeeigneter fehlen einzwlassen ihme soll fürnemen, wie wir den vermeiden, abschaffen, ordnen, vnd beschliessen, Harum nostrarum vigore et testimonio Literarum mediante Datum in genanter Hermanstadt den Erstenn tag decembris Anno Domini Millesimo Quingentesimo Nonagesimo octavo.

Rasirte Schrift.

Aus dem Orig. Pergament (2' 1" breit, 1' 11" hoch) im Besitz des Schäßburger Gymnasiums.

www.ingramcontent.com/pod-product-compliance
Lightning Source LLC
Chambersburg PA
CBHW030353270326
41926CB00009B/1085
* 9 7 8 3 7 4 1 1 6 6 4 5 7 *